# 똑! 소리나게 배워보는
# [파워포인트 2013]

정용호 저

YoungJin.com
영진닷컴

# 속전속결 파워포인트 2013

Copyright © 2014. by Youngjin.com Inc.
10F. Daeryung Techno Town 13th, Gasan-dong, Geuncheon-gu, Seoul 153-803, Korea.
All rights reserved. No part of this book may be reproduced or transmitted in any form or by any means, electronic or mechanical, including photocopying, recording or by any information storage retrieval system, without permission from Youngjin.com Inc.

저작권법에 의하여 한국 내에서 보호를 받는 저작물이므로 무단전재와 무단복제를 금합니다.
이 책에 언급된 모든 상표는 각 회사의 등록 상표입니다. 또한 인용된 사이트의 저작권은 해당 사이트에 있음을 밝힙니다.

**ISBN** 978-89-314-4649-4
내용 문의 l mentobox@naver.com

**만든 사람들**

집필 정용호 | 기획 기획1팀 | 총괄 김태경 | 진행 성민 | 북디자인 영진닷컴 제작팀

# 머리말

파워포인트의 현재?
교육일선이나 비즈니스 현장에서 자신의 의견이나 프로젝트를 소개하는 프레젠테이션은 시대가 첨단화될수록 더욱 중요해지고 있습니다. 이러한 프레젠테이션을 성공적으로 이끌기 위한 가장 기본적이고 필수적인 요소가 청중에게 보여지는 슬라이드 웨어입니다.

과거에는 일일이 수작업으로 작성하던 슬라이드 웨어가 PC 시대로 넘어오면서 다양한 프로그램으로 제작되어 온라인에 공시되는 것이 일반화된 요즘입니다. 특히 마이크로소프트사의 파워포인트 시리즈는 '프레젠테이션' 하면 당연히 함께 떠올리게 되는 슬라이드 제작 프로그램의 대명사가 되었습니다. 때문에 파워포인트의 주요 기능들을 익히고 활용할 줄 아는 능력은 비즈니스 현장뿐만 아니라 교육 과정에서도 주요하게 평가받는 요소이기도 합니다.

이 시리즈는?
이 책은 파워포인트 2013을 대상으로 프로그램의 핵심 기능과 새롭게 추가된 요소들을 함께 아우르고 있습니다. 이러한 부분들을 최대한 쉽게 설명하고 따라하기를 통해 자연스레 익혀지도록 내용을 구성하였습니다. 또한, 본문에서 서술한 주요 기능들을 스스로 따라해 보고, 다시 핵심 기능을 요약 정리하여 일반적인 사용에 불편함이 없도록 하였습니다.

Thanks To
책이 나오기까지 많은 분들의 도움이 있었습니다. 항상 믿음으로 응원해주시는 주위 모든 분들과 아내에게 사랑과 감사를 전합니다.

정용호

## 구성과 특징

파워포인트 2013의 다양한 기능에 대해서 Chapter로 나누어 설명합니다. 각 Chapter 마다 세부 기능을 Section으로 나누어 구성하였으며, Chapter별로 핵심정리와 종합실습 코너를 두어 학습한 내용을 다시 한 번 정리하고 응용할 수 있도록 하였습니다.

### Chapter

기능과 주제에 따라 Chapter로 나누어 설명합니다. 해당 Chapter에서 배울 핵심적인 내용을 미리 학습할 수 있도록 소개하였습니다.

### Section

세부적인 기능을 Section으로 구성하였습니다. 어떤 기능을 학습하게 될지 알아두기 코너를 통해 간단하게 살펴보고 시작합니다.

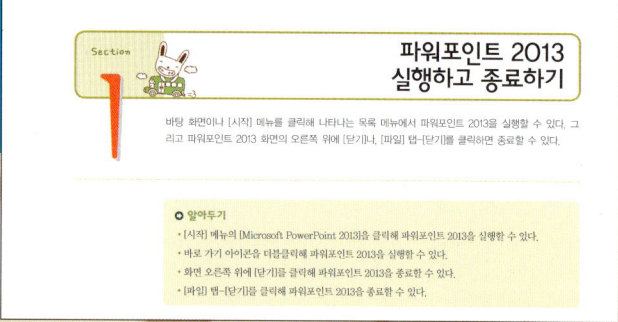

### 따라하기

구체적인 내용을 단계별로 따라해 볼 수 있도록 순서대로 구성하였습니다. 한 단계씩 따라하다 보면 기능을 마스터할 수 있습니다.

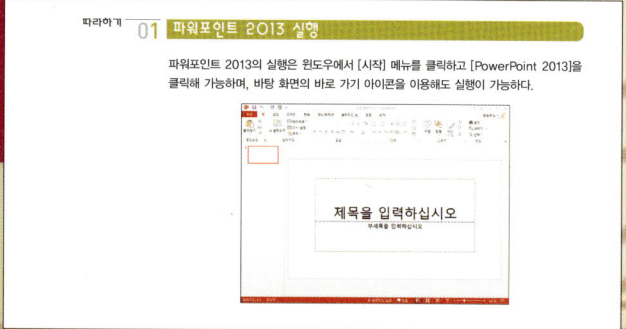

### 혼자해보기

따라하기에서 익힌 내용을 바탕으로 사용자가 직접 예제를 풀어봅니다. HINT에 있는 내용을 참고하면서 반복 및 심화 학습을 합니다.

### HINT

혼자해보기의 예제를 작업할 때 필요한 참고 내용을 담았습니다.

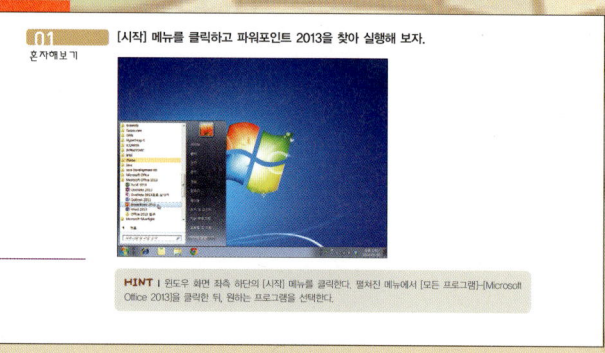

## Tip

본문 내용 중에서 알아두어야 할 기능이나 용어들을 소개합니다.

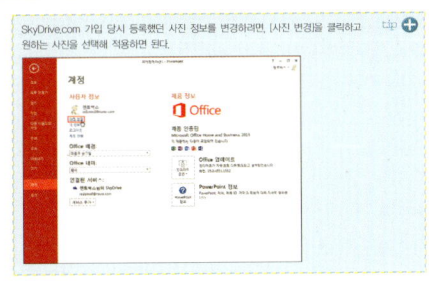

## 핵심정리

Chapter에서 학습한 핵심적인 내용을 정리해 놓았습니다. 학습 과정에서 놓쳐서는 안될 중요한 사항을 정리하였으므로 다시 한 번 체크해봅니다.

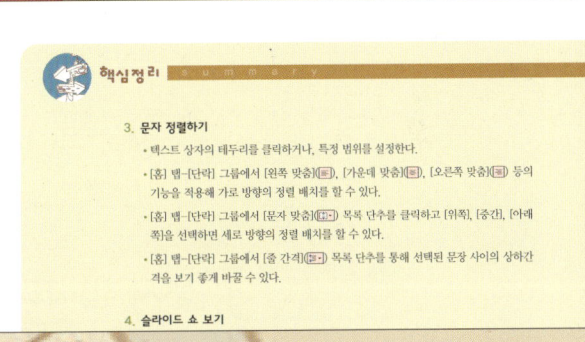

## 종합실습

Chapter에서 배운 내용에 대한 응용 능력을 높이기 위해 실습 문제를 풀어봅니다. HINT의 내용을 참고하여 지금까지 학습한 내용을 종합적으로 활용해봅니다.

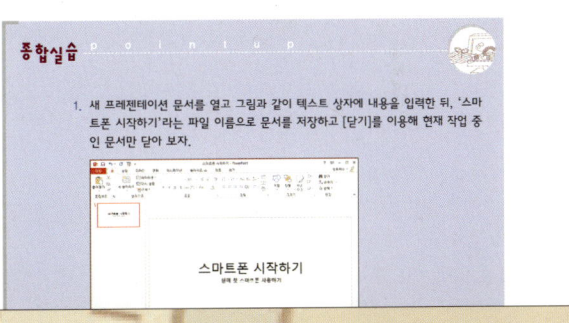

# CONTENTS

## Chapter 01 | 파워포인트 2013의 기본기 익히기    10

학습포인트 | 파워포인트 2013의 기본 기능    12
Section 01 | 파워포인트 2013 실행하고 종료하기    15
Section 02 | 파워포인트 2013 화면 구성과
리본 메뉴의 이해    19
Section 03 | 문서 작성하고 저장하기    32
▶ 핵심정리    39
▶ 종합실습    40

## Chapter 02 | 문자 입력과 서식 조정    42

학습포인트 | 글꼴 정렬 서식과 특수 기호 입력하기    44
Section 01 | 글꼴 서식 설정하기    47
Section 02 | 특수 기호와 한자 입력하기    55
Section 03 | 문자 정렬하기    62
Section 04 | 슬라이드 쇼 실행하기    68
▶ 핵심정리    73
▶ 종합실습    75

## Chapter 03 | 슬라이드 서식 조정 및 관리하기    78

| 학습포인트 | 슬라이드 서식 조정 및 관리하기 | 80 |
| Section 01 | 가로/세로 텍스트 상자 만들기 | 82 |
| Section 02 | 글머리 기호와 번호 매기기 | 90 |
| Section 03 | 디자인 테마 설정하기 | 99 |
| Section 04 | 슬라이드 이용하기 | 107 |
| ▶ 핵심정리 | | 115 |
| ▶ 종합실습 | | 117 |

## Chapter 04 | 슬라이드에 멀티미디어 삽입하기    120

| 학습포인트 | 그림과 다양한 개체 삽입하기 | 122 |
| Section 01 | 그림 삽입하기 | 126 |
| Section 02 | 워드아트로 문장 만들기 | 136 |
| Section 03 | 온라인 그림으로 클립 아트 삽입하기 | 142 |
| Section 04 | 스크린샷 활용하기 | 148 |
| ▶ 핵심정리 | | 155 |
| ▶ 종합실습 | | 157 |

# CONTENTS

## Chapter 05 | 슬라이드에서 도형 활용하기 160

| 학습포인트 | 슬라이드에 도형 삽입하기 | 162 |
| Section 01 | 도형 삽입 및 서식 조정 | 166 |
| Section 02 | 도형에 그림 및 문장 입력하기 | 174 |
| Section 03 | 도형 정렬 및 그룹화 이해하기 | 182 |
| Section 04 | SmartArt 활용하기 | 194 |
| ▶ 핵심정리 | | 203 |
| ▶ 종합실습 | | 205 |

## Chapter 06 | 표와 차트 활용하기 208

| 학습포인트 | 파워포인트 2013의 표와 차트 이해하기 | 210 |
| Section 01 | 표 삽입 및 크기 조정하기 | 214 |
| Section 02 | 표의 레이아웃 변경 및 스타일 설정 | 219 |
| Section 03 | 차트 삽입 및 서식 조정 | 227 |
| Section 04 | 다양한 차트 형태 살펴보기 | 232 |
| ▶ 핵심정리 | | 241 |
| ▶ 종합실습 | | 243 |

## Chapter 07 | 시선을 잡아끄는 슬라이드 제작하기    246

| 학습포인트 | 파워포인트 2013의 고급 기능 이해하기 | 248 |
| Section 01 | 하이퍼링크로 이동하기 | 252 |
| Section 02 | 화면 전환 효과 설정하기 | 260 |
| Section 03 | 애니메이션 효과 활용하기 | 267 |
| Section 04 | 디자인 테마 제작 및 활용하기 | 277 |
| ▶ 핵심정리 | 292 |
| ▶ 종합실습 | 294 |

## Chapter 08 | 프레젠테이션을 위한 마지막 점검 요소들    296

| 학습포인트 | 발표 직전, 프레젠테이션 점검하기 | 298 |
| Section 01 | 슬라이드 노트 및 유인물 제작 | 301 |
| Section 02 | 프레젠테이션 준비하기 | 308 |
| Section 03 | 슬라이드 쇼 화면에서 강조하기 | 316 |
| ▶ 핵심정리 | 323 |
| ▶ 종합실습 | 325 |

# CHAPTER 01

## 파워포인트 2013의 기본기 익히기

마이크로소프트사의 오피스 도구들은 컴퓨터 분야의 성정과 함께 일반 대중과 비즈니스 현장에 깊숙이 자리매김하고 있다. 이 중에 파워포인트는 프레젠테이션을 위한 필수 제작 도구로써 위상을 공고히 하고 있다. 이곳에서는 이러한 파워포인트 2013의 실행과 종료 방식, 프로그램을 구성하는 메뉴와 레이아웃 전반에 걸쳐 살펴보도록 한다.

Section 1   파워포인트 2013 실행하고 종료하기
Section 2   파워포인트 2013 화면 구성과 리본 메뉴의 이해
Section 3   문서 작성하고 저장하기

# 파워포인트 2013의 기능

**1** Chapter

파워포인트 2013을 활용하기 위해 프로그램 실행과 종료 방법을 알아보고, 프로그램을 구성하는 메뉴 배치와 기본적인 사용법을 익혀보자. 이어 슬라이드에 문장을 입력하고 작업 결과를 저장하거나 다시 열어 확인하는 관련 기능들에 대해 살펴보자.

## 01 파워포인트 2013 실행하고 종료하기

- [시작]을 클릭하고 [모든 프로그램]-[Microsoft Office 2013]-[PowerPoint 2013]을 클릭하면 파워포인트 2013을 실행할 수 있다.

- 작업 화면 오른쪽 위의 [닫기]를 클릭하거나, [파일] 탭에서 [닫기]를 클릭해 작성 중인 문서 작업을 종료할 수 있다.

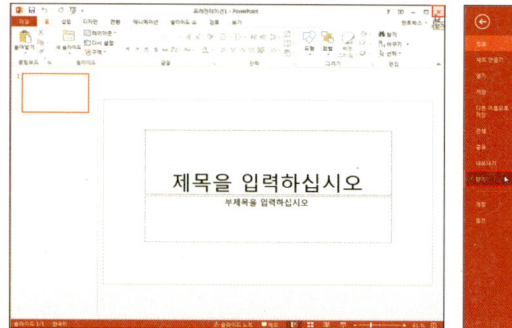
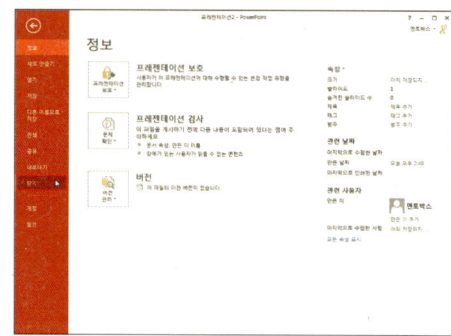

12  Chapter 1.  파워포인트 2013의 기본기 익히기

## 02 파워포인트 2013 화면 구성과 리본 메뉴

- 파워포인트 2013은 상단에 배치된 리본 메뉴, 빠른 실행 도구 모음, 제목 표시줄, 창 조절 단추들과 슬라이드 창, 슬라이드 미리 보기 창, 상태 표시줄, 화면 보기 단추, 확대/축소 도구 등으로 구성되어 있다.

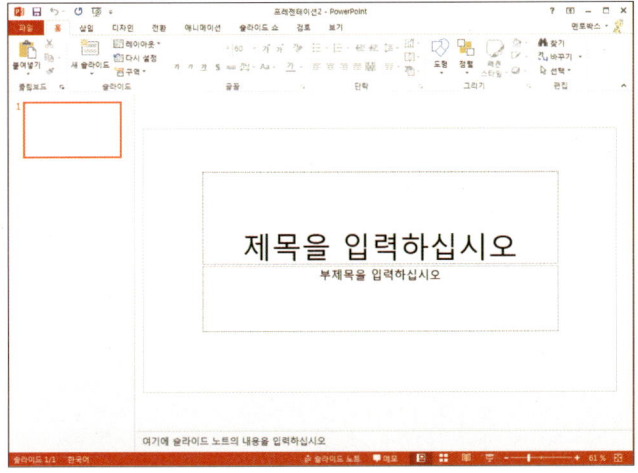

- 작업 화면 오른쪽 아래의 화면 보기 단추들을 클릭해 작업 중인 전체 문서를 한 번에 펼쳐볼 수 있다.

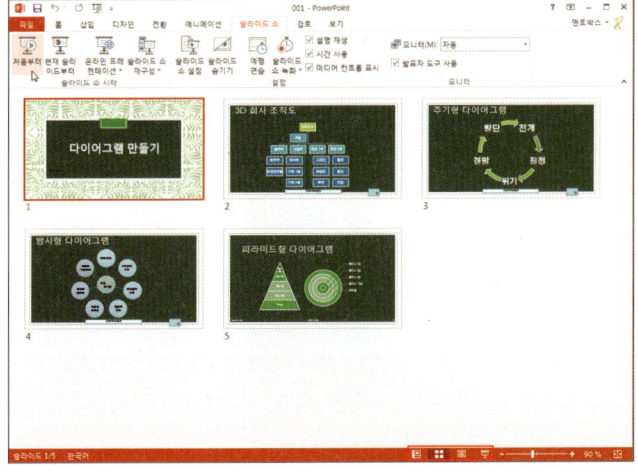

## 03 작성한 문서 저장하기

- 슬라이드에 배치된 텍스트 상자를 클릭해 원하는 내용의 문장을 입력할 수 있다. 각각의 텍스트 상자마다 글꼴 크기, 글꼴 형태 등이 미리 설정되어 있으며, 뒤에서 배우게 될 서식 명령들을 적용해 변경하는 것이 가능하다.

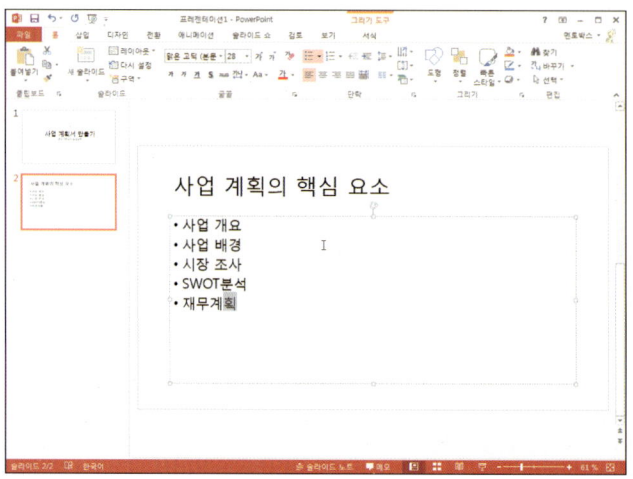

- [파일] 탭-[저장]이나 [다른 이름으로 저장]을 클릭해 사용자가 설정한 이름으로 문서를 저장할 수 있다. 이렇게 저장된 문서는 [파일] 탭-[열기]를 클릭해 언제든지 불러올 수 있다.

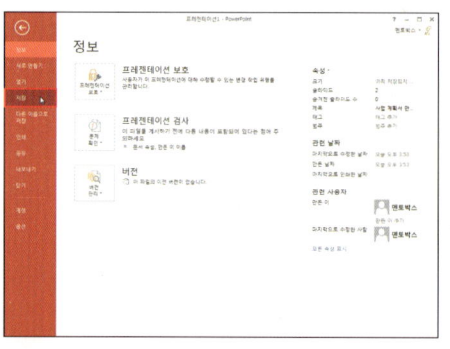

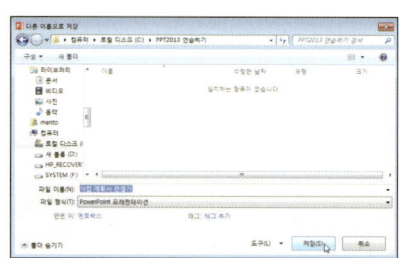

# 파워포인트 2013 실행하고 종료하기

바탕 화면이나 [시작] 메뉴를 클릭해 나타나는 목록 메뉴에서 파워포인트 2013을 실행할 수 있다. 그리고 파워포인트 2013 화면의 오른쪽 위에 [닫기]나, [파일] 탭-[닫기]를 클릭하면 종료할 수 있다.

## ◎ 알아두기

- [시작] 메뉴의 [Microsoft PowerPoint 2013]을 클릭해 파워포인트 2013을 실행할 수 있다.
- 바로 가기 아이콘을 더블클릭해 파워포인트 2013을 실행할 수 있다.
- 화면 오른쪽 위에 [닫기]를 클릭해 파워포인트 2013을 종료할 수 있다.
- [파일] 탭-[닫기]를 클릭해 파워포인트 2013을 종료할 수 있다.

### 따라하기 01 파워포인트 2013 실행

파워포인트 2013의 실행은 윈도우에서 [시작] 메뉴를 클릭하고 [PowerPoint 2013]을 클릭해 가능하며, 바탕 화면의 바로 가기 아이콘을 이용해도 실행이 가능하다.

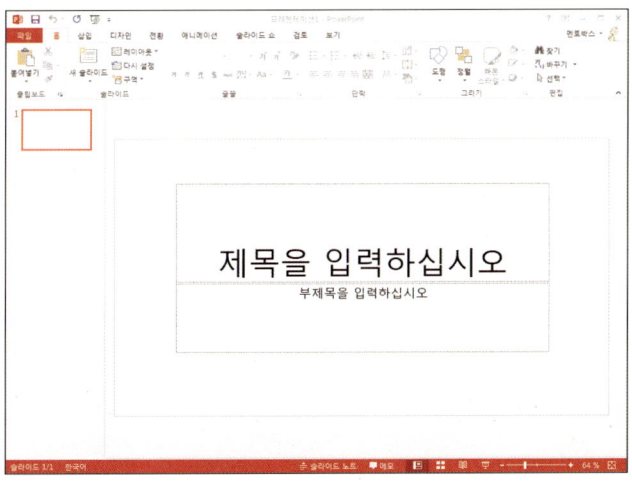

Section 1. 파워포인트 2013 실행하고 종료하기

❶ 바탕 화면에서 [시작] 메뉴를 클릭하고 [모든 프로그램]-[Microsoft Office 2013]-[PowerPoint 2013]을 클릭한다.

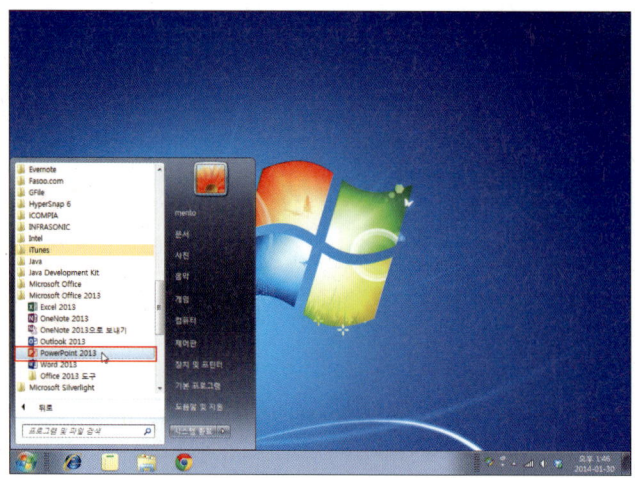

바탕 화면에 생성된 [PowerPoint 2013] 바로 가기 아이콘을 더블클릭해도 파워포인트 2013을 실행할 수 있다.

❷ 파워포인트 2013의 첫 화면에서 [새 프레젠테이션]을 클릭하면 프로그램의 기본 화면이 나타난다.

 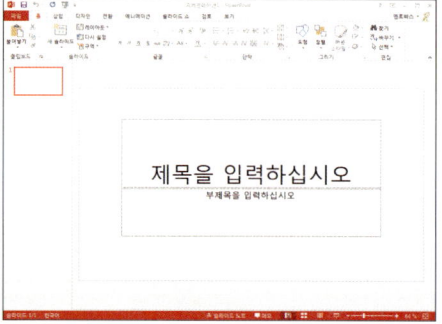

[새 프레젠테이션]이 아닌 다른 서식을 클릭하면, 선택한 디자인 서식이 적용된 작업 화면이 나타난다.

## 따라하기 02  파워포인트 2013 종료

파워포인트 2013의 종료 방법을 알아보자.

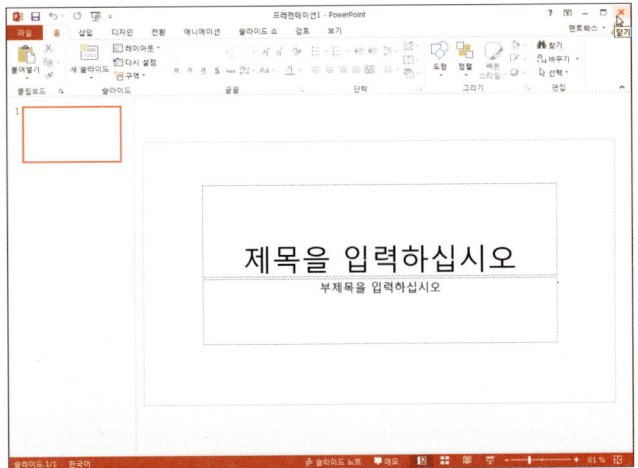

① 제목 표시줄에서 [닫기]( ✕ )를 클릭해 파워포인트 2013을 종료한다.

② 다시 파워포인트 2013을 실행하고, [파일] 탭에서 [닫기]를 클릭해 종료한다.

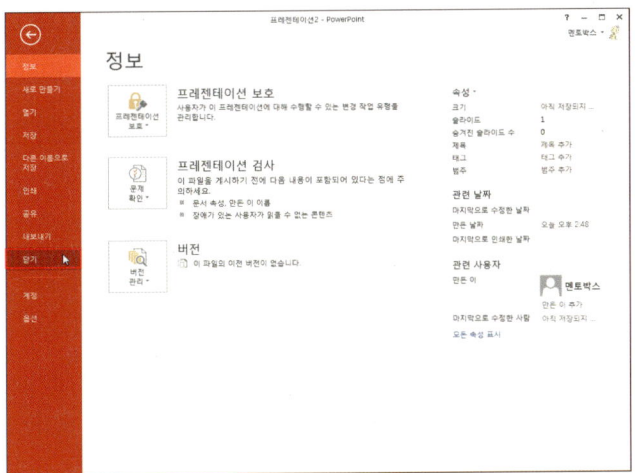

> **tip ➕**
> 슬라이드에 약간이라도 작업을 한 경우에는 파워포인트 2013을 종료할 때 작업 내용의 저장 유무를 묻는 창이 나타난다.

## 01 혼자해보기

**[시작] 메뉴를 클릭하고 파워포인트 2013을 찾아 실행해 보자.**

**HINT |** 윈도우 화면 좌측 하단의 [시작] 메뉴를 클릭한다. 펼쳐진 메뉴에서 [모든 프로그램]–[Microsoft Office 2013]을 클릭한 뒤, 원하는 프로그램을 선택한다.

## 02 혼자해보기

**백스테이지 메뉴에서 [닫기]를 클릭해 작업 중인 파워포인트 2013을 종료해 보자.**

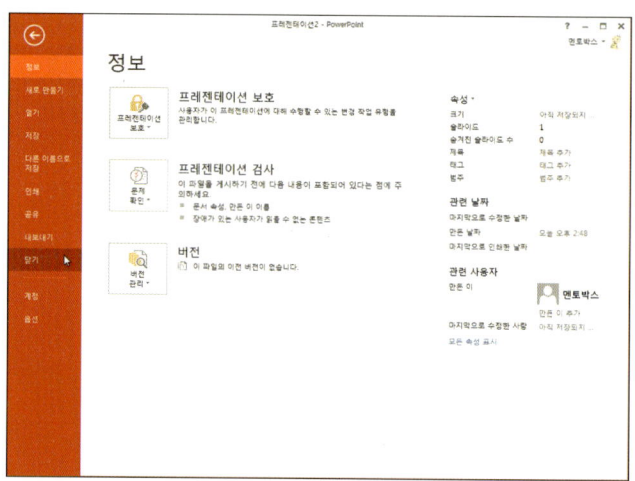

**HINT |** 슬라이드 작업 창이 펼쳐진 파워포인트 화면에서 [파일] 탭을 클릭해 백스테이지 화면을 불러낸다. 백스테이지 메뉴에서 [닫기]를 클릭한다.

# Section 2
# 파워포인트 2013 화면 구성과 리본 메뉴의 이해

파워포인트 2013은 더욱 사용자 친화적인 화면 구성에 많은 공을 들인 프로그램이다. 온라인과의 연계성을 높이기 위해 새로 등장한 계정 등록 메뉴를 비롯해, 기존부터 존재하며 호평 받아왔던 리본 메뉴, 보기 상태 전환 명령들이 깔끔한 색감으로 새롭게 디자인되었다.

### ◐ 알아두기

- 파워포인트 2013의 메뉴와 주요 기능들을 살펴보자.
- 작업 화면의 보기 상태를 상황에 따라 전환해 보자.
- 선택한 리본 메뉴의 주요 기능들을 확인해 보자.
- MS(Microsoft)에 등록한 계정으로 파워포인트 2013에 로그인해 보자.

## 따라하기 01 파워포인트 2013 화면 구성 이해하기

파워포인트 2013을 구성하는 주요 화면 구성 요소들을 살펴보고 각각의 기본 정의를 살펴보자.

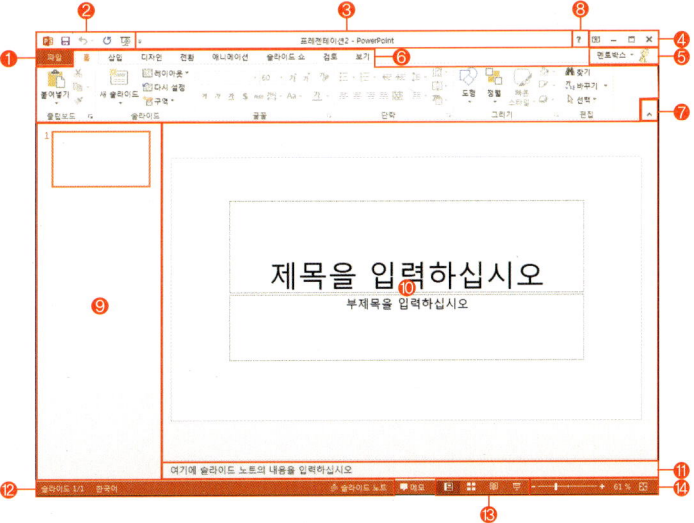

❶ [파일] 탭 : 파워포인트 백스테이지 화면이 나타나며, 이곳에서 문서의 열기와 저장, 종료, 인쇄, 문서 정보 확인 등의 관리 기능들을 설정할 수 있다.

❷ 빠른 실행 도구 모음 : 사용자가 습관적으로 자주 사용하는 기능들을 작은 단추들로 배치해 실행할 수 있다. 목록 단추를 클릭해 기본 제공되는 [저장](🖫), [실행 취소](↶), [다시 실행](↷) 등의 단추를 클릭해 바로 적용할 수 있으며, 숨겨진 다른 기능들도 빠른 실행 도구 모음으로 추가 가능하다.

❸ 제목 표시줄 : 현재 선택된 작업 문서의 파일명이 표시된다. 아직 제목 지정이 되지 않았다면 '프레젠테이션 1, 2, 3,..' 순으로 임시 제목이 주어진다.

❹ 창 조절 단추 : 파워포인트 2013을 종료하거나, 화면에 맞게 최대화/최소화할 수 있다.

❺ 계정 로그인 : MS에 등록해둔 계정에 로그인할 수 있다.

❻ 리본 메뉴 : 자주 사용되는 명령들이 8개의 리본 탭으로 분류되어 있으며, 각각의 리본 탭은 속해있는 도구들의 성향에 따라 그룹으로 분류되어 표시된다. 사용자가 리본 메뉴를 추가하거나 재배치할 수도 있다.

❼ 리본 메뉴 축소 : 단추를 클릭해 화면에 펼쳐진 리본 메뉴를 숨기거나 다시 나타나도록 할 수 있다.

❽ 도움말 단추 : 사용자의 궁금증을 도와주는 [도움말] 창이 실행된다.

❾ 슬라이드 미리 보기 창 : 작업 중인 전체 문서를 작은 슬라이드 그림으로 표시한다.

❿ 슬라이드 창 : 파워포인트 문서를 작성하는 작업 공간으로 2010 버전까지는 4:3 비율이었으나, 2013 버전부터 16:9의 와이드한 영역이 기본 슬라이드로 표시된다. 물론 작업 비율은 추후 변경 가능하다.

⓫ 슬라이드 노트 창 : 실제 발표 과정에서 발표자가 참고할 수 있는 부연 설명을 입력해두는 곳으로, 청중이 보게 되는 쇼 화면에는 나타나지 않는 부분이다. 화면 가운데 아래의 [슬라이드 노트](슬 슬라이드 노트)를 클릭해 창을 표시할 수 있다.

⓬ 상태 표시줄 : 현재 작업 중인 슬라이드의 번호와 언어, 맞춤법 검사 등을 확인하거나 실행할 수 있다.

⓭ 화면 보기 단추 : [기본 보기](▣), [여러 슬라이드 보기](▦), [읽기용 보기](📖), [슬라이드 쇼](🖵)를 제공해 다양한 화면 보기 상태로 전환된다.

⓮ 확대/축소 도구
- 확대/축소 비율(60%) : 클릭하면 나타나는 [확대/축소] 대화상자에서 화면 배율을 설정한다.
- 확대/축소 슬라이더 : 슬라이더를 드래그하거나 왼쪽/오른쪽의 단추를 클릭해 화면을 축소 또는 확대할 수 있다.
- 슬라이드를 현재 창 크기에 맞게(✥) : 클릭하면 현재 화면의 크기에 맞는 크기로 슬라이드 비율이 재조정된다.

## 따라하기 02 화면 보기 상태 변경하기

[보기] 탭이나 화면 오른쪽 아래의 단추들을 활용해 현재 작업 중인 슬라이드를 여러 가지 모양으로 바꿔 볼 수 있다.

[작업 준비물 : Ch01\001.pptx]

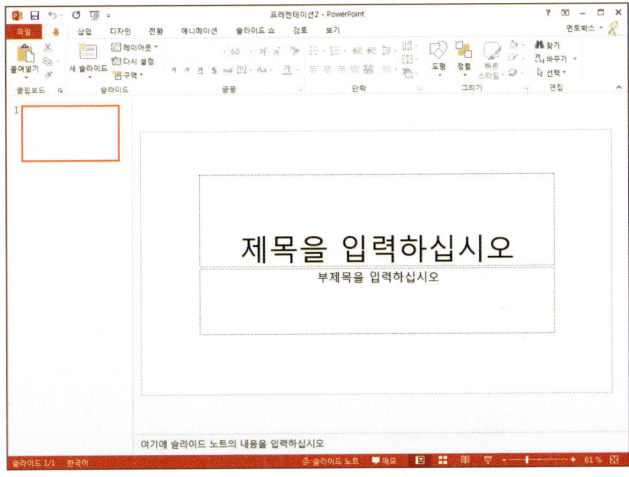

❶ 예제 파일을 불러오기 위해 기본 화면에서 [다른 프레젠테이션 열기]를 클릭하고, [열기]-[컴퓨터]-[찾아보기]를 클릭한다.

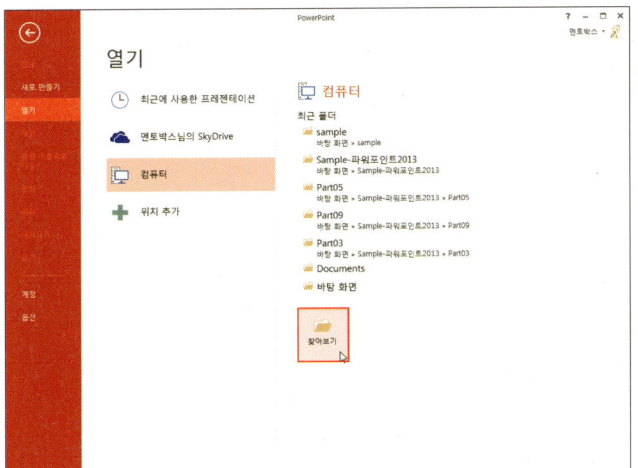

tip ➕

단축키 Ctrl + O 를 눌러서 열기 명령을 실행할 수 있다.

❷ [열기] 대화상자에서 '001.pptx' 파일을 선택하고 [열기]를 클릭한다.

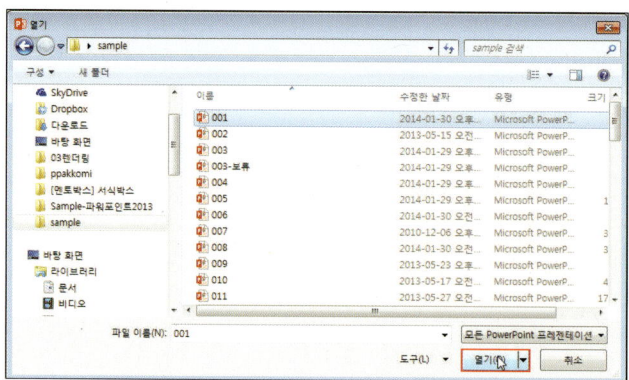

❸ [보기] 탭을 클릭하면, 현재 [기본] 보기 상태로 설정되어 있는 것을 리본 메뉴에서 확인할 수 있다. 자주 사용하는 다른 보기 상태인 [여러 슬라이드]를 클릭해 보자.

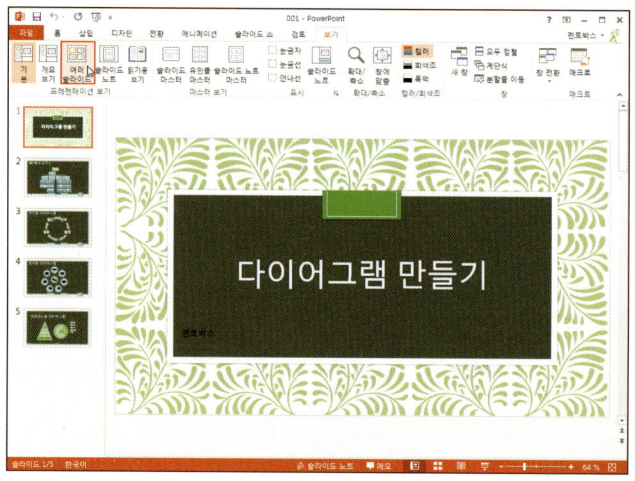

tip ➕

화면 오른쪽 아래의 [여러 슬라이드 보기](▦)를 클릭해도 [여러 슬라이드] 보기 상태로 전환할 수 있다.

❹ [여러 슬라이드] 보기 상태로 변경되면 화면 오른쪽 아래의 [확대/축소] 슬라이더를 드래그해 자신에게 보기 좋은 배율이 되도록 설정해 보자.

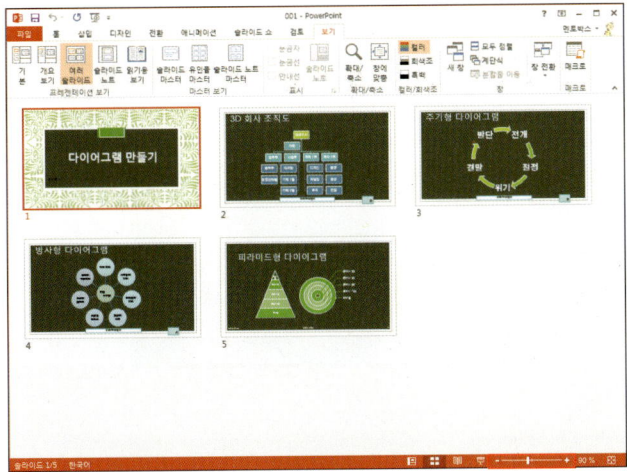

❺ 실제 발표에서 사용될 쇼 화면을 점검하기 위해 [슬라이드 쇼] 탭-[슬라이드 쇼 시작] 그룹에서 [처음부터]를 클릭한다.

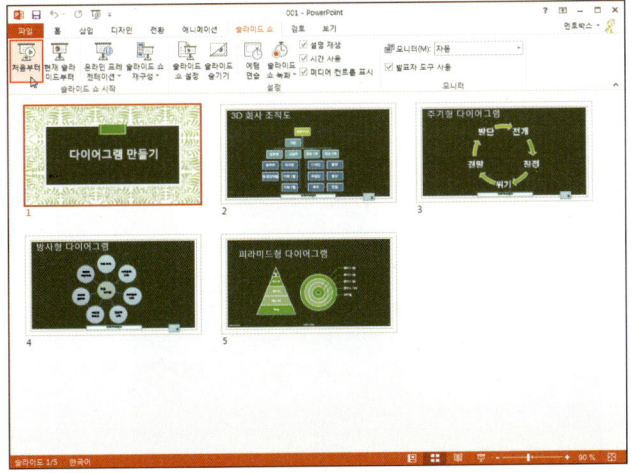

tip ➕
슬라이드 쇼의 단축키인 F5를 누르거나, 화면 오른쪽 아래의 [슬라이드 쇼](🖥)를 클릭해서 슬라이드 쇼 실행이 가능하다.

Section 2. 파워포인트 2013 화면 구성과 리본 메뉴의 이해

❻ 화면 전체를 작업 슬라이드로 채우는 [슬라이드 쇼 보기] 상태가 되면, 화면을 마우스 포인터로 클릭해 다음 슬라이드로 이동해 보자. 가장 마지막 슬라이드에서 마우스를 클릭하면, 쇼 상태 이전의 화면 상태로 돌아온다.

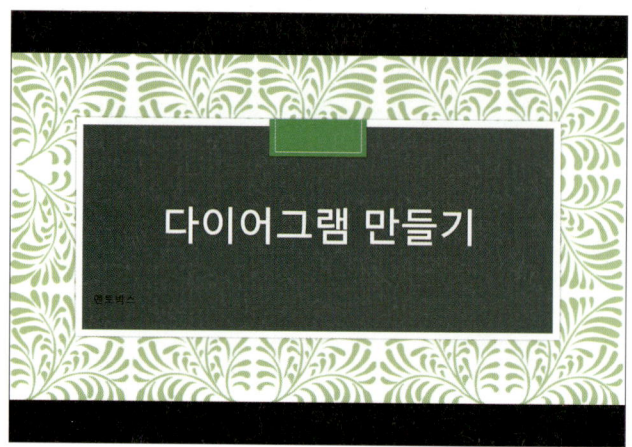

> tip ➕
> [슬라이드 쇼] 보기 상태에서 Esc 를 눌러 작업 화면으로 돌아갈 수도 있다.

❼ [보기] 탭–[프레젠테이션 보기] 그룹에서 [기본 보기]를 클릭하거나, 화면 오른쪽 아래의 [슬라이드 쇼]()를 클릭해 원래의 [기본] 보기 상태의 화면으로 돌아간다.

> tip ➕
> [보기] 탭–[프레젠테이션 보기] 그룹에서 [읽기용 보기]는 현재 열려진 파워포인트 창에 맞는 크기로 슬라이드 쇼를 진행한다.
>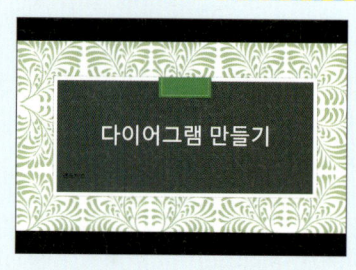

## 따라하기 03 리본 메뉴 익히기

파워포인트 2013 상단에는 9개의 리본 메뉴가 기본으로 펼쳐져 있다. 리본 메뉴는 [탭]-[그룹]-[메뉴] 구성이 기본이며, 개체를 선택하거나 특정 작업 상황에서는 추가로 탭이 나타나 지원되는 기능들을 선택해 사용할 수 있다.

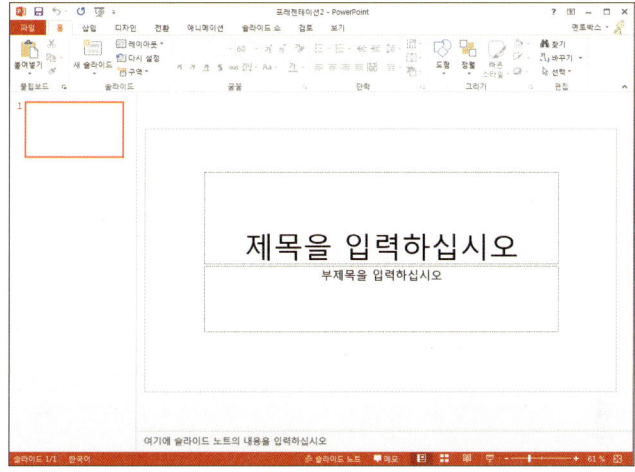

❶ [홈] 탭 : 주로 글꼴과 단락 서식을 조정하기 위한 메뉴들이 배치되어 있으며, 가장 기본으로 열리는 탭으로써 다른 탭들 중 자주 사용하는 명령들이 곳곳에 숨어 있기도 하다.

❷ [삽입] 탭 : 그림이나 도형, 차트, 클립 아트 등의 멀티미디어 개체들을 삽입하거나, 인터넷 창의 레이아웃을 그대로 스크린샷으로 가져올 수 있다. 이외에도 텍스트 상자를 추가하거나 기호, 수식 등의 특수 문자 삽입을 지원하는 기능들이 있다.

❸ [디자인] 탭 : 작업 중인 슬라이드에 적용할 수 있는 디자인 서식과 테마 등을 빠르게 선택할 수 있으며, 작업 중인 슬라이드의 가로와 세로 비율을 4:3, 16:9 등으로 변경할 수 있는 기능들이 있다.

❹ [전환] 탭 : 슬라이드와 슬라이드 간의 전환 과정에 적용될 전환 애니메이션을 적용할 수 있으며, 이곳에 있는 옵션들을 활용해 적용 시간과 적용 방법 등을 다양하게 설정할 수 있다.

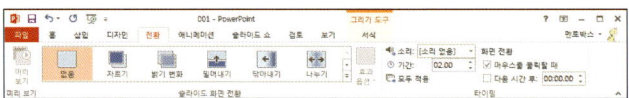

❺ [애니메이션] 탭 : 슬라이드에 배치된 문자, 그림, 도형 등의 여러 개체들에 개별적으로 애니메이션 효과를 적용할 수 있다. 물론 적용된 효과의 시간, 방향, 동작 방식 등을 설정할 수 있는 옵션들도 함께 배치되어 있다.

❻ [슬라이드 쇼] 탭 : 슬라이드 쇼를 실행하거나 예행연습을 할 수 있는 메뉴들이 준비되어 있다. 아울러 슬라이드를 상황별로 나누어 재구성하거나 숨기는 등의 다양한 기능들이 배치된 곳이다.

❼ [검토] 탭 : 작업 중인 문장의 특정 단어를 원하는 한자 단어로 바꿀 수 있는 기능이 대표 메뉴이며, 이외에도 작성 중인 문장의 맞춤법 검사, 사전, 메모 삽입 등의 다양한 기능들이 배치되어 있다.

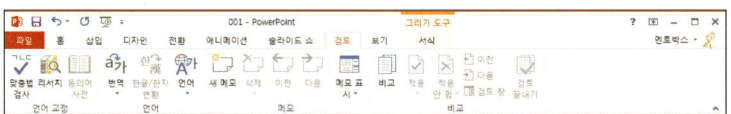

❽ [보기] 탭 : 슬라이드의 보기 형태나 창의 형태를 쉽게 전환할 수 있는 곳이다. [마스터 보기] 그룹을 통해서는 서식 전반에 영향을 끼치는 마스터 작업 모드로 전환할 수도 있다.

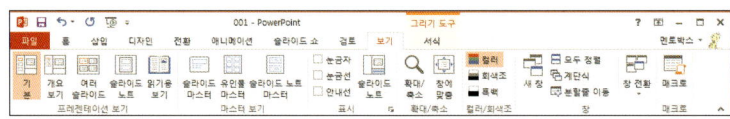

❾ 기타 상황 탭 : 기본 상태에서 보이는 탭들 외에도 도형, 그림, 차트, 표 등의 개체를 선택하거나 특정 작업을 하는 경우에는 상황에 맞는 여러 상황 탭이 나타난다.

- [그리기 도구]-[서식] 탭

- [그림 도구]-[서식] 탭

- [표 도구]-[디자인] 탭, [표 도구]-[레이아웃] 탭

- [SMARTART 도구]-[디자인] 탭, [SMARTART 도구]-[서식] 탭

- [차트 도구]-[디자인] 탭, [차트 도구]-[서식] 탭

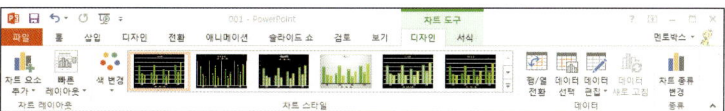

- [비디오 도구]-[서식/재생] 탭

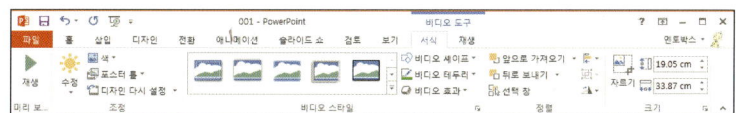

- [오디오 도구]-[서식/재생] 탭

Section 2 . 파워포인트 2013 화면 구성과 리본 메뉴의 이해    27

따라하기 **04 계정 로그인하기**

MS가 운영하는 SkyDrive.com에 가입한 ID, 비밀번호를 등록해 프로그램에 사용자 로그인을 할 수 있다. 계정 등록을 해 보자.

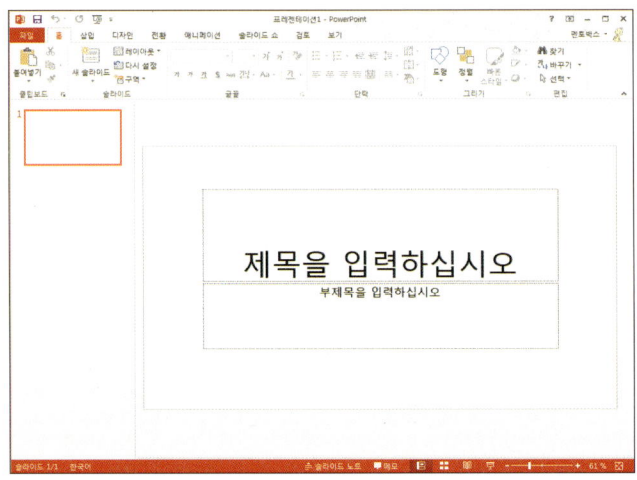

❶ [파일] 탭을 클릭해 백스테이지 [계정]-[로그인]을 클릭한다.

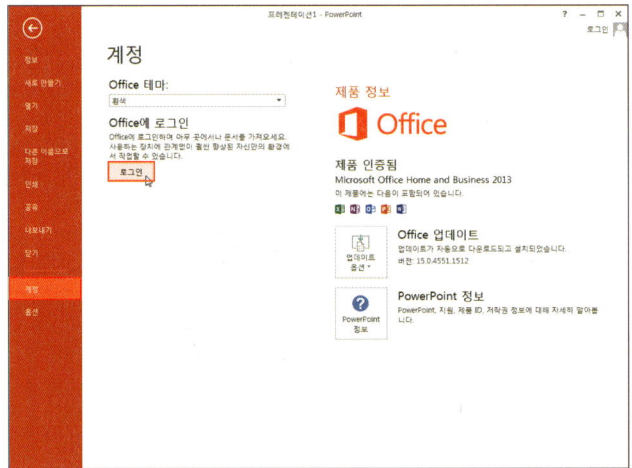

❷ [로그인] 창이 나타나면 Window live나 SkyDrive.com에서 가입했던 이메일 계정을 입력하고 [다음]을 클릭한다.

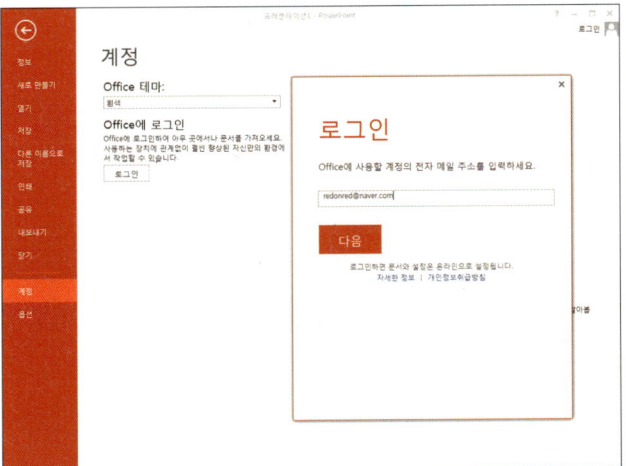

tip ➕
아직 회원 가입이 안되어 있다면, MS가 운영하는 SkyDrive.com에 가입한 뒤 과정을 따라한다.

❸ 이전 과정에 이어 [암호]에 계정 암호를 입력하고 [로그인]을 클릭한다.

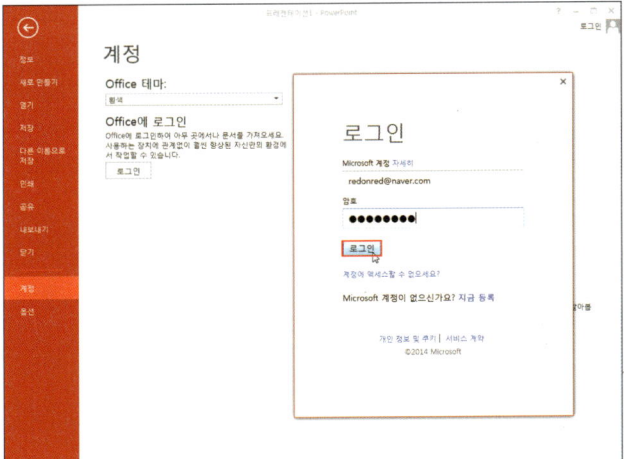

❹ 등록해둔 계정의 ID와 설정 정보들이 로그인한 계정 구성 요소로 나타나며, 화면 오른쪽 위에서도 등록된 계정을 확인할 수 있다. [Office 배경]의 목록 단추를 클릭해 선택된 그래픽 효과가 화면 위쪽에도 표시되도록 한다.

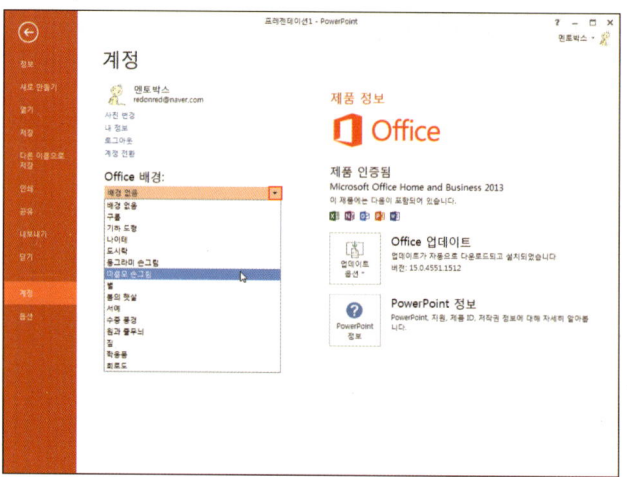

SkyDrive.com 가입 당시 등록했던 사진 정보를 변경하려면, [사진 변경]을 클릭하고 원하는 사진을 선택해 적용하면 된다. tip ➕

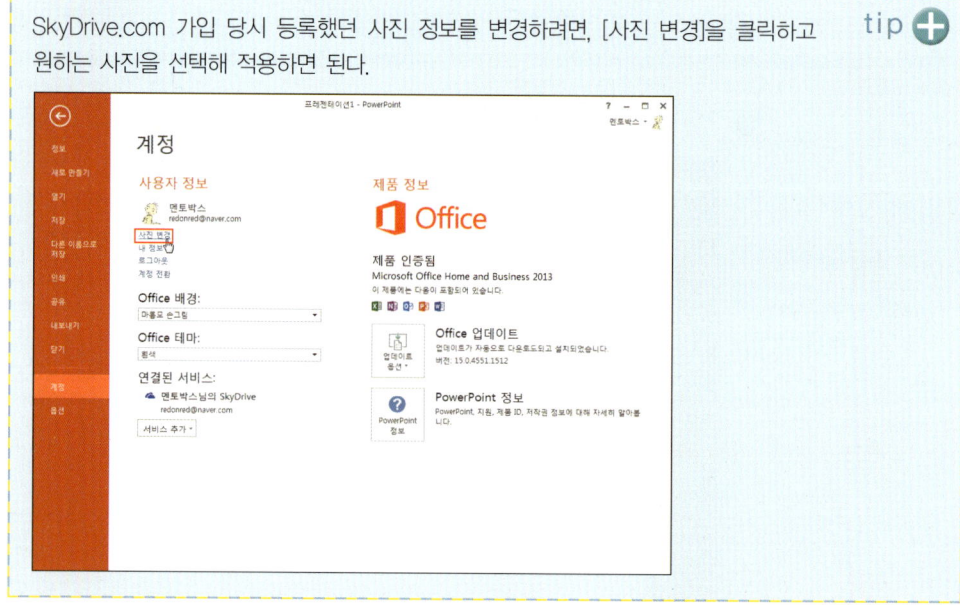

## 01 혼자해보기

**예제 파일을 불러온 후 배율을 조정해 한 화면에 전체 슬라이드가 보이도록 설정해 보자.**

[작업 준비물 : Ch01\002.pptx]

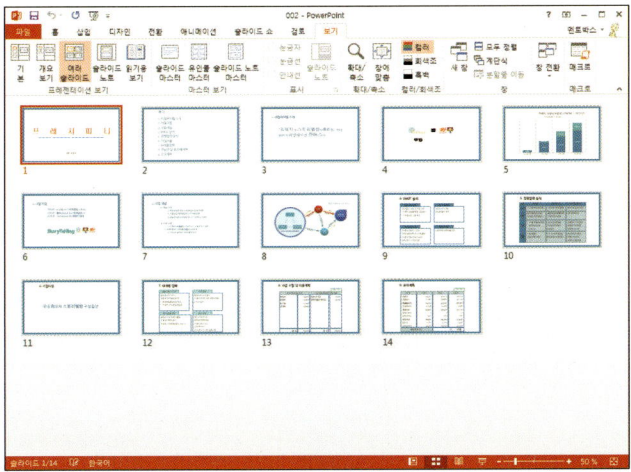

**HINT** | 화면 보기 배율은 화면 오른쪽 아래의 슬라이더를 드래그해 조정할 수 있다.

Section 3

# 문서 작성하고 저장하기

슬라이드에 문장을 입력하는 것은 텍스트 상자를 클릭해 수행할 수 있다. 이렇게 작업한 문서는 [저장]을 통해 수시로 저장할 수 있으며, [다른 이름으로 저장]을 통해 다른 이름을 가진 새 파일을 생성할 수도 있다.

## ○ 알아두기

- 슬라이드에 표시되는 텍스트 상자를 클릭해 문장을 입력할 수 있다.
- [파일] 탭-[저장]을 클릭해 새로 작업한 문서를 의도해둔 이름으로 저장할 수 있다.
- 작업 중인 문서를 [파일] 탭-[다른 이름으로 저장]을 클릭해 다른 이름으로 저장할 수 있다.

### 따라하기 01 슬라이드에 내용 입력하기

비어 있는 프레젠테이션 문서에 새로운 슬라이드를 생성하고, 각 텍스트 상자마다 문장을 입력해 보자.

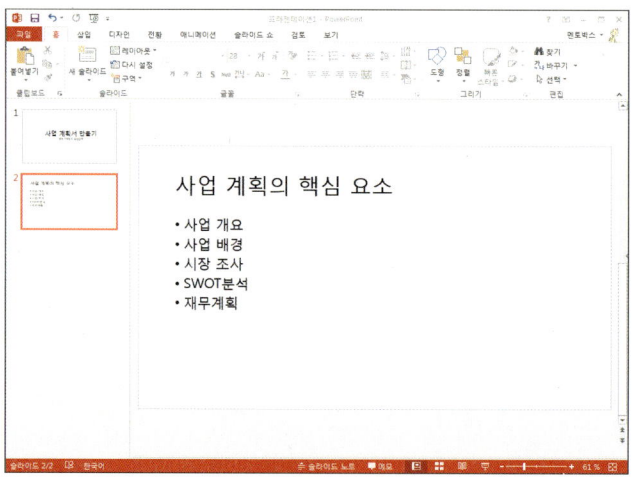

❶ 새 문서를 열고 위쪽 텍스트 상자 안을 클릭한 후 '사업 계획서 만들기'를 입력한다.

> 텍스트 상자마다 글꼴과 글자 크기가 기본 설정되어 있다. 물론 추후 수정을 할 수도 있지만, 이곳에서는 기본 설정 값 그대로 입력한다.

❷ 이번에는 아래쪽 텍스트 상자 안쪽을 클릭한 뒤, '향후 3개월의 실천전략'을 입력한다.

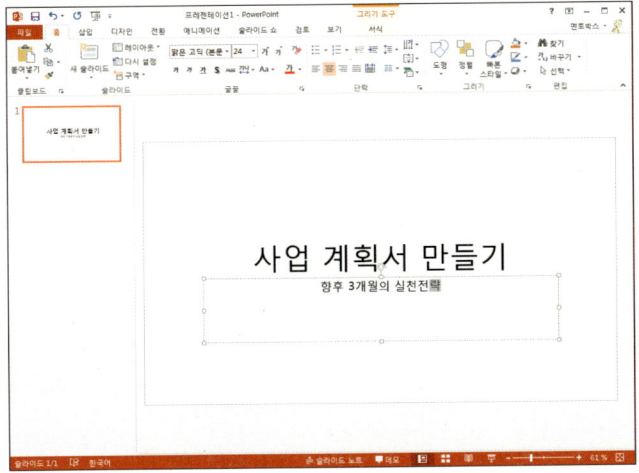

❸ 두 번째 슬라이드를 만들기 위해 [홈] 탭-[슬라이드] 그룹에서 [새 슬라이드]를 클릭한다.

❹ '제목 및 내용' 슬라이드가 새로 추가되면, 텍스트 상자를 각각 클릭해 다음과 같이 내용을 입력한다.

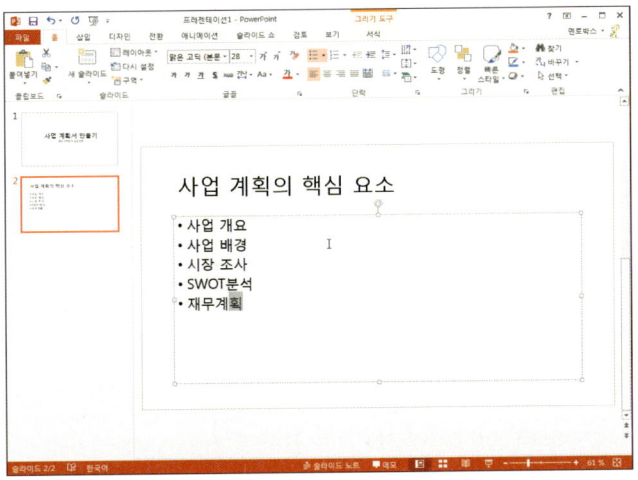

클릭하기 전에 텍스트 상자 안쪽에 표시되는 아이콘들을 클릭해, 표, 그림, 차트, 클립 아트, 동영상 등의 개체들을 바로 슬라이드에 삽입할 수도 있다. 물론 기본적으로 [삽입] 탭에서 각각의 개체들을 불러오는 것이 가장 기본이며, 이에 대해서는 추후 다루도록 한다.

따라하기

## 02 작업한 문서 저장하기

백스테이지의 [저장]을 이용해 작업 중인 문서를 원하는 파일 이름으로 저장해 보자.

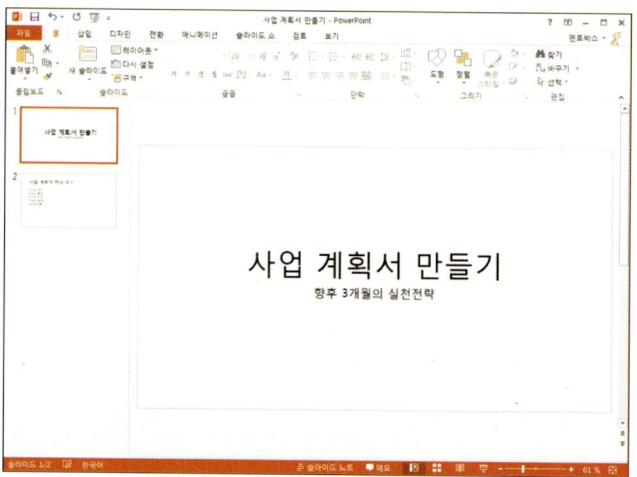

❶ [파일] 탭을 클릭해 백스테이지 화면의 [저장]을 클릭한다. 해당 작업을 처음 저장하는 경우 [다른 이름으로 저장]으로 바뀐다. [다른 이름으로 저장]에서 [컴퓨터]-[찾아보기]를 클릭한다.

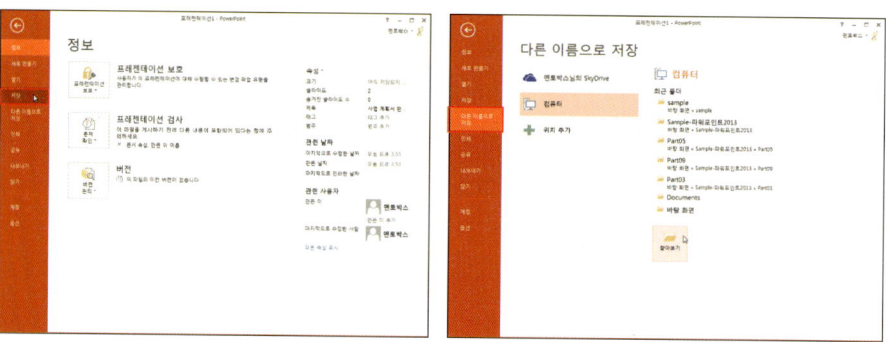

❷ [다른 이름으로 저장] 대화상자가 나타나면 왼쪽 창에서 [저장할 드라이브]를 선택하고, 오른쪽 창에서 [저장할 폴더]를 선택한다.

❸ 지정한 폴더 안으로 이동하면 [파일 이름]에 '사업 계획서 만들기'를 입력하고 [저장]을 클릭한다.

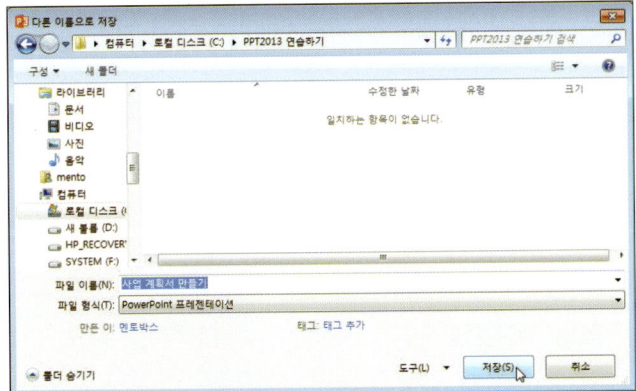

❹ [파일] 탭을 클릭하고 [닫기]를 클릭해 현재 작업 중인 문서를 닫는다.

> 이렇게 하면 파워포인트 2013은 종료되지 않고 유지된다.   tip ➕

## 따라하기 03 　문서 열기와 다른 이름으로 저장하기

작업 중인 문서를 다른 이름을 가진 새로운 파일로 저장해 보자.

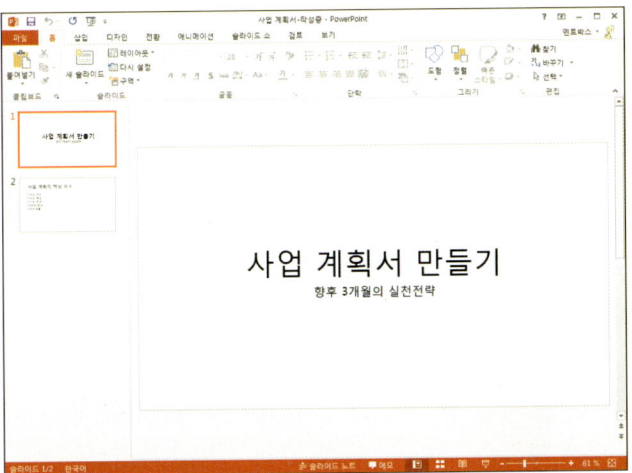

❶ [파일] 탭-[열기]를 클릭해 [컴퓨터]-[찾아보기]를 클릭한다.

> tip ➕
> 문서를 최근에 열어서 작업했었다면 [열기]의 [최근에 사용한 항목]을 클릭하고 목록에서 최근 작업한 파일을 바로 선택해 사용할 수 있다.

❷ [열기] 대화상자가 나타나면 파일이 저장된 폴더를 클릭한다. 이어 폴더 안의 목록 중 불러올 파일을 선택하고 [열기]를 클릭한다.

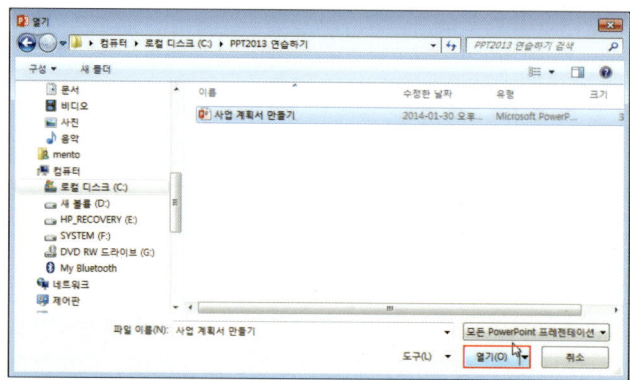

> tip ➕
> 파워포인트 2013이 실행되지 않은 상태에서, [Windows 탐색기] 창에서 해당 파일을 더블클릭해도 저장해둔 문서를 열 수 있다.

❸ 열린 문서 내용을 다른 이름으로 저장하기 위해 [파일] 탭-[다른 이름으로 저장]-[컴퓨터]-[찾아보기]를 클릭한다.

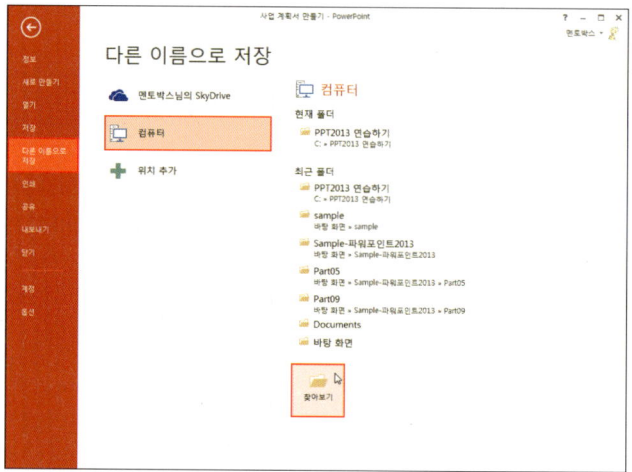

> tip ➕
> 만약 [파일] 탭-[저장]을 클릭하면, 추가 작업한 내용이 열려진 이름으로 바로바로 저장된다.

❹ [다른 이름으로 저장] 대화상자가 나타나면 같은 폴더에 [파일 이름]만 '사업 계획서 작성중' 으로 입력한 뒤 [저장]을 클릭한다.

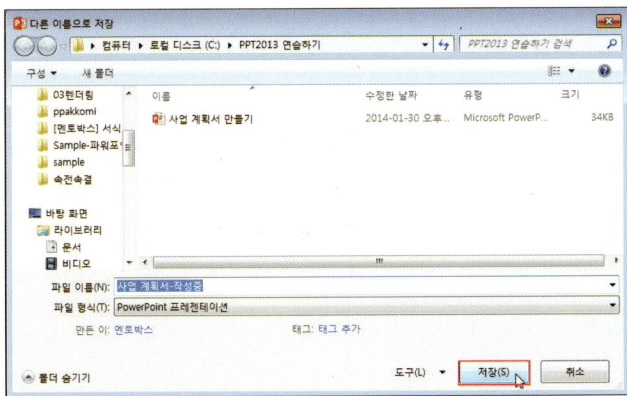

❺ [Windows 탐색기] 창으로 해당 폴더를 확인해보면, 서로 다른 이름의 파일 2개가 생성되어 있는 것을 볼 수 있다.

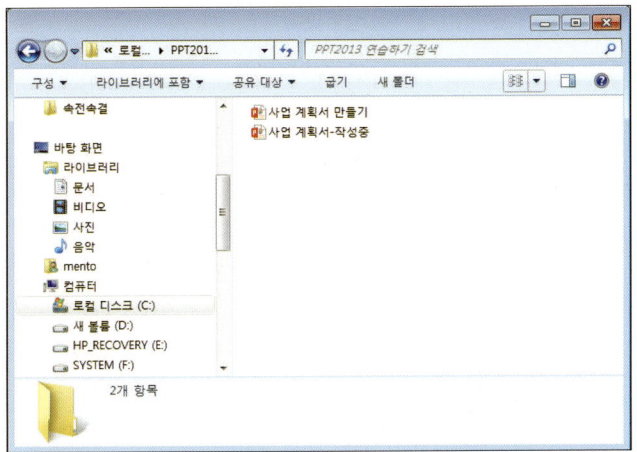

> tip ➕
> 리본 메뉴 왼쪽 위의 빠른 실행 도구 모음 중 [저장](🖫)을 클릭해도 작업 중인 파일을 수시로 저장할 수 있다.

Section 3 . 문서 작성하고 저장하기

### 01 혼자해보기

**새 프레젠테이션 문서를 열고 다음과 같이 텍스트 상자에 문장을 입력해 보자.**

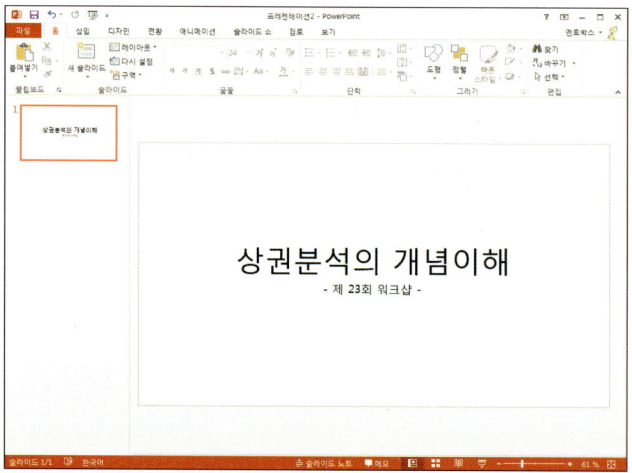

**HINT** | 텍스트 상자 안쪽을 클릭하고 원하는 내용을 입력한다.
내용 입력이 끝나면 텍스트 상자 바깥쪽을 클릭하거나 `Esc`를 눌러서 입력 상태를 종료할 수 있다.

### 02 혼자해보기

**새로운 슬라이드를 추가하고, 그림과 같이 내용을 입력해 보자.**

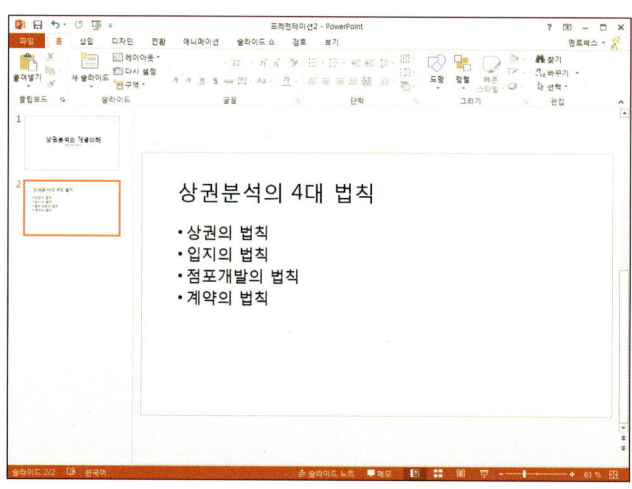

**HINT** | [홈] 탭-[슬라이드] 그룹에서 [새 슬라이드]를 클릭해 새로운 슬라이드를 생성할 수 있다.

## 1. 파워포인트 2013 실행하고 종료하기

- [시작] 단추를 클릭하고 [모든 프로그램]-[Microsoft Office]-[PowerPoint 2013]을 클릭해 파워포인트 2013을 실행할 수 있다.
- 바탕 화면에서 [PowerPoint 2013] 바로 가기 아이콘을 더블클릭해서 파워포인트 2013을 실행할 수 있다.
- 파워포인트 2013을 실행하고 기본 화면에서 [새로 만들기]를 클릭해 빈 프레젠테이션 문서를 열 수 있다.
- 화면 오른쪽 위의 [닫기](⊠)를 클릭하면 파워포인트 2013을 종료할 수 있다.
- [파일] 탭-[닫기]를 클릭해 파워포인트 2013을 종료할 수 있다.

## 2. 파워포인트 2013의 화면 구성과 리본 메뉴

- 파워포인트 2013을 실행하면 비어 있는 새 프레젠테이션 문서 및 각종 디자인 서식을 선택할 수 있는 기본 화면이 가장 먼저 나타난다. 이곳에서 사용자가 원하는 서식이나 저장해둔 작업 파일을 빠르게 선택해 사용할 수 있다.
- 작업 화면을 상황에 따라 다양하게 전환할 수 있는 보기 명령들이 [보기] 탭과 작업 화면 오른쪽 아래에 단추로 배치되어 있다.
- 기본적으로 9개의 탭으로 구성된 리본 메뉴가 표시되며, 특정 작업이나 선택된 개체의 종류에 따라 탭이 추가되어 나타난다.
- MS에서 제공하는 온라인 저장, 열람을 확인하기 위해서는 SkyDrive.com에 계정이 있어야 하며, 이 계정을 파워포인트 2013에 등록할 수 있다.

## 3. 문장 입력과 문서 저장

- 슬라이드에 배치된 텍스트 상자를 클릭해 원하는 문장을 입력할 수 있다.
- [홈] 탭-[슬라이드] 그룹에서 [새 슬라이드]를 클릭해 새로운 슬라이드를 계속 추가할 수 있다.
- [파일] 탭-[저장]을 클릭해 작업 중인 문서를 저장할 수 있다.
- [파일] 탭-[다른 이름으로 저장]을 클릭해 다른 이름의 새 문서를 저장할 수 있다.
- 리본 메뉴 왼쪽 위의 빠른 실행 도구 모음에서 [저장](🖫)을 클릭해 문서를 저장할 수 있다.

# 종합실습 pointup

1. 새 프레젠테이션 문서를 열고 그림과 같이 텍스트 상자에 내용을 입력한 뒤, '스마트폰 시작하기'라는 파일 이름으로 문서를 저장하고 [닫기]를 이용해 현재 작업 중인 문서만 닫아 보자.

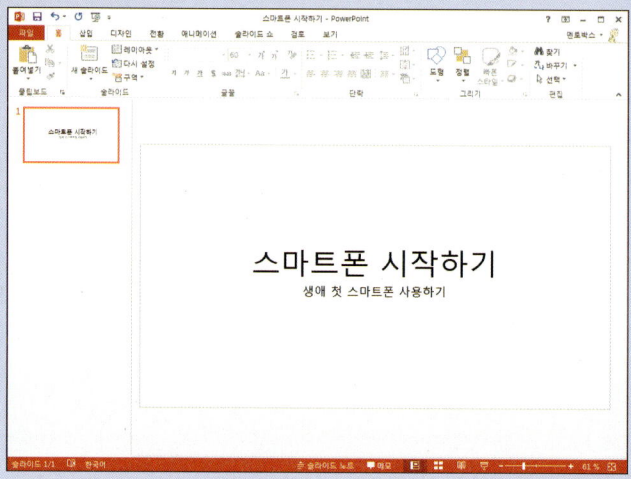

**HINT** | [파일] 탭-[닫기]를 클릭하는 경우에는 현재 작업 중인 문서만 닫히고, 파워포인트 2013은 그대로 실행 중인 상태가 된다.

2. [열기]를 이용해 '스마트폰 시작하기' 문서를 불러온 후, 새 슬라이드를 추가하고 다음 내용을 저장해 보자.

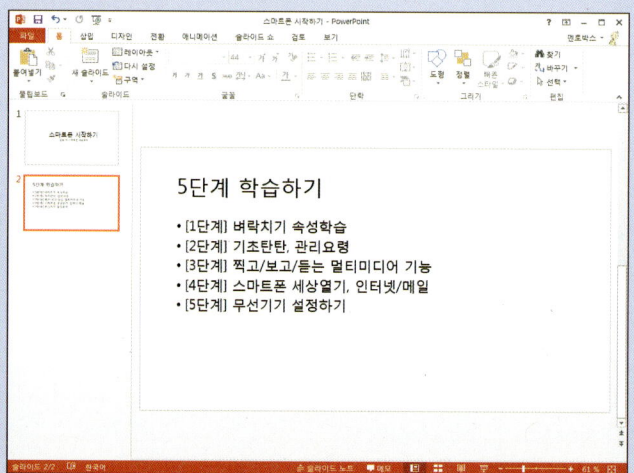

**HINT** | • [홈] 탭-[새 슬라이드]를 클릭해 슬라이드 추가
• [파일] 탭-[저장]을 클릭해 추가된 작업을 현재 이름으로 덮어서 저장

# 종합실습 pointup

3. 새 슬라이드를 추가하고 다음 내용을 입력한 후 [다른 이름으로 저장]을 이용해 문서를 다른 이름으로 변경, 저장해 보자.

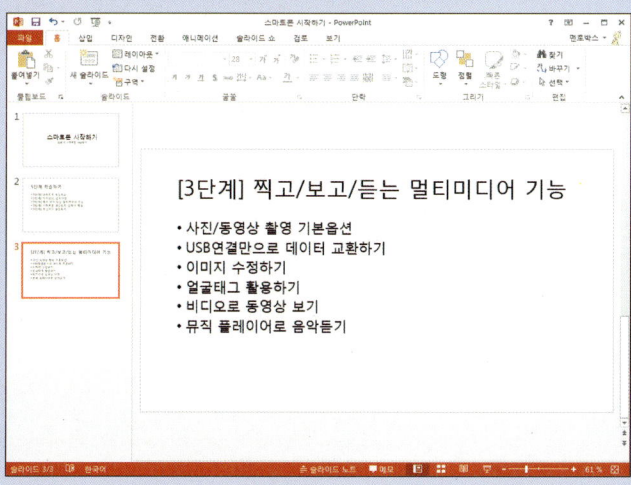

**HINT** | [파일] 탭–[다른 이름으로 저장]–[컴퓨터]–[찾아보기]를 클릭한 뒤, 다른 이름으로 문서 저장

4. [여러 슬라이드] 보기 상태로 화면을 전환한 후 슬라이드 조절바를 이용해 보기 배율을 '120%'로 설정해 보자.

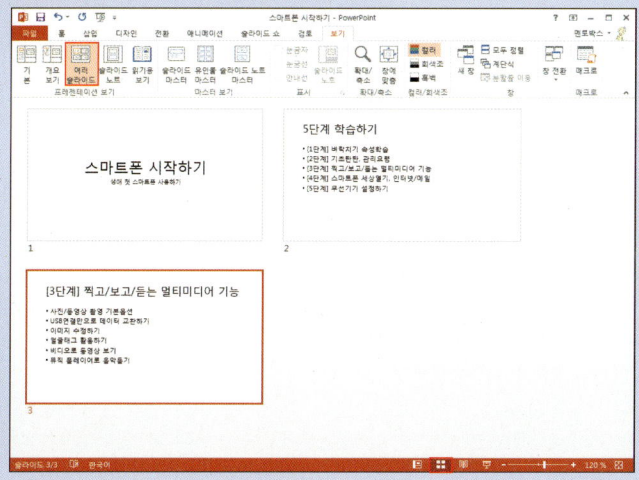

**HINT** | 화면 오른쪽 아래의 [여러 슬라이드](▦) 클릭

# 02 CHAPTER

## 문자 입력과 서식 조정

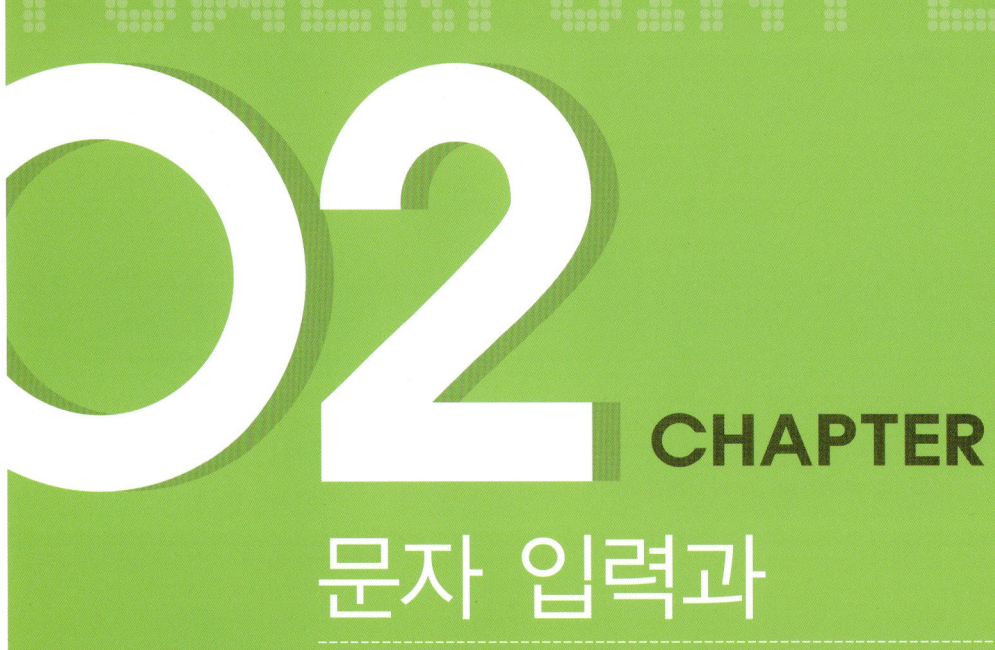

문장을 입력하는 과정에서 한글을 한자로 변환하거나, 특수 기호를 삽입하는 과정은 작성하는 문서를 돋보이게 만드는 방법으로 많이 활용된다. 또한 입력한 문장의 배치와 줄 간격을 조정하는 것은 청중이 슬라이드를 이해할 수 있는 가독성에 영향을 끼치는 부분이다. 이러한 부분들이 준비되었다면 슬라이드 쇼를 통해 발표자의 의도가 잘 전달될 수 있는 슬라이드가 만들어졌는지 점검하는 단계가 필요하다. 이러한 과정들에 대해 알아보자.

Section 1   글꼴 서식 설정하기
Section 2   특수 기호와 한자 입력하기
Section 3   문자 정렬하기
Section 4   슬라이드 쇼 실행하기

# 글꼴 및 정렬 서식과 특수 기호 입력하기

**Chapter 2**

텍스트 상자에 입력된 문장의 글꼴, 크기 등을 사용자 입맛에 맞게 변경하기 위해 [글꼴] 그룹을 활용한다. 이외에도 특수 문자 입력을 위해 [기호]를 이용하거나, 텍스트 상자와 입력된 문장 간의 배치를 위해 [맞춤] 그룹을 활용할 수 있다.

## 01 글꼴 서식 설정하기

텍스트 상자 테두리를 클릭해 전체 문장을 선택하거나, 텍스트 상자 안쪽을 드래그해 일부 영역을 범위로 설정할 수 있다. 이 상태로 [홈] 탭-[글꼴] 그룹에서 서식 명령을 설정하면, 선택된 문장의 서식을 보기 좋게 변경할 수 있다.

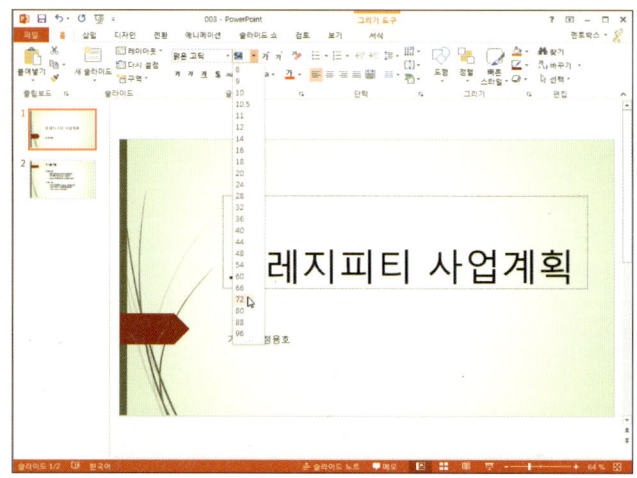

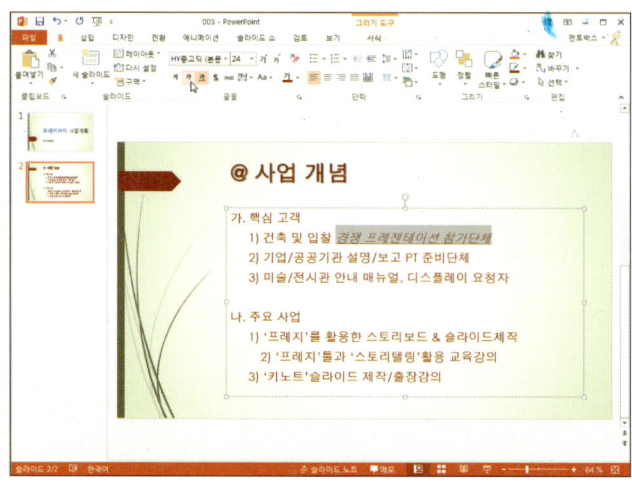

## 02 특수 기호와 한자 입력하기

특수 기호와 한자 입력을 통해 작성 중인 문서 서식을 더욱 돋보이게 할 수 있다. 특수 기호는 [기호] 대화상자에서 [글꼴]과 [하위 집합]을 설정한 뒤, 목록에서 선택해 삽입할 수 있다.

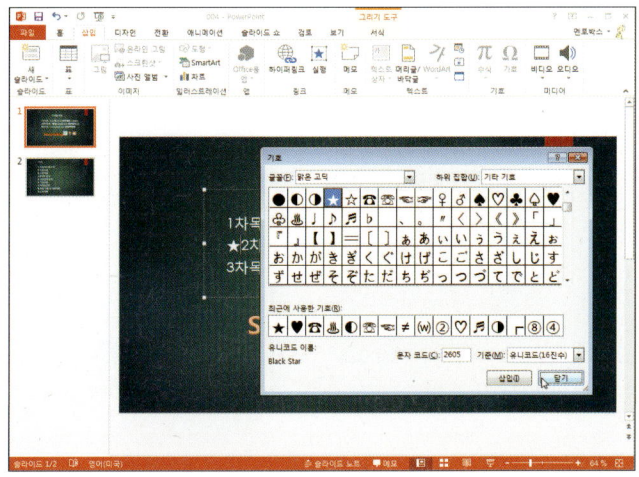

한자 변환은 대상이 되는 한글을 범위로 설정한 뒤, [한글/한자 변환] 대화상자에서 적절한 한자 목록을 선택해 변환할 수 있다. 만약 모르는 한자어가 표기된다면, [한자 사전]을 통해 해당 한자의 음절을 확인할 수도 있다.

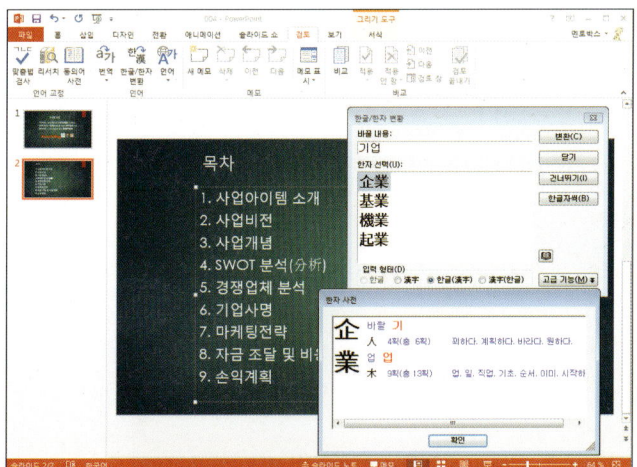

## 03 문자 정렬하기

텍스트 상자 안에 입력된 문장은 텍스트 상자를 기준으로 왼쪽, 가운데, 오른쪽 등의 가로 정렬을 할 수 있다. 물론 옵션을 통해 위쪽, 중간, 아래쪽의 세로 정렬도 가능하다. 이외에도 텍스트 상자에 입력된 문장 간의 상하 간격을 조정하는 [문자 맞춤]의 [위쪽], [중간], [아래쪽]들도 자주 사용하는 정렬 명령이다.

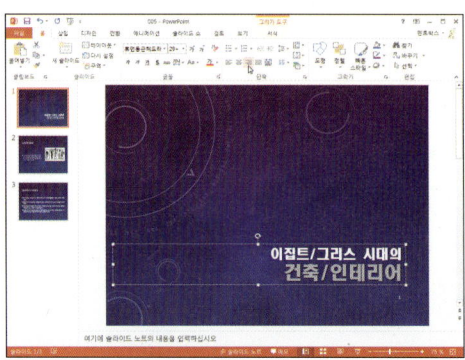 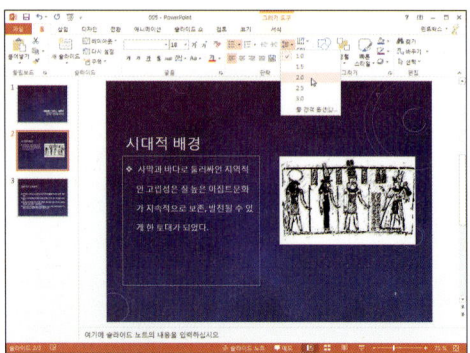

## 04 슬라이드 쇼

프레젠테이션 문서는 슬라이드 쇼를 진행하기 위해 제작되며, 작업 중에 수시로 슬라이드 쇼를 테스트하며 편집 화면과 쇼 화면 간의 간극을 없애기 위해 노력하게 된다. 이러한 슬라이드 쇼의 시작과, 진행, 종료는 매우 간단한 조작으로 적용이 가능하다.

슬라이드 쇼는 쇼 화면을 마우스로 클릭하는 것으로써 [다음 슬라이드]로 넘어갈 수 있다. 가장 마지막 슬라이드가 넘어간 상태에서 한 번 더 화면을 클릭해 쇼를 종료할 수 있다. 이외에도 슬라이드 쇼의 시작과 종료를 위한 다양한 방법들이 준비되어 있다.

Section 1

# 글꼴 서식 설정하기

텍스트 상자의 테두리 틀이나, 안쪽 일부 영역을 드래그해 범위 설정한 뒤, [홈] 탭-[글꼴] 그룹에서 메뉴들을 활용해 다채로운 글꼴 서식을 설정할 수 있다.

### ◯ 알아두기

- 특정 영역을 범위 설정하고, [글꼴] 그룹의 다양한 서식 설정을 할 수 있다.
- 범위 설정을 한 뒤, [글꼴] 그룹을 이용해 해당 영역의 글꼴과 글꼴 크기를 변경할 수 있다.
- 범위 설정을 한 뒤, [글꼴] 그룹을 이용해 해당 영역의 글꼴 색을 변경할 수 있다.

따라하기 01 **글꼴과 크기 변경하기**

텍스트 상자 안쪽을 드래그해 원하는 영역을 설정한 뒤, 글꼴의 형태와 크기를 변경해 보자.

[작업 준비물 : Ch02\003.pptx]

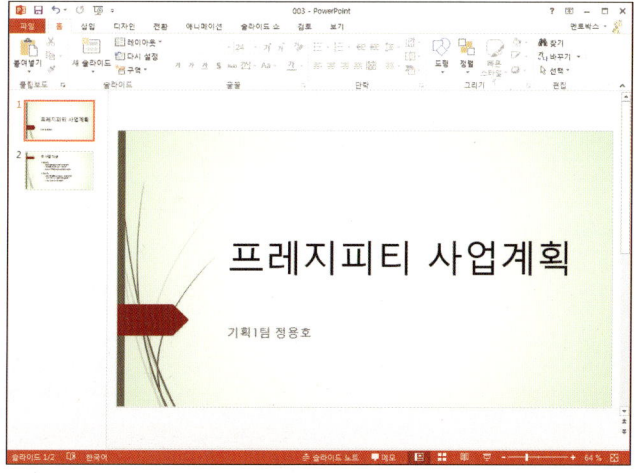

❶ 예제 파일을 불러온 후 '슬라이드 1'에서 제목 텍스트 상자 안쪽을 드래그해 다음과 같이 범위 설정을 한다.

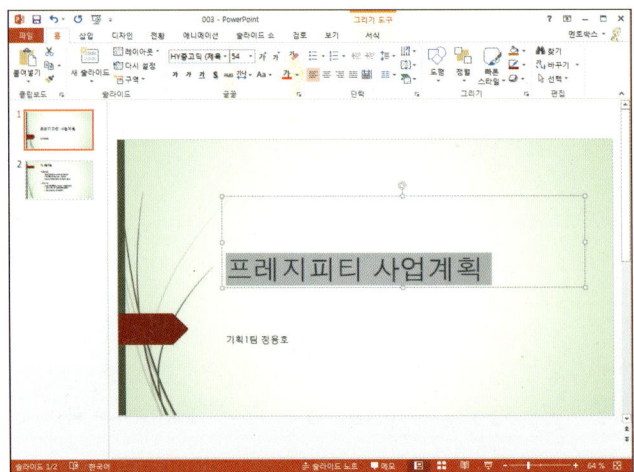

텍스트 상자 안쪽을 클릭한 뒤, 세 번 클릭을 하면 텍스트 상자에 입력된 전체 문장이 범위로 선택된다.

❷ [홈] 탭-[글꼴] 그룹에서 [글꼴] 목록 단추를 클릭해 '맑은 고딕'을 선택한다.

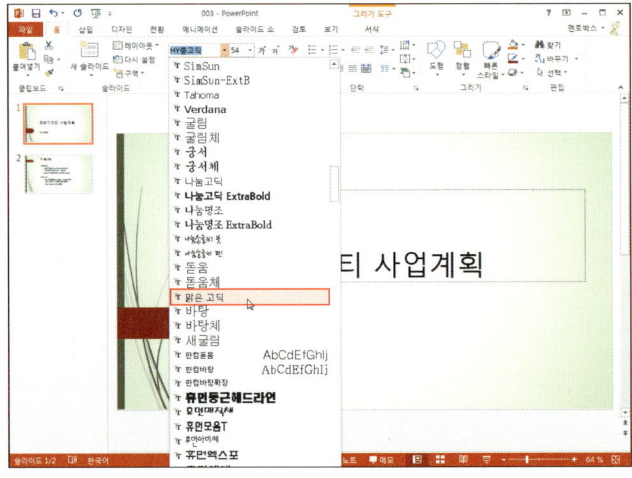

❸ 제목 텍스트 상자의 테두리를 클릭하고, [홈] 탭-[글꼴] 그룹에서 [글꼴 크기] 목록 단추를 클릭해 '72'를 선택한다.

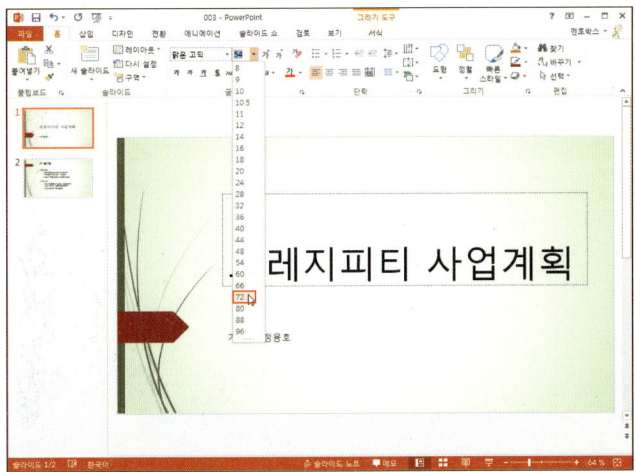

> tip ➕
> 텍스트 상자의 테두리를 클릭하면, 테두리가 실선으로 변한다. 이 상태에서 서식 명령을 적용하면 텍스트 상자에 담긴 모든 내용이 영향을 받게 된다.

❹ 부제목 텍스트 상자를 클릭해 선택하고 이전 작업을 참조해 [글꼴 크기]는 '24'로 설정한다. [글꼴] 목록 단추를 클릭해 '맑은 고딕'을 선택해 글꼴을 변경한다.

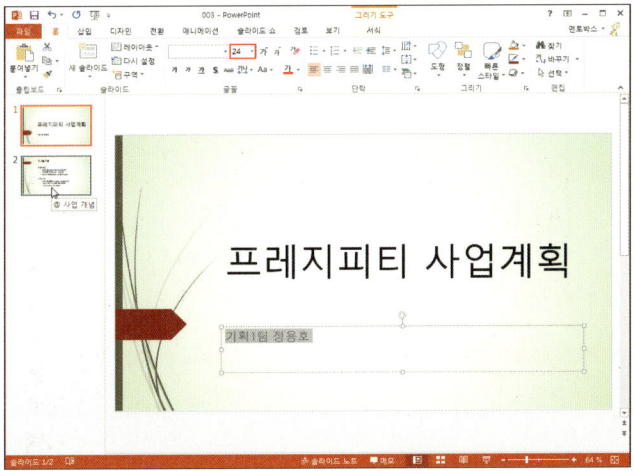

Section 1 . 글꼴 서식 설정하기

따라하기 02 글꼴 색 설정하기

텍스트 상자 안쪽을 드래그해 원하는 영역을 설정한 뒤, 글꼴 색을 변경해 보자.

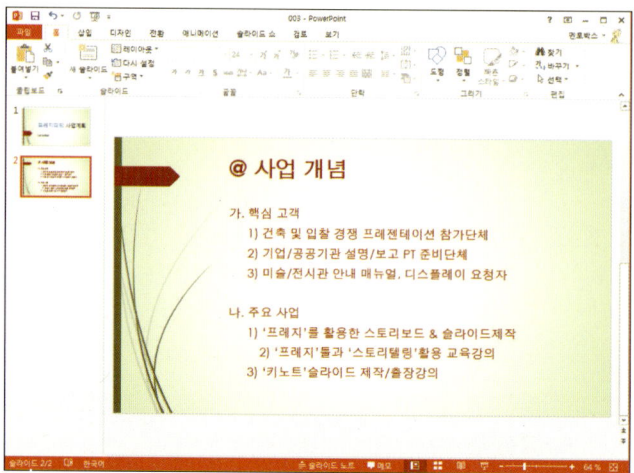

❶ '슬라이드 1'의 제목 텍스트 상자에서 '프레지파티' 부분을 드래그해 범위로 설정한 뒤, [홈] 탭-[글꼴] 그룹에서 [글꼴 색](가▼) 목록 단추를 클릭해 '파란색'을 선택한다.

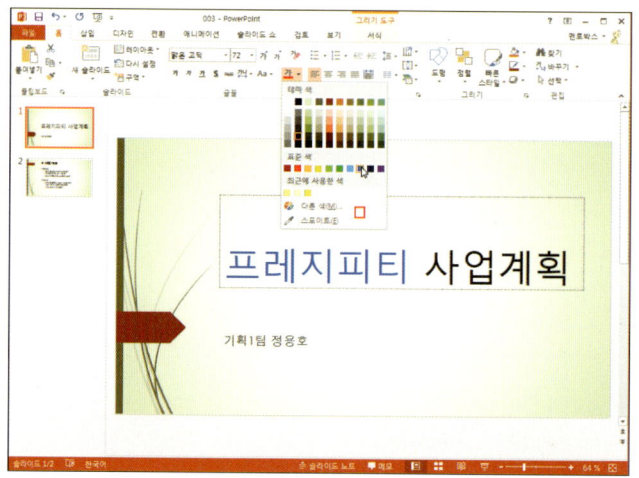

tip ➕
[글꼴 색] 목록 단추를 클릭해 목록을 펼치지 않고 [글꼴 색](가▼) 자체를 클릭하는 경우에는 현재 표시되는 색상으로 바로 적용된다.

Chapter 2. 문자 입력과 서식 조정

❷ '슬라이드 2'로 이동한 후 내용 텍스트 상자의 테두리를 클릭해 실선으로 만든다.

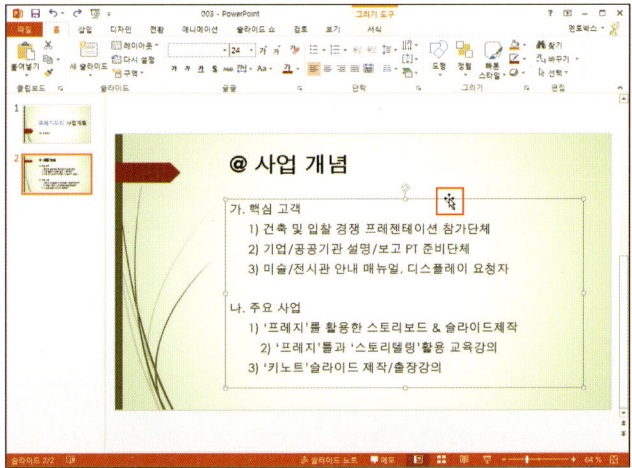

❸ [홈] 탭-[글꼴] 그룹에서 [글꼴 색] 목록 단추를 클릭해 '진한 빨강, 강조 1'을 선택한다.

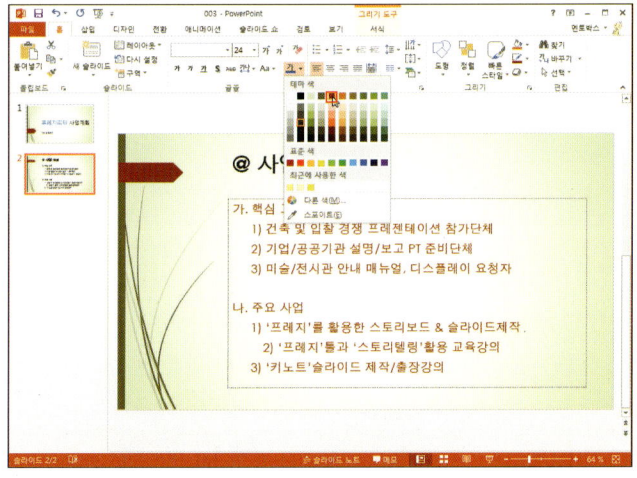

> **tip** 텍스트 상자의 테두리를 클릭해 실선으로 표시되는 상황에서는 적용하는 서식 명령이 텍스트 상자에 포함된 전체 문장에 적용된다.

> **tip** 색상 목록 위에 커서를 가져가면, 해당 색상의 이름이 툴 팁으로 표시된다.

따라하기 03 문자 강조 속성 설정하기

[글꼴] 그룹에 배치된 다양한 텍스트 상자 안쪽을 드래그해 원하는 영역을 설정한 뒤, 문자 강조 속성을 변경해 보자.

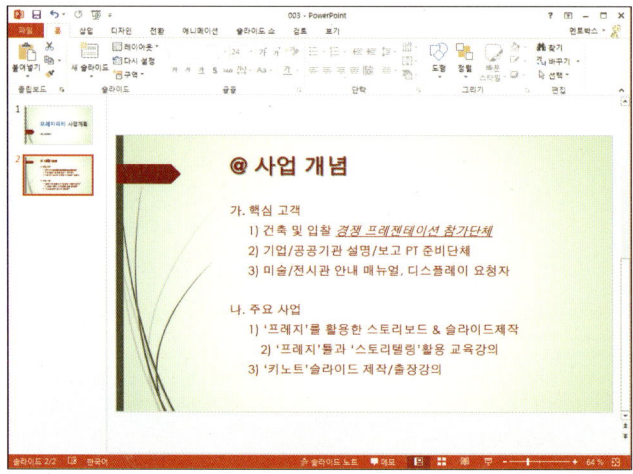

❶ 제목 텍스트 상자에서 '프레지피티'를 범위로 설정한 뒤, [홈] 탭-[글꼴] 그룹에서 [굵게]( 가 )를 클릭한다.

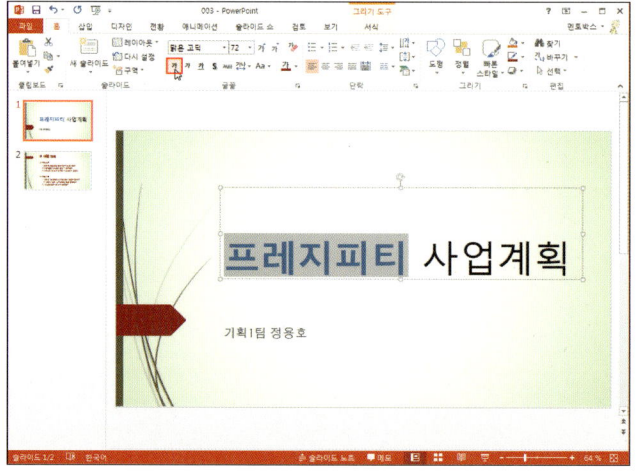

tip ➕ 문자에 적용된 여러 서식 설정들을 지우기 위해서는 범위를 설정하고, [홈] 탭-[글꼴] 그룹에서 [모든 서식 지우기]( 가 )를 클릭한다.

❷ '슬라이드 2'로 이동한 후, 제목 텍스트 상자를 클릭하고 [홈] 탭-[글꼴] 그룹에서 [텍스트 그림자]( S )를 클릭한다.

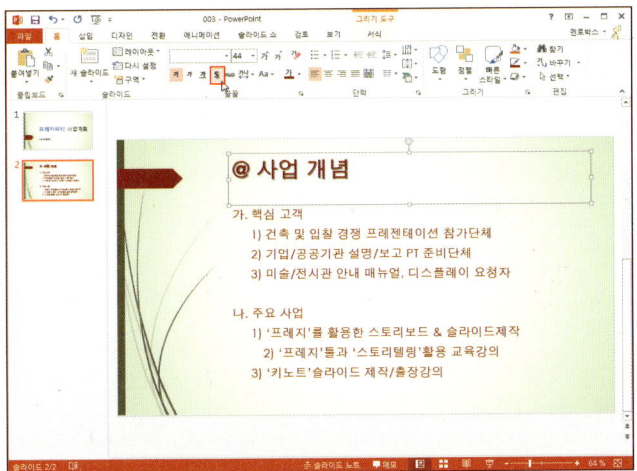

❸ 내용 텍스트 상자 안쪽에서 다음과 같이 범위 설정을 한 뒤, [홈] 탭-[글꼴] 그룹에서 [기울임꼴]( 가 ), [밑줄]( 가 )을 클릭한다.

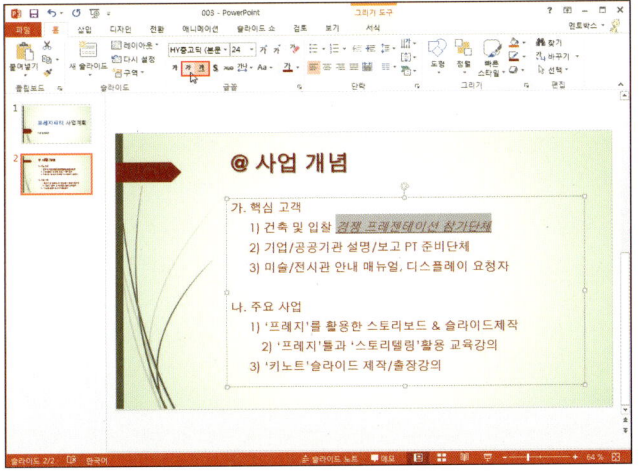

이외에도 선택된 문장에 가로줄을 긋는 [취소선]( ), 글자 간의 간격 조정을 하는 [텍스트 간격]( ), 대문자와 소문자를 뒤바꾸는 [대/소문자 바꾸기]( Aa )들과 목록들이 [글꼴] 그룹에 배치되어 있다.

Section 1. 글꼴 서식 설정하기

tip ➕

### [글꼴] 대화상자 살펴보기

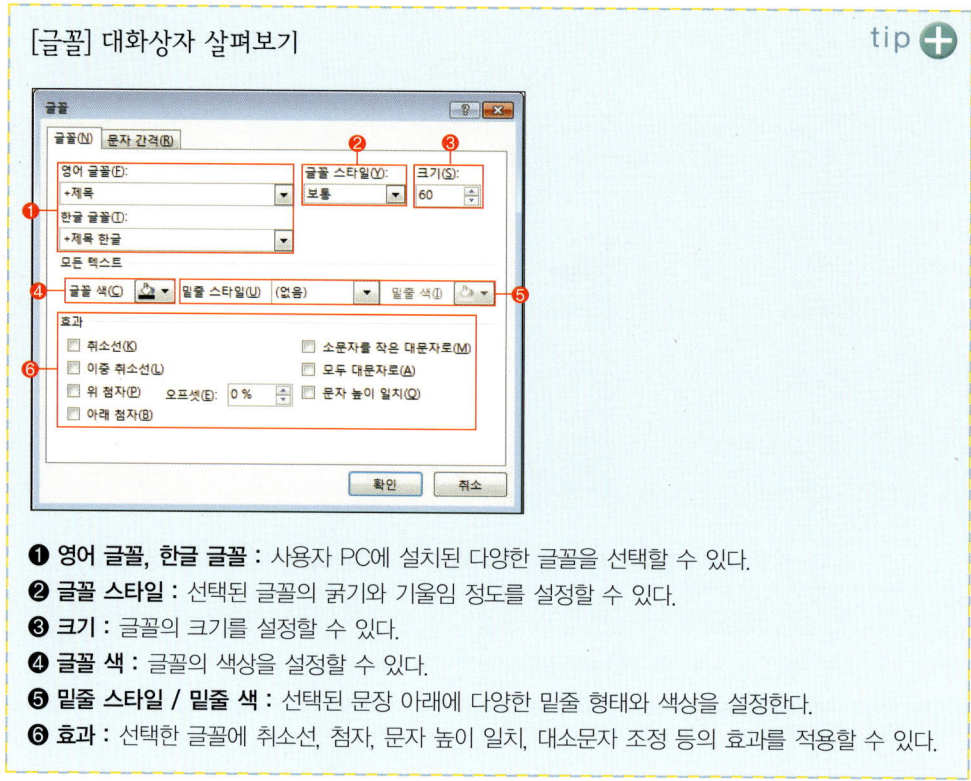

❶ **영어 글꼴, 한글 글꼴** : 사용자 PC에 설치된 다양한 글꼴을 선택할 수 있다.
❷ **글꼴 스타일** : 선택된 글꼴의 굵기와 기울임 정도를 설정할 수 있다.
❸ **크기** : 글꼴의 크기를 설정할 수 있다.
❹ **글꼴 색** : 글꼴의 색상을 설정할 수 있다.
❺ **밑줄 스타일 / 밑줄 색** : 선택된 문장 아래에 다양한 밑줄 형태와 색상을 설정한다.
❻ **효과** : 선택한 글꼴에 취소선, 첨자, 문자 높이 일치, 대소문자 조정 등의 효과를 적용할 수 있다.

---

**01 혼자해보기**   새 프레젠테이션 문서에 내용을 입력하고 다음과 같이 글꼴 서식을 설정해 보자.

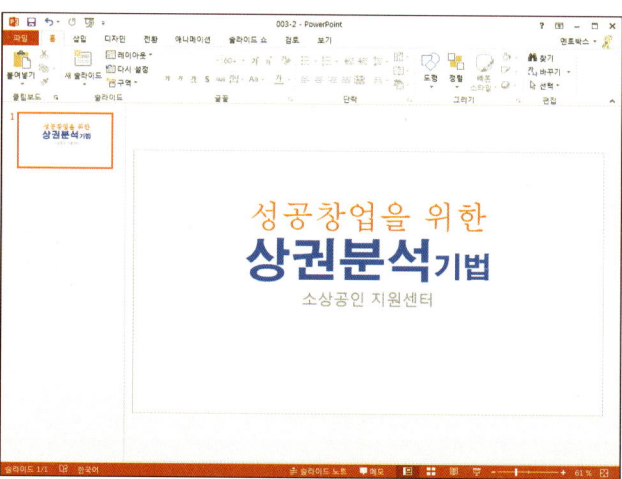

**HINT |**
- 제목(위쪽) 텍스트 상자 : [글꼴] 바탕, [글꼴 크기] 66, [글꼴 색] (주황, 강조 2)
- 제목(아래쪽) 텍스트 상자 : [글꼴] HY견고딕, [글꼴 크기] 96, 60, [글꼴 색] (파랑)
- 부제목 텍스트 상자 : [글꼴] 맑은 고딕, [글꼴 크기] 32, [글꼴 색] (회색 흰색, 배경 1, 35% 더 어둡게)

**54** Chapter 2 . 문자 입력과 서식 조정

# 특수 기호와 한자 입력하기

작성 중인 슬라이드의 내용을 돋보이게 하기 위해 특수한 형태의 기호를 삽입할 수 있다. 이렇게 추가된 기호는 일반 글꼴과 동일한 방식으로 서식 조정을 할 수 있다. 또한 텍스트 상자에 입력된 한글은 [한글/한자 변환] 대화상자를 통해 쉽게 한자로 변환이 가능하다.

### ◎ 알아두기

- 다양한 모양의 특수 기호를 텍스트 상자에 삽입할 수 있다.
- 글자 단위로 한글을 한자로 변환할 수 있다.
- 한자 사전을 통해 선택하려는 한자의 음절을 확인할 수 있다.

## 따라하기 01 특수 기호 삽입하기

[삽입] 탭-[기호] 그룹에서 [기호](Ω)를 클릭해, 다양한 모양의 특수 기호를 삽입해 보자.

[작업 준비물 : Ch02\004.pptx]

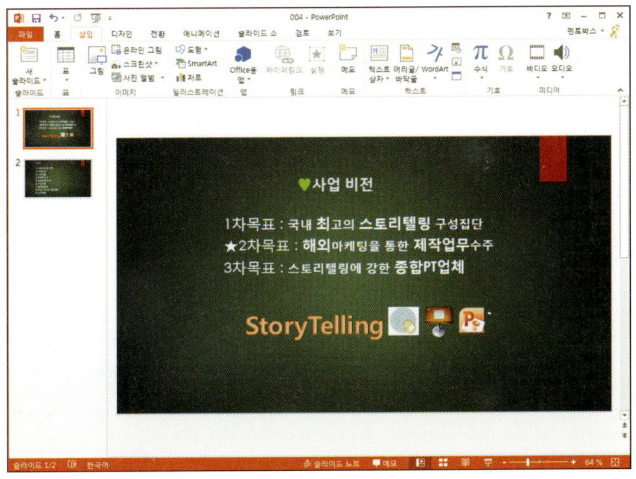

❶ 예제 파일을 열고 '슬라이드 1'의 제목 텍스트 상자 왼쪽에 커서가 위치하도록 클릭한다.

❷ [삽입] 탭-[기호] 그룹에서 [기호](Ω)를 클릭한다.

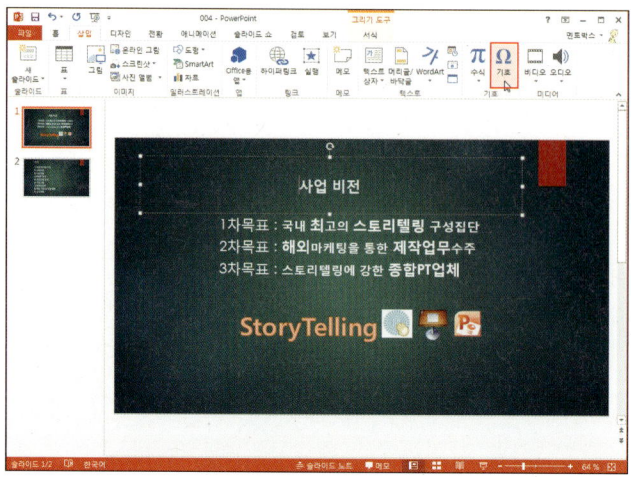

❸ [기호] 대화상자의 [글꼴]을 '맑은 고딕'으로 선택한다.

❹ [하위 집합] 목록 단추를 클릭해 '기타 기호'로 선택한 후, '♥'를 선택한다. 이어 [삽입]을 클릭하고 기호가 삽입되면, [닫기]를 클릭해 [기호] 대화상자를 닫는다.

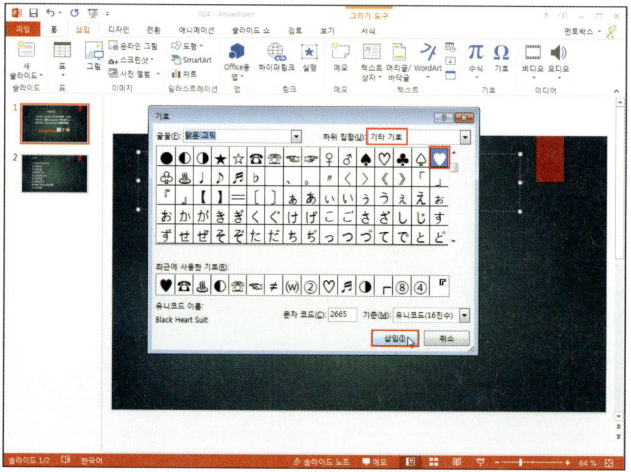

❺ 앞에서 삽입했던 '♥' 기호를 드래그해 범위 설정한 뒤, [홈] 탭-[글꼴] 그룹에서 [글꼴 색] 목록 단추를 클릭해 '연한 녹색'을 선택한다.

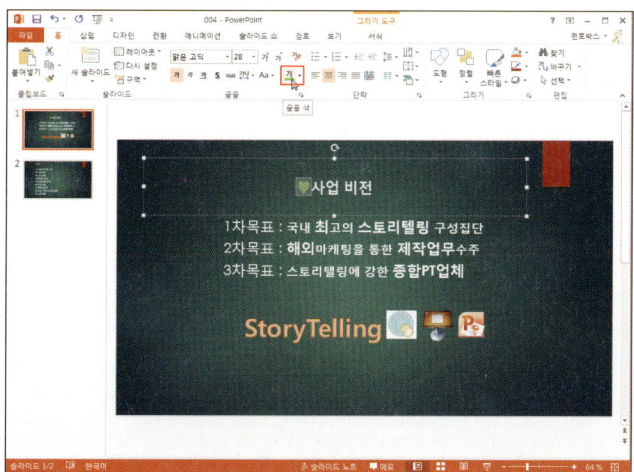

❻ 내용 텍스트 상자 안쪽을 클릭한 뒤, 두 번째 목록의 왼쪽에 커서를 위치시킨다. 이어 [삽입] 탭-[기호] 그룹에서 [기호](Ω)를 클릭한다.

❼ [기호] 대화상자가 나타나면 [글꼴]은 '맑은 고딕', [하위 집합]은 '기타 기호' 인 상태에서 '★'을 선택하고 [삽입]을 클릭하고 기호가 삽입되면 [닫기]를 클릭한다.

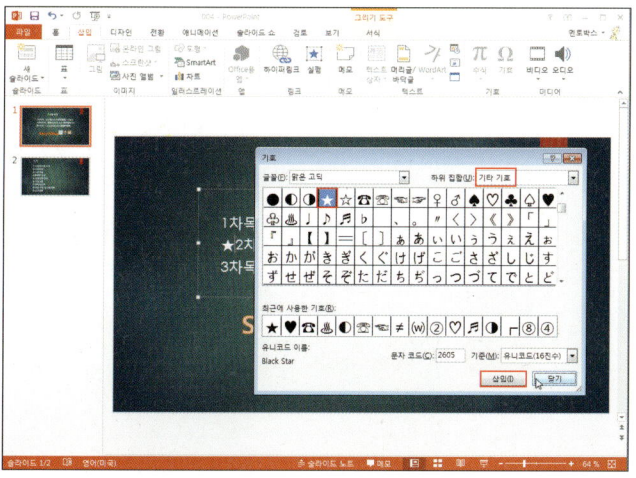

Section 2. 특수 기호와 한자 입력하기

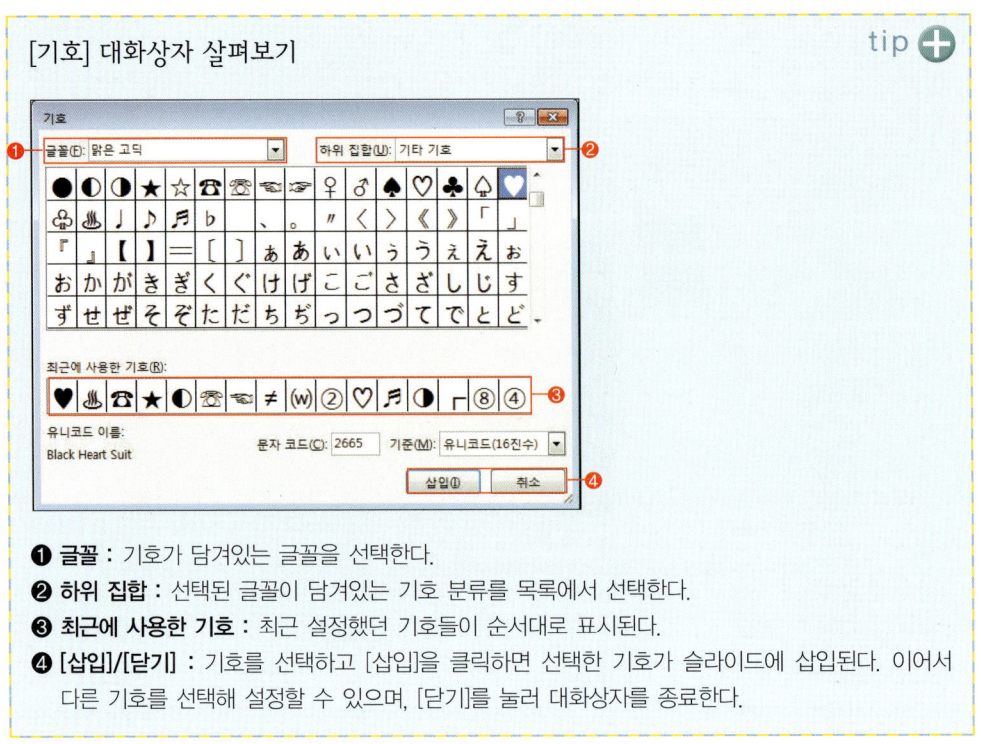

**[기호] 대화상자 살펴보기**

❶ **글꼴** : 기호가 담겨있는 글꼴을 선택한다.
❷ **하위 집합** : 선택된 글꼴이 담겨있는 기호 분류를 목록에서 선택한다.
❸ **최근에 사용한 기호** : 최근 설정했던 기호들이 순서대로 표시된다.
❹ **[삽입]/[닫기]** : 기호를 선택하고 [삽입]을 클릭하면 선택한 기호가 슬라이드에 삽입된다. 이어서 다른 기호를 선택해 설정할 수 있으며, [닫기]를 눌러 대화상자를 종료한다.

## 따라하기 02 한글/한자 변환 적용하기

선택한 범위의 한글을 한자로 변환하기 위해 [한글/한자 변환] 대화상자를 활용해 보자.

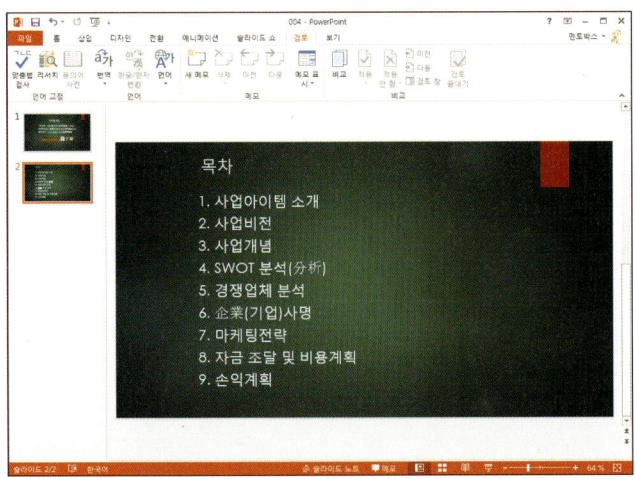

❶ '슬라이드 2'로 이동한 후, 텍스트 상자 안쪽에서 '분석'이라는 단어를 범위 설정한다.
❷ 이전 작업에 이어 [검토] 탭-[언어] 그룹에서 [한글/한자 변환](🔤)을 클릭한다.

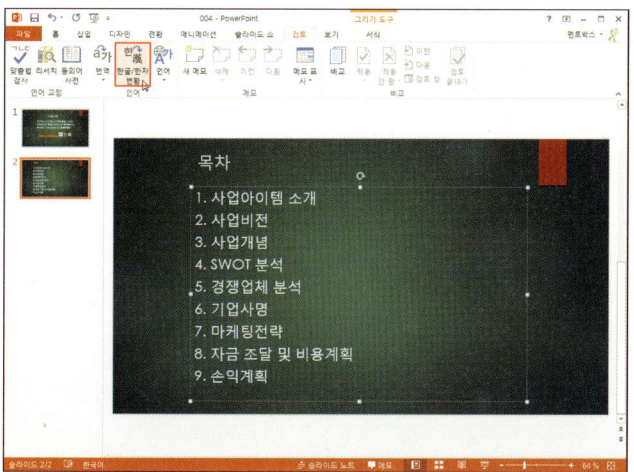

❸ [한글/한자 변환] 대화상자가 나타나면, 선택한 단어에 걸맞은 한자가 [한자 선택]에 나열된다. 이들 중 하나를 선택한 뒤, [변환]을 클릭한다.

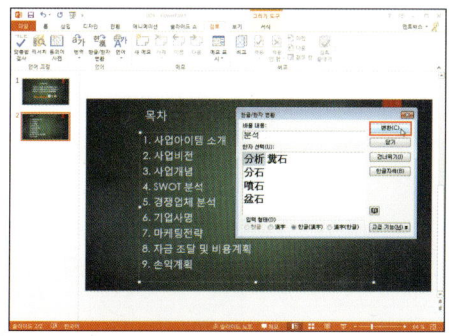 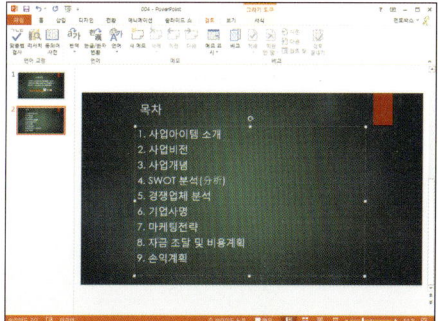

> [입력 형태]의 선택에 따라 변환 결과가 각각 다르게 나타난다.    tip ➕

❹ 이번에는 내용 중 '기업'을 범위 설정한 뒤, [검토] 탭-[언어] 그룹에서 [한글/한자 변환](🔤)을 클릭한다.
❺ 적절한 한자를 선택한 뒤, 대화상자 오른쪽 아래의 [한자 사전]()을 클릭한다.

Section 2. 특수 기호와 한자 입력하기

❻ [한자 사전] 대화상자에 선택된 한자 음절에 대한 뜻이 나타난다. 적절하다면 [확인]/[변환]을 클릭한다.

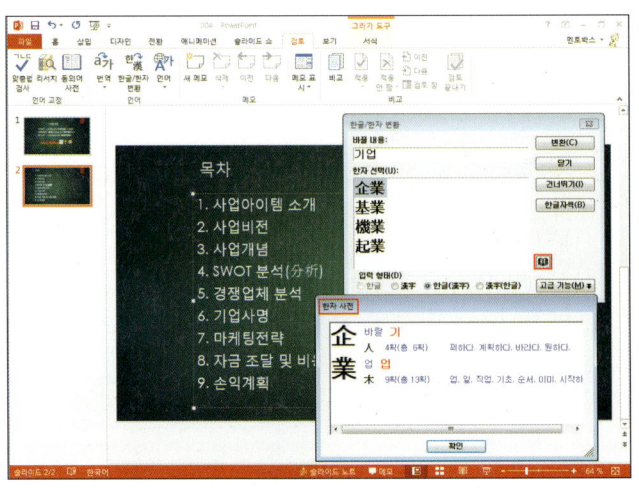

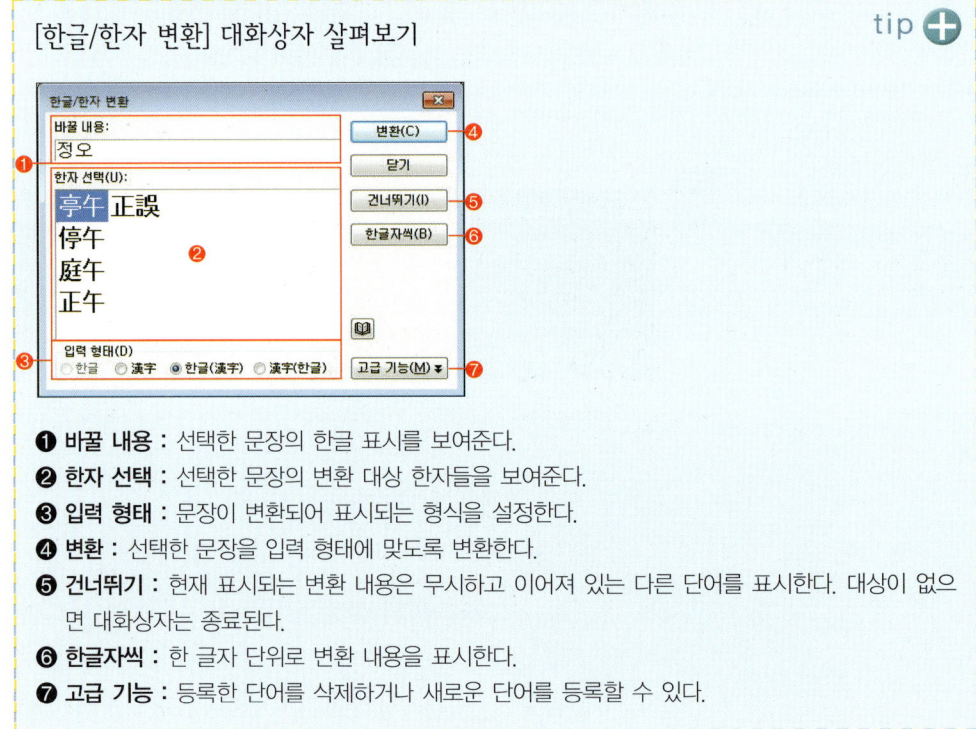

**[한글/한자 변환] 대화상자 살펴보기**  tip ➕

❶ **바꿀 내용** : 선택한 문장의 한글 표시를 보여준다.
❷ **한자 선택** : 선택한 문장의 변환 대상 한자들을 보여준다.
❸ **입력 형태** : 문장이 변환되어 표시되는 형식을 설정한다.
❹ **변환** : 선택한 문장을 입력 형태에 맞도록 변환한다.
❺ **건너뛰기** : 현재 표시되는 변환 내용은 무시하고 이어져 있는 다른 단어를 표시한다. 대상이 없으면 대화상자는 종료된다.
❻ **한글자씩** : 한 글자 단위로 변환 내용을 표시한다.
❼ **고급 기능** : 등록한 단어를 삭제하거나 새로운 단어를 등록할 수 있다.

## 01 혼자해보기

새 프레젠테이션 문서를 열고 다음과 같이 내용을 입력한 후, 글꼴 서식을 설정해 보자. 이어 다음과 같이 문장 앞뒤로 기호를 입력해 보자.

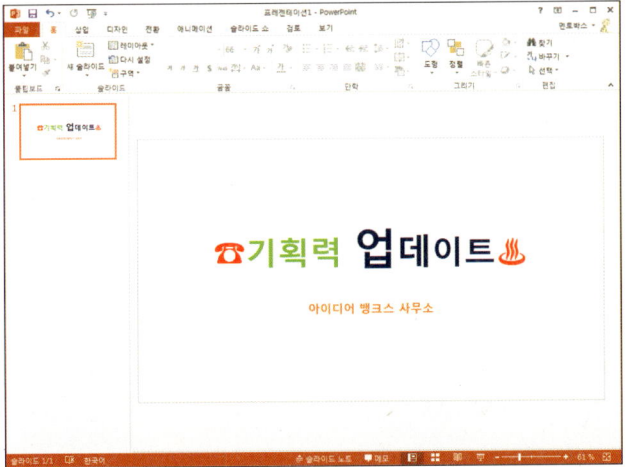

**HINT |**
- [삽입] 탭–[기호] 그룹에서 [기호]를 클릭한 후 [기호] 대화상자에서 마음에 드는 기호 선택해 삽입
- 텍스트 상자에 삽입된 기호는 일반 글자들처럼 서식 조정 가능

## 02 혼자해보기

입력한 내용 중 '기획력'에 해당하는 한자를 입력해 보자.

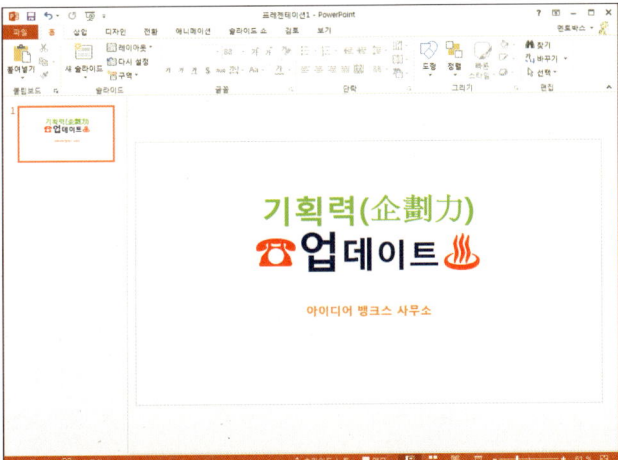

**HINT |**
- 텍스트 상자 안쪽을 드래그해 '기획력'을 범위 설정한 뒤, [검토] 탭–[언어] 그룹에서 [한글/한자 변환]을 클릭
- [한글/한자 변환] 대화상자의 [입력 형태]를 [한글(漢字)]로 선택하고 [변환] 클릭

# Section 3 문자 정렬하기

텍스트 상자와 그 안에 담긴 문장 간의 상하, 좌우 정렬을 조정하기 위해 [홈] 탭–[단락] 그룹에서 맞춤 명령을 적용할 수 있다. 또한, 문장들이 더욱 명확하게 보이도록 줄 간격 조정을 할 수도 있다.

### ● 알아두기
- [왼쪽], [가운데], [오른쪽 맞춤]을 통해 가로 방향으로 문자 정렬을 할 수 있다.
- [문자 맞춤]을 통해 세로 방향으로 문자 정렬을 할 수 있다.
- 텍스트 상자에 입력된 상하 문장 사이의 줄 간격을 늘리거나 줄일 수 있다.

## 따라하기 01 문자 맞춤 정렬하기

텍스트 상자 안의 문장이 텍스트 상자의 전체 영역과 수평, 수직 방향으로 정렬하도록 설정해 보자.

[작업 준비물 : Ch02\005.pptx]

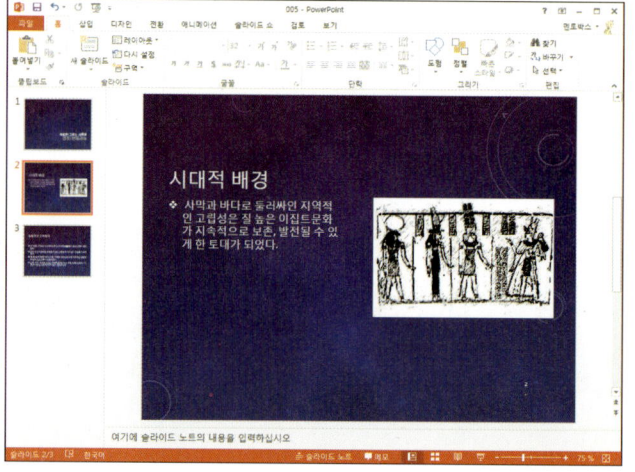

❶ 예제 파일을 열고 '슬라이드 1'의 제목 텍스트 상자를 선택한 뒤, [홈] 탭-[단락] 그룹에서 [문자 오른쪽 맞춤](≡)을 클릭한다.

❷ 슬라이드 미리 보기 창에서 '슬라이드 2'를 선택한 뒤, 내용 텍스트 상자 테두리를 클릭한다.

❸ [홈] 탭-[단락] 그룹에서 [문자 맞춤] 목록 단추를 클릭하고 [위쪽]을 선택한다.

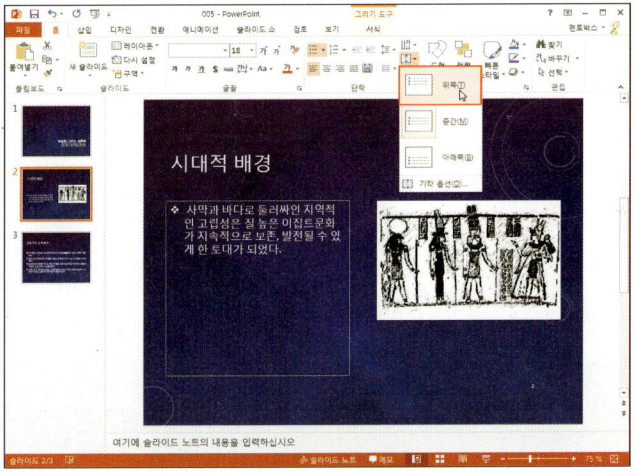

> tip ➕
> [문자 맞춤] 목록 위에 커서를 가져가면, 커서가 위치한 설정이 본문에 적용되어 실시간 미리 보기할 수 있다.

❹ 이번에는 제목 텍스트 상자 테두리를 클릭한 뒤, [홈] 탭-[문자 맞춤](  ) 목록 단추를 클릭하고 [아래쪽]을 선택한다.

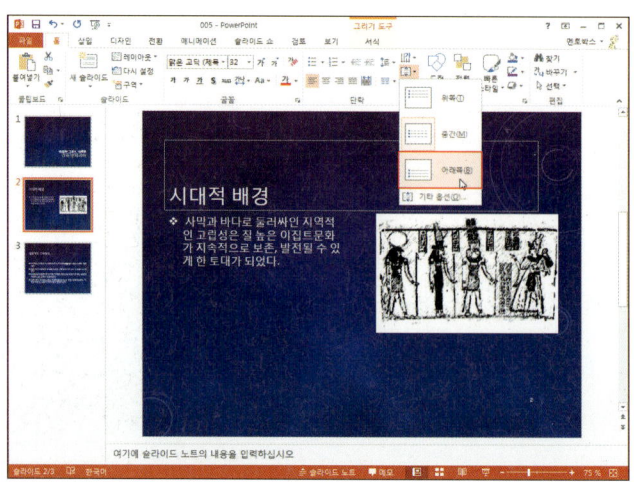

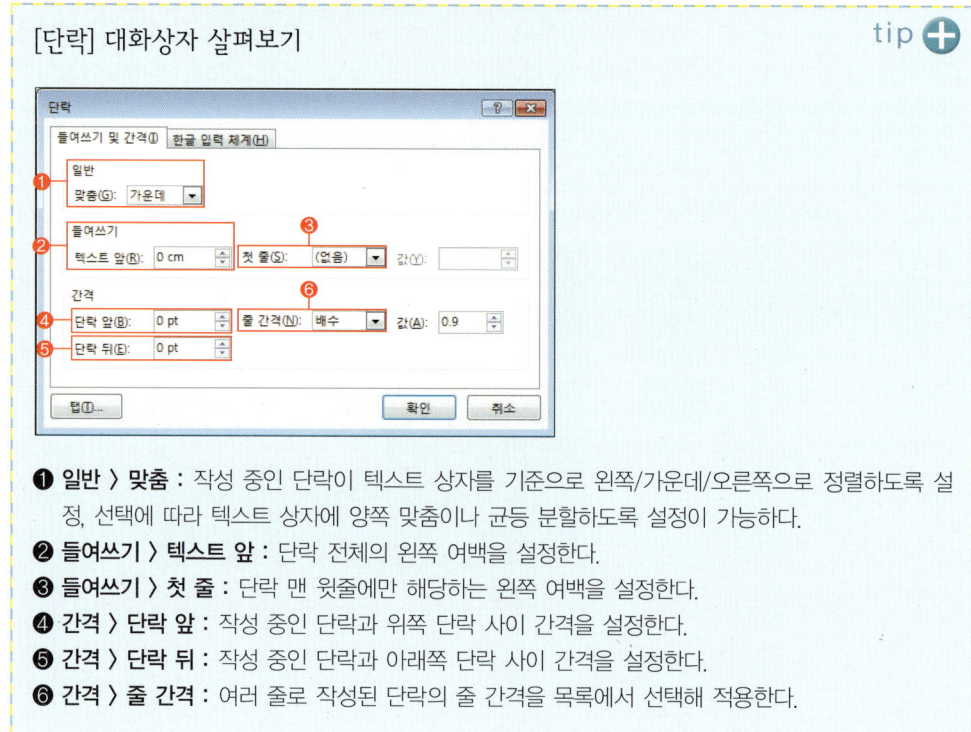

**[단락] 대화상자 살펴보기**            tip ➕

❶ **일반 〉 맞춤** : 작성 중인 단락이 텍스트 상자를 기준으로 왼쪽/가운데/오른쪽으로 정렬하도록 설정, 선택에 따라 텍스트 상자에 양쪽 맞춤이나 균등 분할하도록 설정이 가능하다.
❷ **들여쓰기 〉 텍스트 앞** : 단락 전체의 왼쪽 여백을 설정한다.
❸ **들여쓰기 〉 첫 줄** : 단락 맨 윗줄에만 해당하는 왼쪽 여백을 설정한다.
❹ **간격 〉 단락 앞** : 작성 중인 단락과 위쪽 단락 사이 간격을 설정한다.
❺ **간격 〉 단락 뒤** : 작성 중인 단락과 아래쪽 단락 사이 간격을 설정한다.
❻ **간격 〉 줄 간격** : 여러 줄로 작성된 단락의 줄 간격을 목록에서 선택해 적용한다.

따라하기 02 **줄 간격 조절하기**

텍스트 상자에 입력한 문장 간의 상하 간격을 조정해 보기 좋게 만들어 보자.

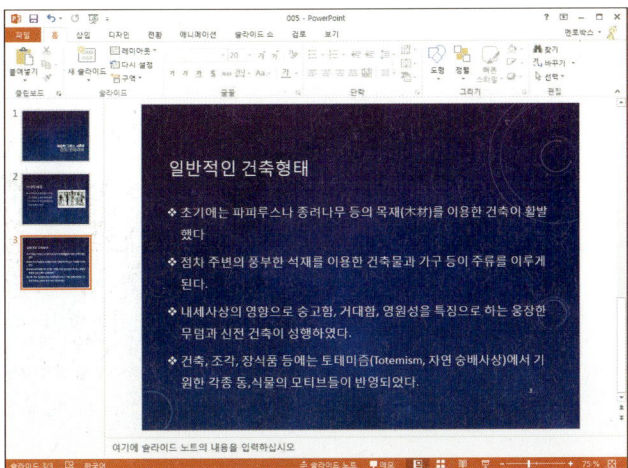

❶ '슬라이드 2'의 내용 텍스트 상자 테두리를 클릭한다.

❷ [홈] 탭-[단락] 그룹에서 [줄 간격]( ) 목록 단추를 클릭하고 '2.0'을 선택한다.

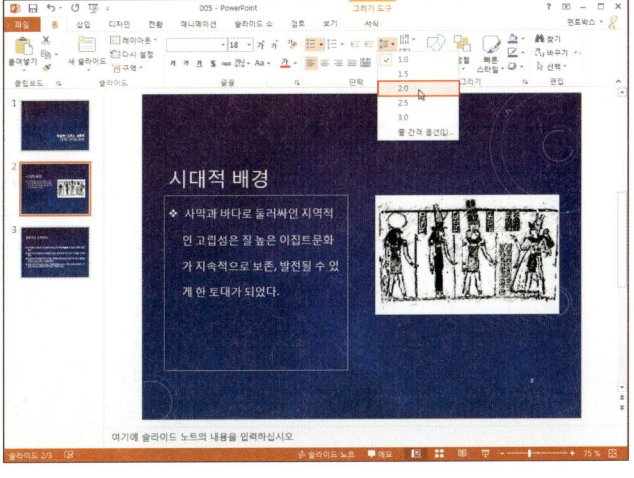

Section 3. 문자 정렬하기 65

❸ '슬라이드 3'으로 이동한 뒤, 내용 문자 테두리를 클릭한다. 이어 [홈] 탭-[단락] 그룹의 [줄 간격](📋▾) 목록 단추를 클릭하고 '1.5'를 선택한다.

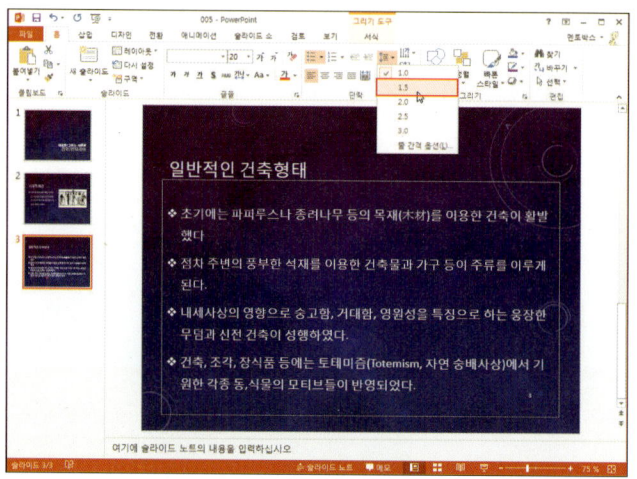

tip ➕

[줄 간격] 목록 위에 커서를 가져가면, 실시간 미리 보기가 적용되어 간격이 조정된 결과를 실시간으로 확인할 수 있다.

### 01 혼자해보기

'슬라이드 1'의 제목 텍스트 상자, 부제목 텍스트 상자 테두리를 모두 선택하고, 입력된 내용들을 오른쪽 정렬시켜 보자.

[작업 준비물 : Ch02\006.pptx]

**HINT** | [홈] 탭-[단락] 그룹에서 [오른쪽 맞춤]을 클릭해 적용한다.

## 02 혼자해보기

'슬라이드 2'의 내용 텍스트 상자를 클릭한 뒤, 줄 간격을 '1.5'로 설정해 보자.

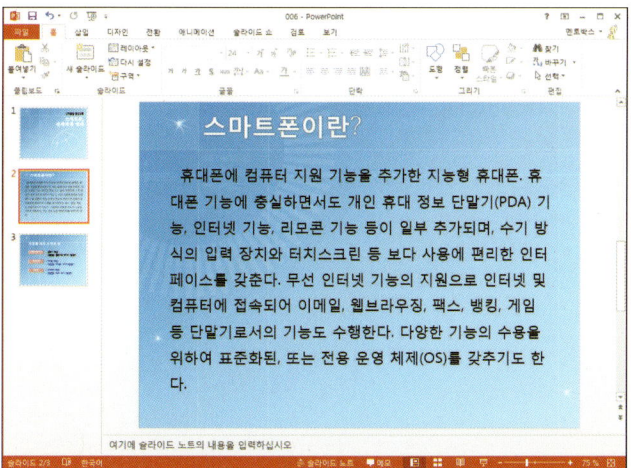

**HINT**
- [홈] 탭-[단락] 그룹에서 [줄 간격]을 클릭해 적용한다.
- [줄 간격] 목록 중에 [옵션]을 선택하고, 직접 줄 간격 배수를 입력할 수 있다.

Section 3 . 문자 정렬하기

# Section 4. 슬라이드 쇼 실행하기

파워포인트 2013으로 제작된 프레젠테이션 문서를 활용해 슬라이드 쇼를 실행해 보자. 편집 화면과 슬라이드 쇼 화면을 비교하며, 다시 수정할 부분을 보완할 수 있다. 이곳에서는 슬라이드 쇼의 시작과 진행, 종료에 관련된 필수 항목들을 점검해 보자.

### ◎ 알아두기
- 제작한 슬라이드를 활용해 처음부터, 혹은 현재 선택된 슬라이드부터 쇼를 진행할 수 있다.
- 슬라이드 쇼 도중 다른 슬라이드로 이동하거나 중간에 쇼를 마칠 수 있다.

## 따라하기 01 슬라이드 쇼 실행하기

프레젠테이션 문서를 활용해 슬라이드 쇼를 진행해 보고, 쇼 진행을 위한 필수 기능과 활용에 대해 이해해 보자.

[작업 준비물 : Ch02\007.pptx]

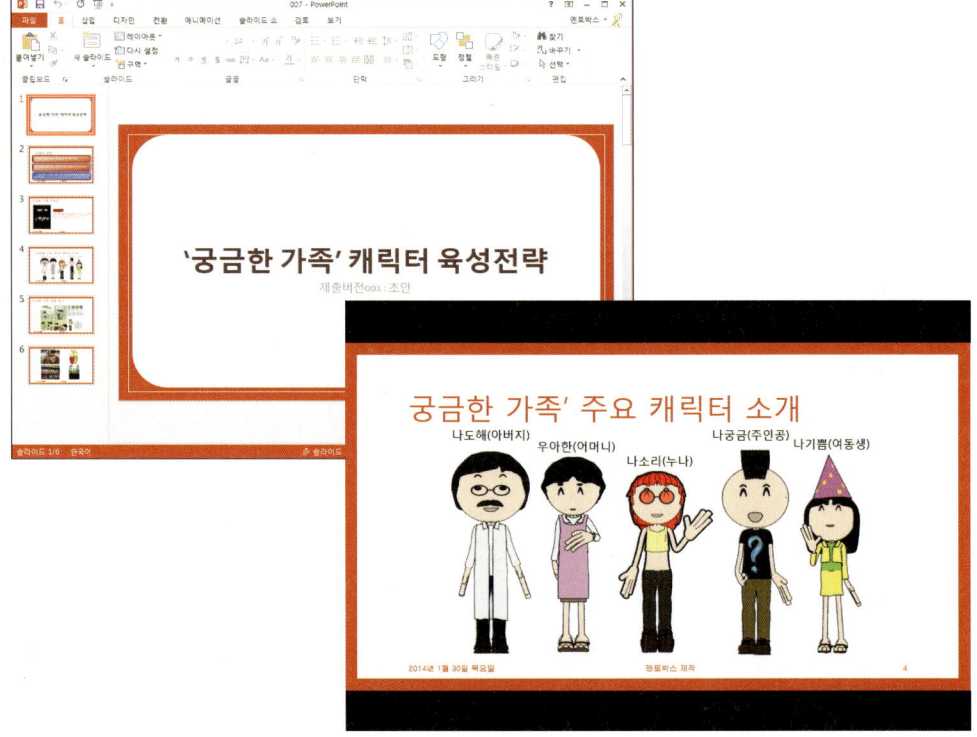

68 Chapter 2. 문자 입력과 서식 조정

❶ 예제 파일을 열고 화면 오른쪽 아래의 [슬라이드 쇼]( )를 클릭한다.

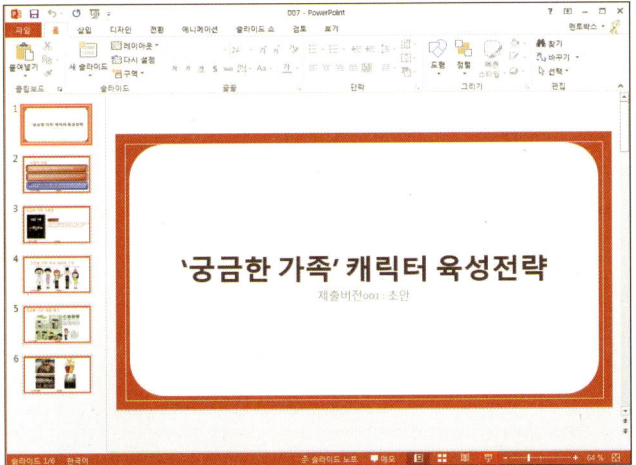

> tip ➕
> 슬라이드 쇼는 [슬라이드 쇼] 탭-[슬라이드 쇼 시작] 그룹에서 [처음부터]( )를 클릭해 실행해도 된다.

> tip ➕
> 슬라이드 쇼는 F5를 눌러 실행할 수도 있다.

❷ 슬라이드 쇼가 시작되면 맨 처음 화면이 모니터에 가득 찬다. 화면 안쪽을 마우스로 클릭해 다음 슬라이드로 이동한다.

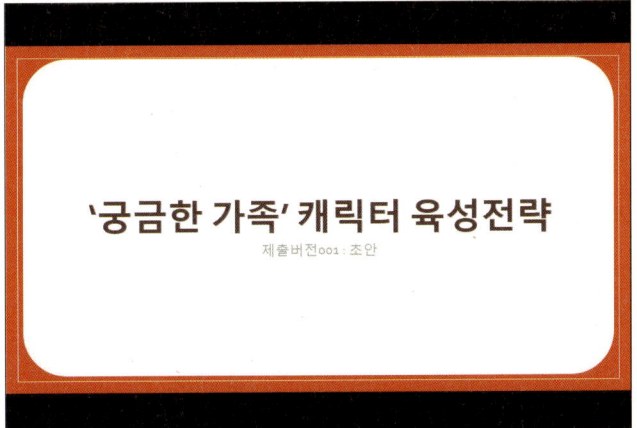

> tip ➕
> 슬라이드의 가로/세로 비율과 전체 모니터 화면 영역의 비율이 다른 경우에는, 슬라이드 가로/세로 비율이 유지된 모습으로 쇼가 진행된다. 이때 여백 부분은 검은색으로 표현된다.

Section 4 . 슬라이드 쇼 실행하기

❸ 마우스를 클릭하며 쇼를 진행하다 마지막 슬라이드마저 넘기게 되면, 슬라이드 쇼가 끝났다는 메시지가 나타난다. 이 상태에서 한 번 더 클릭하면 원래의 편집 화면으로 되돌아오게 된다.

tip ➕

쇼 진행 중에 Esc 를 눌러서도 슬라이드 쇼를 종료하고 원래의 기본 화면으로 돌아올 수 있다.

❹ '슬라이드 4'로 이동한 뒤, [슬라이드 쇼] 탭-[슬라이드 쇼 시작] 그룹에서 [현재 슬라이드부터 슬라이드 쇼](	)를 클릭한다.

tip ➕

Shift + F5 를 눌러서도 현재 선택한 슬라이드부터 쇼를 진행할 수 있다.

❺ 슬라이드 쇼 화면이 기본 화면에서 작업하던 '슬라이드 4' 부터 진행된다. 화면 위에서 마우스 오른쪽 버튼을 누르고, 바로 가기 메뉴에서 [슬라이드로 이동]-[2 사업의 장점]을 선택한다.

> 키보드의 ←, →를 눌러서도 이전/다음 슬라이드로 이동이 가능하다.    tip ➕

❻ 이전 작업의 결과 '슬라이드 2'로 바로 이동한 것을 확인할 수 있다.

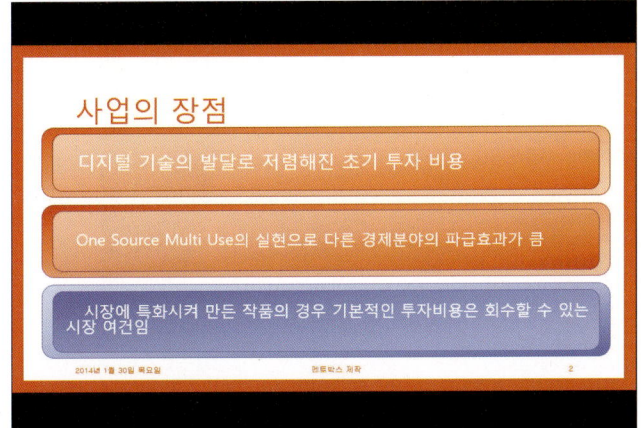

### 01 혼자해보기

슬라이드 쇼를 실행한 뒤, '슬라이드 8'로 이동해 보자.

[작업 준비물 : Ch02\008.pptx]

**HINT** | 단축키 F5 나, 화면 오른쪽 아래의 [슬라이드 쇼]( )를 클릭해 슬라이드 쇼를 시작한다.

### 02 혼자해보기

슬라이드 이동 메뉴를 활용해 '슬라이드 2'로 이동하고 슬라이드 쇼를 종료해 보자.

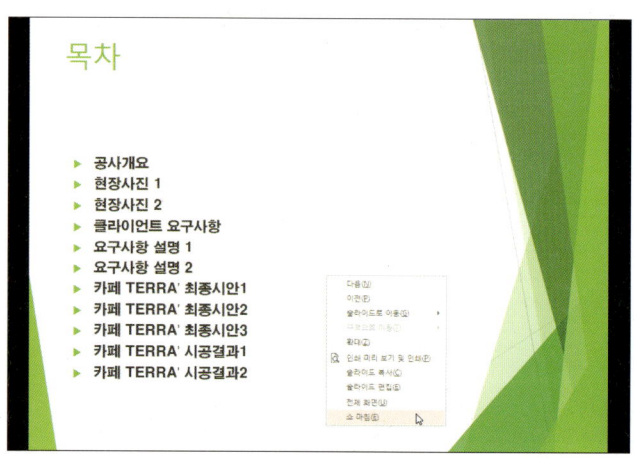

**HINT** | 슬라이드 쇼는 Esc 나 마우스 오른쪽 버튼을 누르고 바로 가기 메뉴에서 [쇼 마침]을 선택해 종료한다.

 핵심정리 summary

### 1. 글꼴 서식 설정하기

- 텍스트 상자에 입력한 문장은 먼저 범위 설정을 한 뒤, 설정한 영역에 적용할 서식을 [홈] 탭-[글꼴] 그룹에서 클릭해 적용한다.
- [홈] 탭-[글꼴] 그룹에서 [글꼴] 목록 단추를 클릭해 글꼴의 형태를 설정한다.
- [홈] 탭-[글꼴] 그룹에서 [글꼴 크기] 목록 단추를 클릭해 글꼴 크기를, [글꼴 색] 목록 단추를 클릭해서는 글꼴 색을 설정할 수 있다.
- [홈] 탭에서 [텍스트 그림자](S), [텍스트 간격](캔), [굵게](가), [기울임꼴](가), [밑줄](가), [대/소문자 바꾸기](Aa) 등을 클릭해도 보기 좋은 서식을 만들 수 있다.
- [홈] 탭-[글꼴] 그룹에서 [모든 서식 지우기](갠)를 클릭하면, 이전에 적용해둔 서식들이 모두 기본 설정으로 돌아간다.

### 2. 특수 기호와 한자 입력하기

- [삽입] 탭-[기호] 그룹에서 [기호](Ω)를 클릭한 뒤, [기호] 대화상자의 [글꼴]과 [하위 집합]을 선택하고 원하는 기호를 골라 삽입한다.
- 자주 사용하는 기호는 [기호] 대화상자의 '최근에 사용한 기호'에서 바로 선택해 삽입할 수 있다.
- 텍스트 상자에 입력된 한글을 선택하고 [검토] 탭-[언어] 그룹에서 [한글/한자 변환](禁)을 클릭한다.
- [한글/한자 변환] 대화상자에서 원하는 한자를 선택한 뒤 [변환]을 클릭한다.
- [한글/한자 변환] 대화상자에서 [입력 형태]의 선택에 따라 변환 결과가 다르다.
- 모르는 한자인 경우 [한글/한자 변환] 대화상자의 [한자 사전](📖)을 클릭해 음절을 확인한다.

 **핵심정리** summary

### 3. 문자 정렬하기

- 텍스트 상자의 테두리를 클릭하거나, 특정 범위를 설정한다.
- [홈] 탭-[단락] 그룹에서 [왼쪽 맞춤], [가운데 맞춤], [오른쪽 맞춤] 등의 기능을 적용해 가로 방향의 정렬 배치를 할 수 있다.
- [홈] 탭-[단락] 그룹에서 [문자 맞춤] 목록 단추를 클릭하고 [위쪽], [중간], [아래쪽]을 선택하면 세로 방향의 정렬 배치를 할 수 있다.
- [홈] 탭-[단락] 그룹에서 [줄 간격] 목록 단추를 통해 선택된 문장 사이의 상하 간격을 보기 좋게 바꿀 수 있다.

### 4. 슬라이드 쇼 보기

- [슬라이드 쇼] 탭-[슬라이드 쇼 시작] 그룹에서 [처음부터]를 클릭해, 처음 슬라이드부터 쇼를 진행할 수 있다.
- 화면 오른쪽 아래의 [슬라이드 쇼]를 클릭하거나 단축키 F5를 눌러서도 처음 슬라이드부터 쇼 진행이 가능하다.
- 기본 화면에서 선택한 슬라이드부터 쇼를 진행하기 위해서는 [슬라이드 쇼] 탭-[슬라이드 쇼 시작] 그룹에서 [현재 슬라이드부터]를 클릭한다. 단축키는 Shift + F5 이다.
- 쇼 상태에서 화면을 클릭하거나 좌, 우 방향키를 눌러 이전/다음 슬라이드로 이동할 수 있다.
- 쇼 화면에서 마우스 오른쪽 버튼을 누르고 나타나는 메뉴 중 [슬라이드 이동]을 클릭해 원하는 슬라이드로 바로 이동할 수 있다.
- 슬라이드 쇼를 진행하는 도중에 Esc 를 누르면 슬라이드 쇼를 종료할 수 있다.
- 슬라이드 쇼는 마우스 오른쪽 버튼을 눌러 바로 가기 메뉴에서 [쇼 마침]을 선택해도 종료할 수 있다.

# 종합실습 pointup

1. 예제 파일을 열고 '슬라이드 1'의 제목 텍스트 상자, 부제목 텍스트 상자에 글꼴 서식을 설정해 보자.

   [작업 준비물 : Ch02\009.pptx]

   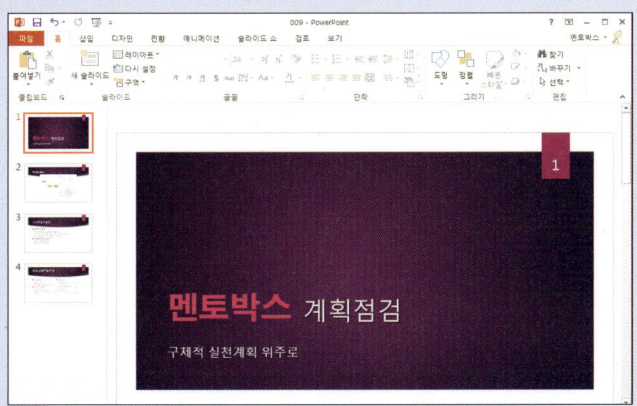

   **HINT** | • 제목(왼쪽) 텍스트 상자 : [글꼴] HY견고딕, [글꼴 크기] 60, [글꼴 색] (빨강, 강조 2)
   • 제목(오른쪽) 텍스트 상자 : [글꼴] 맑은 고딕, [글꼴 크기] 48, [텍스트 그림자]
   • 부제목 텍스트 상자 : [글꼴] 맑은 고딕, [글꼴 크기] 24, [글꼴 색] (흰색, 배경 1), [문자 맞춤]-[아래쪽]

2. '슬라이드 1'의 제목 텍스트 상자에서 '계획'을 한자로 변환한다. 이때 입력 형태는 '한글(한자)'가 되도록 설정한다. 그리고 부제목 텍스트 상자 왼쪽에 '♥'가 표기되도록 설정해 보자.

   **HINT** | • [검토] 탭-[언어] 그룹에서 [한글/한자 변환]을 클릭 후, [한글/한자 변환] 대화상자의 [입력 형태]를 '한글(漢字)'로 선택
   • [삽입] 탭-[기호] 그룹에서 [기호] 클릭 후, [기호] 대화상자에서 '♥' 선택

# 종합실습 pointup

3. '슬라이드 3' 내용의 줄 간격을 '1.5'로 설정해 보자.

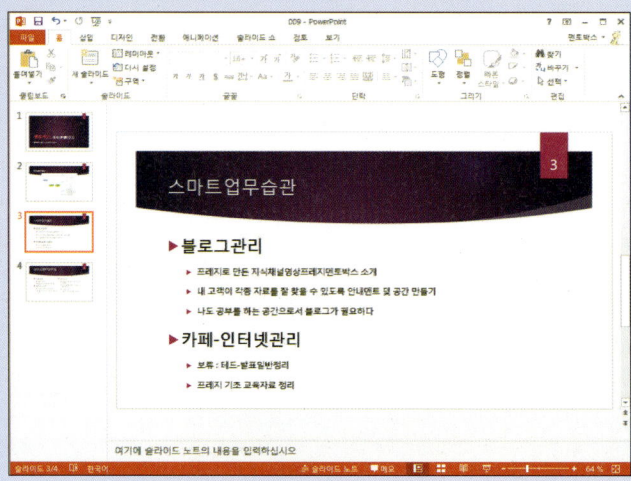

**HINT** | [홈] 탭-[단락] 그룹에서 [줄 간격] 목록 단추를 클릭해 [1.5]를 선택

# 종합실습 pointup

4. 슬라이드 쇼를 진행하고, '슬라이스 4' 화면이 나타나면 슬라이드 이동 메뉴를 활용해 '슬라이드 1'로 이동해 보자.

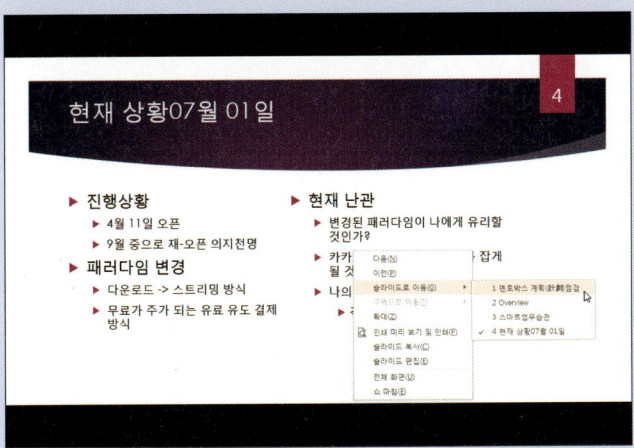

**HINT** | 마우스 오른쪽 버튼을 누른 뒤, 바로 가기 메뉴에서 [슬라이드 이동]을 선택한다.

# 03 CHAPTER

## 슬라이드 서식 조정 및 관리하기

텍스트 상자는 슬라이드 작업의 초석이 되는 중요한 곳이다. 때문에 필요에 따라 가로/세로 방향의 텍스트 상자를 추가하는 방법을 익혀두어야 하며, 작성된 슬라이드의 디자인 서식을 빠르게 변경해 내용에 어울리는 디자인 테마를 적용할 줄도 알아야 한다. 이번 챕터에서는 이러한 필수 과정을 함께 따라하며, 전반적인 슬라이드의 관리 요령까지 다루도록 한다.

---

Section 1    가로/세로 텍스트 상자 만들기

Section 2    글머리 기호와 번호 매기기

Section 3    디자인 테마 설정하기

Section 4    슬라이드 이용하기

# 슬라이드 서식 조정 및 관리하기

작업 중인 슬라이드에 새로운 텍스트 상자를 추가 배치해 작업해 보자. 또한 새로운 슬라이드를 추가하거나 이미 작성된 슬라이드를 그대로 복사해 보고, 이들을 원하는 위치로 배치해 보자. 아울러 디자인 테마를 통해 손쉽게 다른 느낌의 슬라이드 디자인을 적용해 보자.

Chapter

## 01 가로/세로 텍스트 상자 추가하기

작업을 하다 보면 텍스트 상자가 추가로 필요한 경우가 생긴다. 이런 경우에 [삽입] 탭-[텍스트] 그룹에서 [텍스트 상자](🔲)를 클릭해 가로 및 세로 방향 문장 입력이 가능한 텍스트 상자를 추가할 수 있다. 이렇게 생성된 텍스트 상자는 이전과 동일한 방식으로 내용 입력이나 서식 조정이 가능하다.

## 02 글머리 기호와 번호 매기기

슬라이드에 작성된 문장들에 [글머리 기호](≡)나 [번호 매기기](≡)을 통해 글머리 기호나 번호 매기기가 설정되면, 나열된 항목에 규칙성이 부여되어 청중의 이해도를 높일 수 있다. 한번 설정된 글머리 기호나 번호 매기기는 문단 안에 새로운 문장을 만들 때에도 자동적으로 추가 생성되기 때문에 작성자 입장에서도 매우 편리한 기능이다.

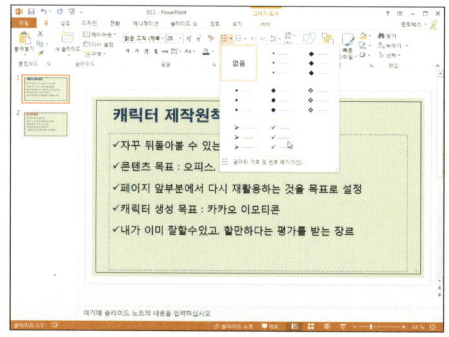 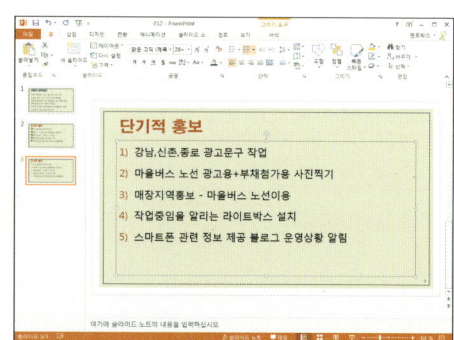

## 03 디자인 테마 설정하기

슬라이드의 배경, 무늬, 글꼴 서식 등의 디자인 설정을 한 번에 적용할 수 있는 것이 디자인 테마이며, [디자인] 탭-[테마] 그룹에서 선택해 적용할 수 있다. 디자인 테마를 적용한 후에도, [디자인] 탭-[적용] 그룹에서 색상 배합이나 배경 스타일을 변경할 수도 있다.

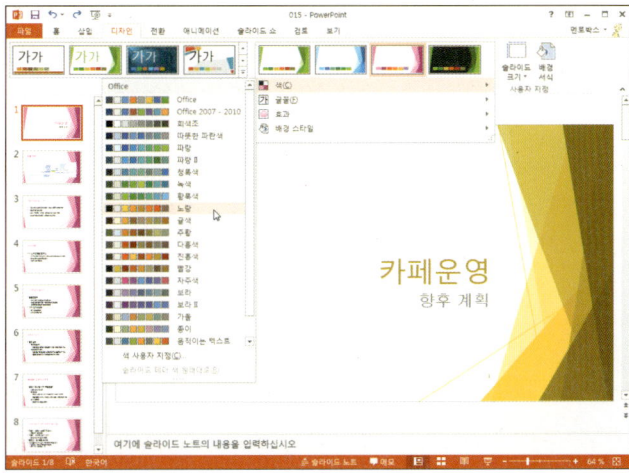

## 04 슬라이드 관리하기

슬라이드 미리 보기 창이나 [여러 슬라이드 보기] 상태에서 슬라이드를 드래그해 이동 배치하거나, Ctrl 을 누른 채 드래그하여 복사하는 것이 가능하다. 물론 새로운 슬라이드를 추가해 원하는 위치에 배치하거나 특정 슬라이드를 삭제하는 것도 가능하다.

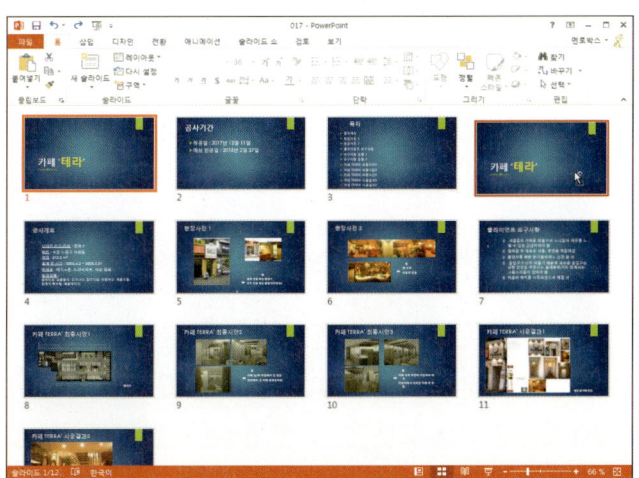

# Section 1. 가로/세로 텍스트 상자 삽입하기

슬라이드에 위치하고 있는 텍스트 상자는 사용자의 필요에 따라 추가되어야 할 경우도 있다. 이런 경우에 [삽입] 탭-[텍스트] 그룹에서 [텍스트 상자]를 통해 원하는 만큼 텍스트 상자를 삽입하고 활용할 수 있다.

> **◉ 알아두기**
> - [삽입] 탭을 통해 가로 방향의 텍스트 상자를 추가로 삽입할 수 있다.
> - 세로 방향의 텍스트 상자를 삽입할 수도 있다.

### 따라하기 01 가로 텍스트 상자 추가하기

텍스트 상자가 없거나 추가로 필요한 상황에서는 [삽입] 탭-[텍스트] 그룹에서 [텍스트 상자](📄)를 클릭해 새로운 텍스트 상자 삽입이 가능하다.

[작업 준비물 : Ch03\010.pptx]

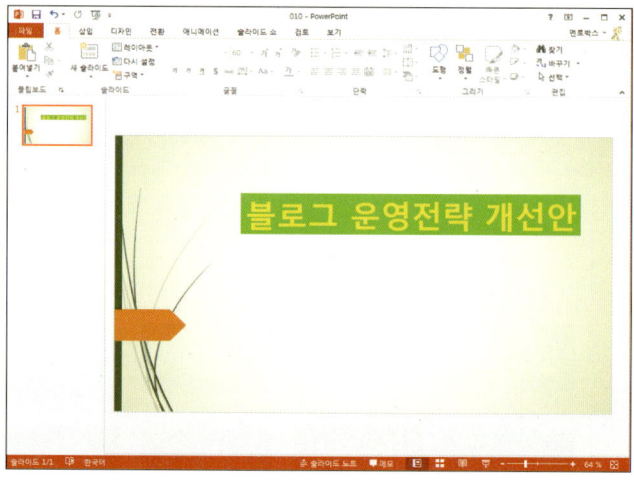

❶ 예제 파일을 불러온 후 [삽입] 탭-[텍스트] 그룹에서 [텍스트 상자](🔲)를 클릭하고 슬라이드 영역을 드래그해 텍스트 상자를 삽입한다.

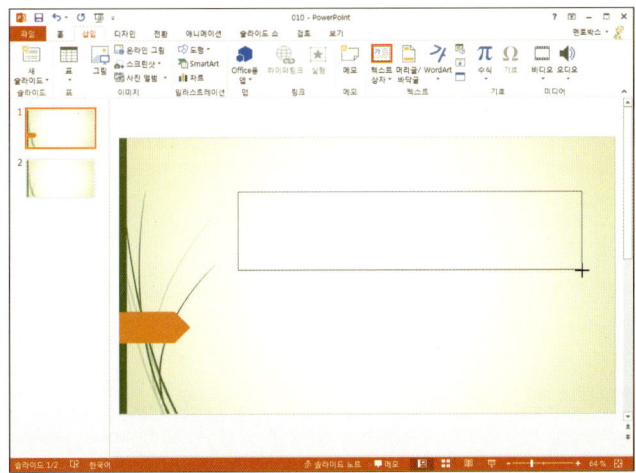

❷ 텍스트 상자 안쪽에 '블로그 운영전략 개선안'을 입력한다.

❸ 텍스트 상자 테두리를 클릭한 뒤, [글꼴]은 '맑은 고딕', [글꼴 크기]는 '80'으로 설정하고, [굵게](가)를 클릭, [글꼴 색](가▼) 목록 단추를 클릭해 '노랑'을 선택한다.

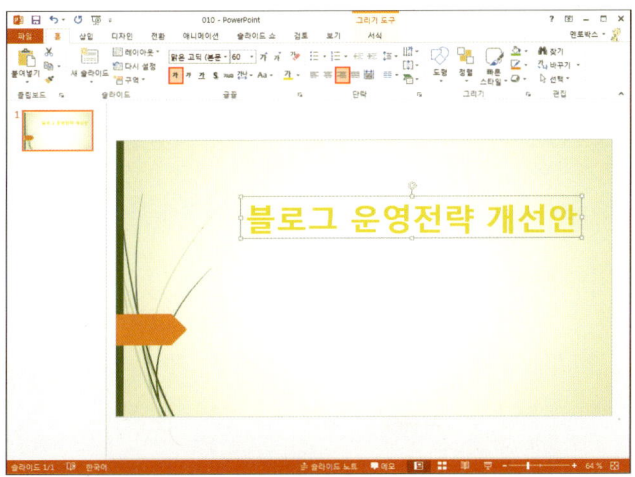

> **tip ➕**
> 텍스트 상자의 테두리를 클릭하면, 테두리가 실선으로 변경되며 이 상태에서는 적용되는 서식 명령이 문장 전체에 영향을 주게 된다.

Section 1. 가로/세로 텍스트 상자 만들기

❹ 텍스트 상자가 선택된 상태에서 [그리기 도구]-[서식] 탭-[도형 스타일] 그룹에서 [도형 채우기]()를 클릭하고 '연한 녹색'을 선택한다.

> tip ➕
> [도형 채우기]()에서 색상을 선택하는 과정 동안에 실시간 미리 보기가 적용되어, 커서가 위치한 곳의 색상이 임시로 채워지며 결과를 확인할 수 있다.

tip ➕

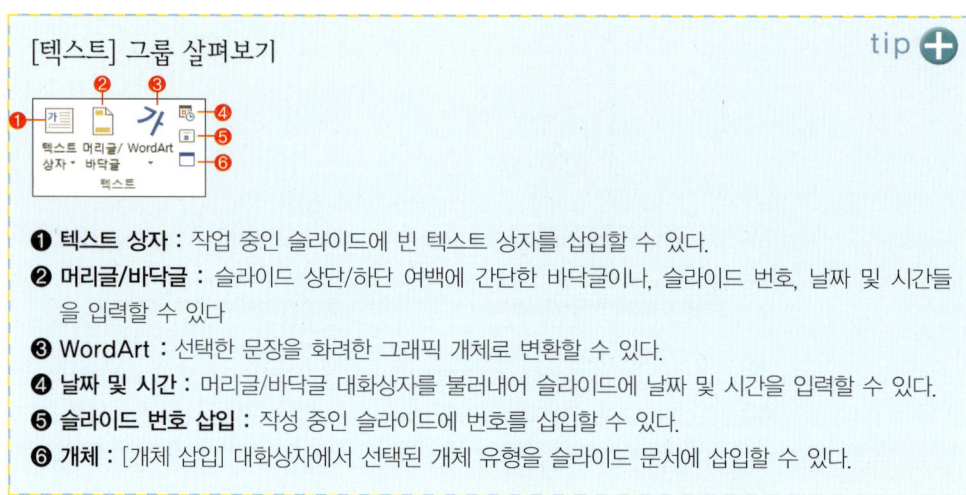

[텍스트] 그룹 살펴보기

❶ **텍스트 상자** : 작업 중인 슬라이드에 빈 텍스트 상자를 삽입할 수 있다.
❷ **머리글/바닥글** : 슬라이드 상단/하단 여백에 간단한 바닥글이나, 슬라이드 번호, 날짜 및 시간들을 입력할 수 있다
❸ **WordArt** : 선택한 문장을 화려한 그래픽 개체로 변환할 수 있다.
❹ **날짜 및 시간** : 머리글/바닥글 대화상자를 불러내어 슬라이드에 날짜 및 시간을 입력할 수 있다.
❺ **슬라이드 번호 삽입** : 작성 중인 슬라이드에 번호를 삽입할 수 있다.
❻ **개체** : [개체 삽입] 대화상자에서 선택된 개체 유형을 슬라이드 문서에 삽입할 수 있다.

## 따라하기 02 세로 텍스트 상자 추가하기

세로 텍스트 상자를 이용하면 세로 방향으로 문장 입력이 가능하다.

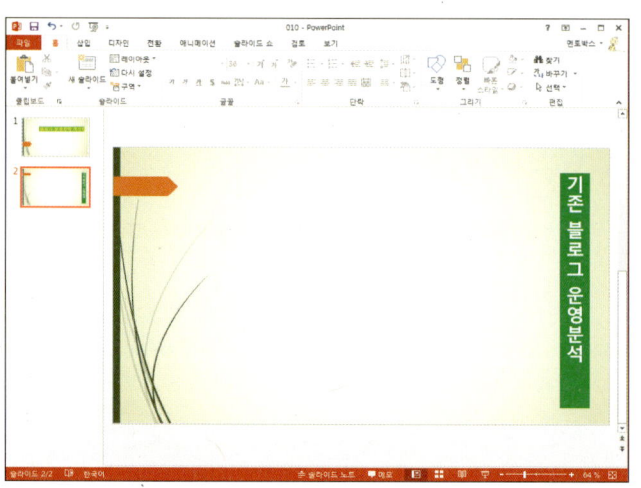

❶ [홈] 탭-[슬라이드] 그룹에서 [새 슬라이드](🔲) 목록 단추를 클릭해 [빈 화면]을 선택한다.

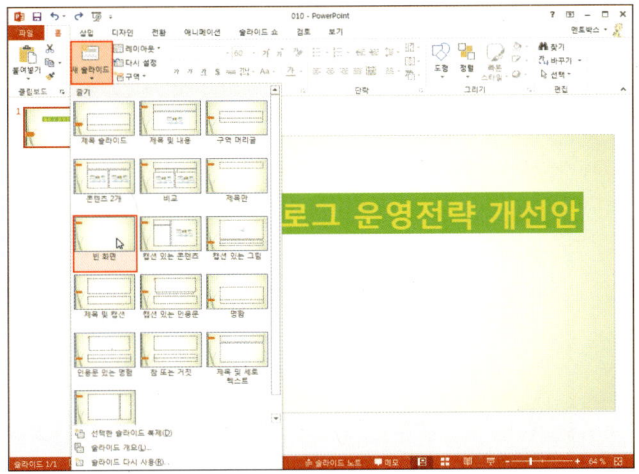

> tip ➕
> 이미 만들어진 슬라이드의 레이아웃을 바꾸는 경우에는 [홈] 탭-[슬라이드] 그룹에서 [레이아웃]()을 클릭해 원하는 레이아웃을 선택하면 된다.

❷ '슬라이드 2'를 선택하고 [삽입] 탭-[텍스트] 그룹에서 [텍스트 상자](🔲) 목록 단추를 클릭해 [세로 텍스트 상자]를 선택한다.

❸ 슬라이드 안쪽을 세로 방향으로 드래그해 세로 텍스트 상자를 삽입한다.

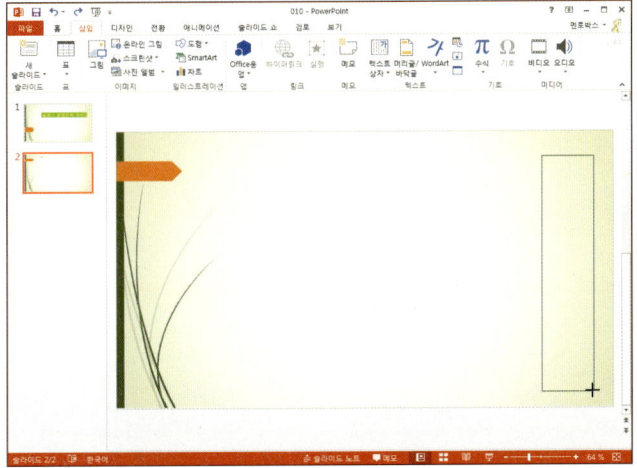

> tip ➕
> [세로 텍스트 상자]로 만든 텍스트 상자에는 세로 방향으로 문장이 입력된다.

Section 1. 가로/세로 텍스트 상자 만들기

❹ 텍스트 상자 안쪽에 '기존 블로그 운영 분석'을 입력한 뒤, [글꼴]은 '맑은 고딕', [글꼴 크기]는 '36'으로 설정하고, [굵게]( )를 클릭, [글꼴 색]( ) 목록 단추를 클릭해 '흰색, 배경 1'을 선택한다.

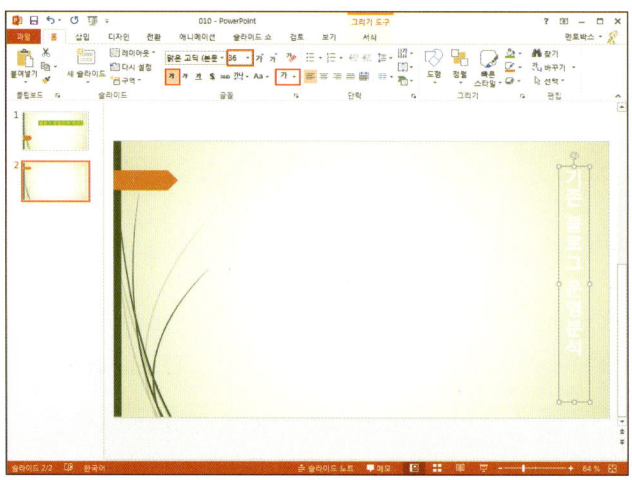

❺ 텍스트 상자 테두리를 클릭한 뒤, [그리기 도구]-[서식] 탭-[도형 스타일] 그룹에서 [도형 채우기]( )를 클릭해 [녹색]을 선택한다.

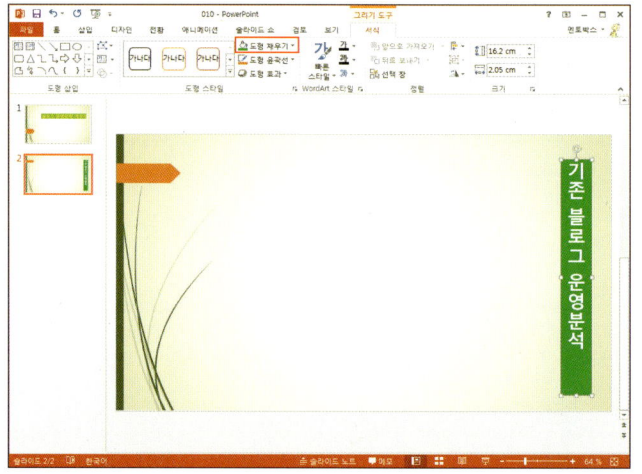

### 텍스트 상자의 투명도 설정하기 tip ➕

텍스트 상자의 채우기 색은 단일 색상, 그레이디언트, 그림, 질감 등 여러 가지가 있다. 이들 이외에 [다른 채우기 색] 메뉴를 통해 채워진 색상의 투명도를 조정할 수도 있다.

## 따라하기 03 채움 색상의 투명도 조정하기

**텍스트 상자에 채워진 색상의 투명도를 조정할 수 있다.**
[작업 준비물 : Ch03\010-1.pptx]

❶ '2' 번 텍스트 상자 테두리를 클릭한 뒤, [그리기 도구]-[서식] 탭-[도형 스타일] 그룹에서 [도형 채우기](도형 채우기▼)를 클릭해 [다른 채우기 색]을 선택한다.

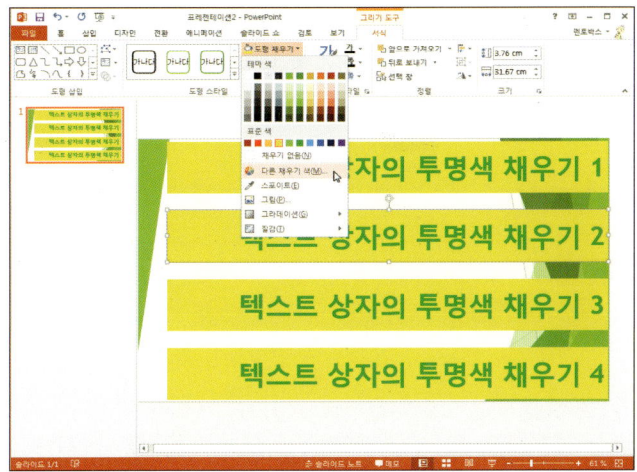

❷ [색] 대화상자가 나타나면 [투명도]의 비율을 '45%'로 입력한 뒤, [확인]을 클릭한다.

❸ 다른 텍스트 상자들도 클릭한 뒤, '투명도'를 다르게 설정해 보자. 설정된 비율에 따라 배경이 비치는 정도가 다르게 나타난다.

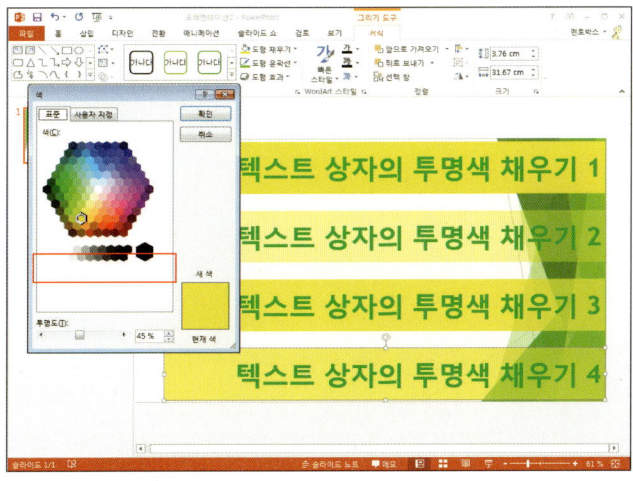

Section 1. 가로/세로 텍스트 상자 만들기

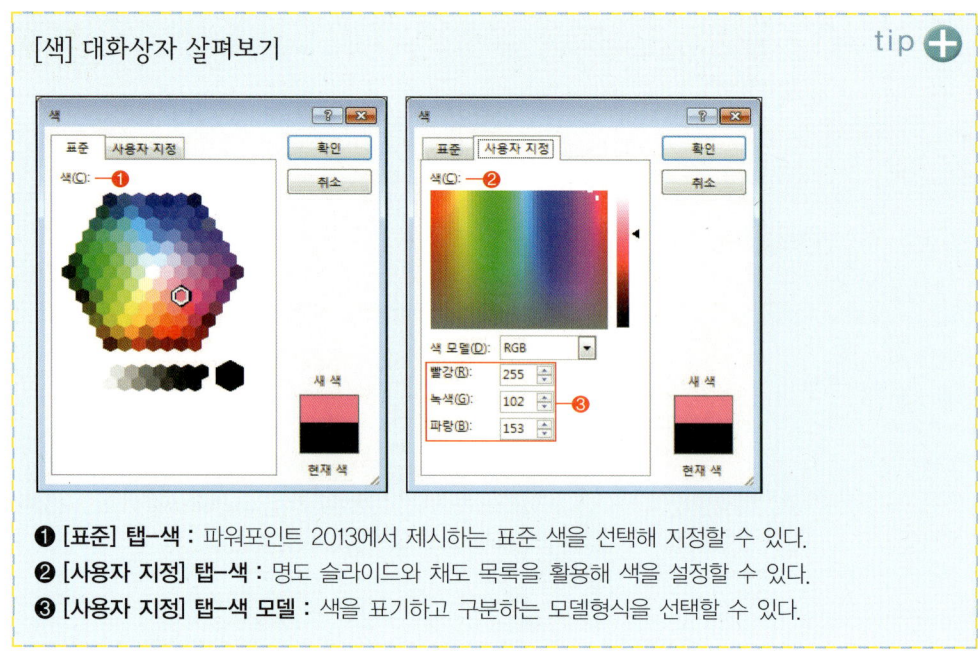

❶ [표준] 탭-색 : 파워포인트 2013에서 제시하는 표준 색을 선택해 지정할 수 있다.
❷ [사용자 지정] 탭-색 : 명도 슬라이드와 채도 목록을 활용해 색을 설정할 수 있다.
❸ [사용자 지정] 탭-색 모델 : 색을 표기하고 구분하는 모델형식을 선택할 수 있다.

## 01 혼자해보기

가로 방향 텍스트 상자를 2개 삽입하고 내용 입력 및 서식 조정해 보자.

[작업 준비물 : Ch03\011.pptx]

**HINT |**
- 제목 텍스트 상자 : [글꼴] HY견고딕, [글꼴 크기] 60, [글꼴 색] (진한 빨강, 문자 2)
- 부제목 텍스트 상자 : [글꼴] 맑은 고딕, [글꼴 크기] 24, [글꼴 색] (진한 빨강)

Chapter 3 . 슬라이드 서식 조정 및 관리하기

## 02 혼자해보기

'빈 화면' 슬라이드를 삽입하고 세로 텍스트 상자를 삽입해 다음과 같이 내용 입력 및 서식을 조정해 보자.

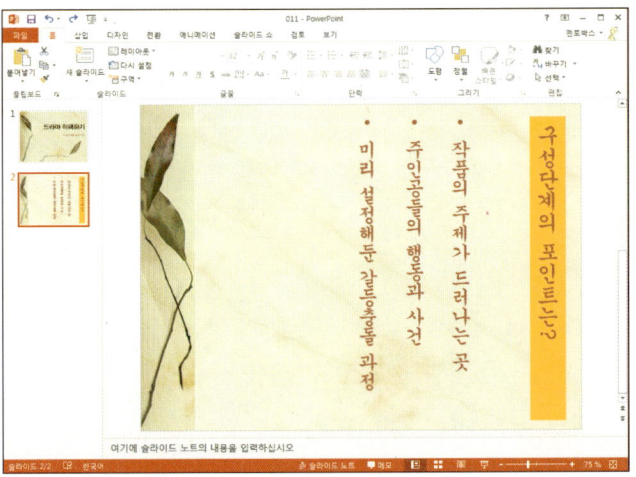

**HINT**
- [홈] 탭-[슬라이드] 그룹에서 [새 슬라이드] 목록 단추를 클릭해 [빈 화면] 선택
- 제목 텍스트 상자 : [글꼴] 궁서, [글꼴 크기] 36, [글꼴 색] (진한 빨강, 문자 2, 40% 더 밝게), [문자 채우기] (주황)
- 부제목 텍스트 상자 : [글꼴] 궁서, [글꼴 크기] 32, [글꼴 색] (진한 빨강)
  [홈] 탭-[단락] 그룹에서 [줄 간격] 2.0, [글머리 기호] 선택 적용

# Section 2. 글머리 기호와 번호 매기기

글머리 기호는 문단에 나열된 문장들이 깔끔하게 구분되어 보이도록 한다. 이러한 글머리 기호는 기본 제공되는 설정 이외에 온라인에서 검색한 클립 아트를 글머리 기호로 사용할 수 있으며, 기호가 아닌 번호 형식으로 표현하는 것도 가능하다.

### ⊙ 알아두기
- 글머리 기호를 삽입하거나 해제할 수 있다.
- 온라인에서 원하는 그림을 검색해 글머리 기호로 활용할 수 있다.
- 문단에 나열된 문장에 순서대로 번호 삽입이 가능하다.

## 따라하기 01 글머리 기호 사용하기

텍스트 상자에 입력된 문장들에 문장들에 글머리 기호를 삽입해 보자.
[작업 준비물 : Ch03\012.pptx]

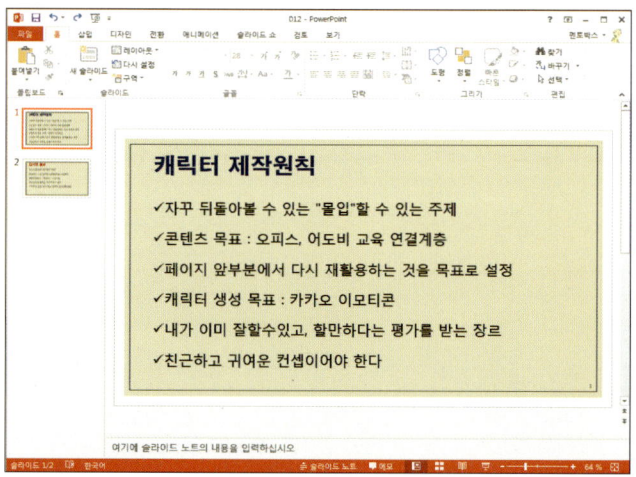

Chapter 3. 슬라이드 서식 조정 및 관리하기

❶ 예제 파일을 열고 '슬라이드 1'의 내용 텍스트 상자 테두리를 클릭한다.

❷ [홈] 탭-[단락] 그룹에서 [글머리 기호](▼) 목록 단추를 클릭한 뒤, 적용할 글머리 기호를 선택한다.

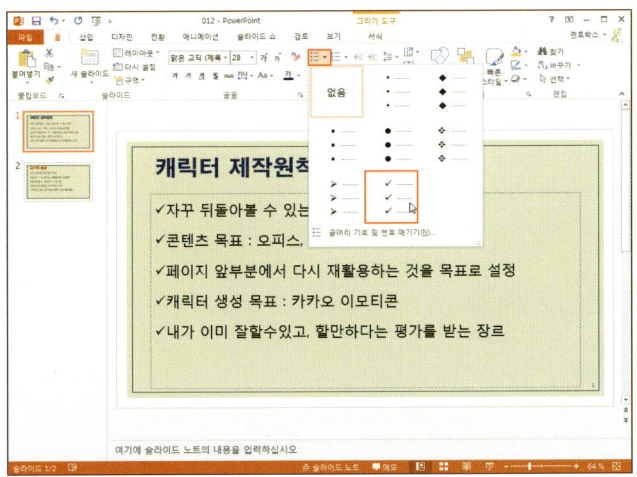

❸ 글머리 기호 적용 후, 텍스트 상자 안쪽 문단 끝에 커서를 위치시키고 Enter 를 누른다.

❹ 다음 줄로 커서가 이동하며 이전에 설정해둔 글머리 기호가 자동으로 생성된다. 이곳에서 그림과 같이 다음 문장들을 입력한다.

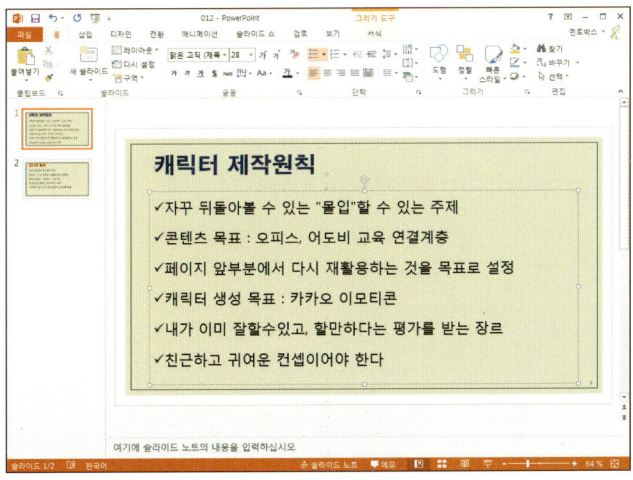

❺ [글머리 기호](☰▼) 목록 단추를 다시 클릭하면 적용된 글머리 기호가 해제된다.

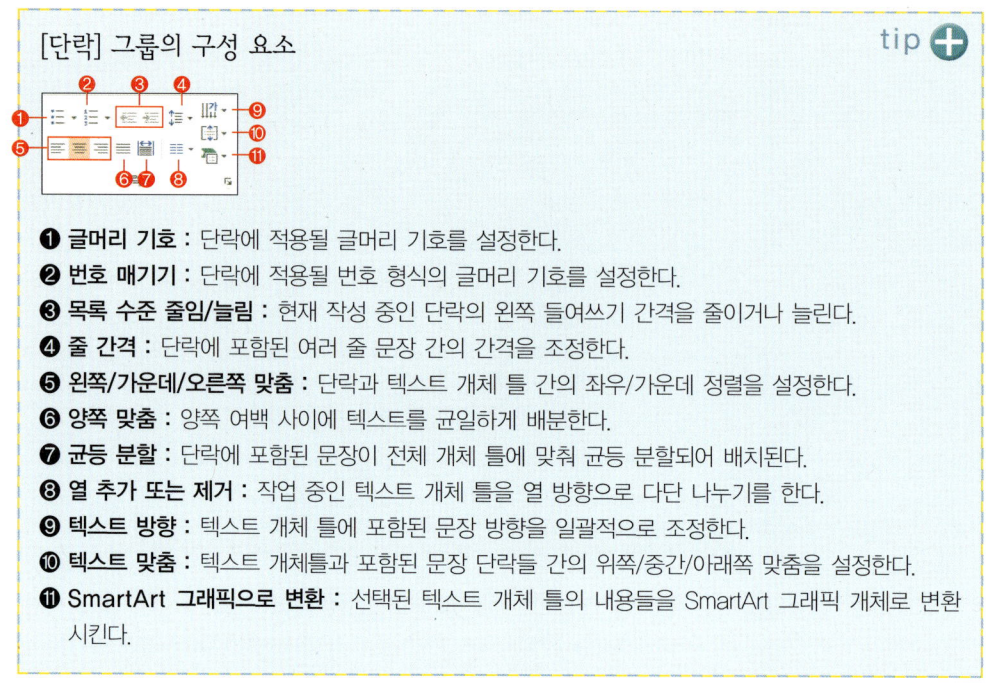

[단락] 그룹의 구성 요소   tip ➕

❶ **글머리 기호** : 단락에 적용될 글머리 기호를 설정한다.
❷ **번호 매기기** : 단락에 적용될 번호 형식의 글머리 기호를 설정한다.
❸ **목록 수준 줄임/늘림** : 현재 작성 중인 단락의 왼쪽 들여쓰기 간격을 줄이거나 늘린다.
❹ **줄 간격** : 단락에 포함된 여러 줄 문장 간의 간격을 조정한다.
❺ **왼쪽/가운데/오른쪽 맞춤** : 단락과 텍스트 개체 틀 간의 좌우/가운데 정렬을 설정한다.
❻ **양쪽 맞춤** : 양쪽 여백 사이에 텍스트를 균일하게 배분한다.
❼ **균등 분할** : 단락에 포함된 문장이 전체 개체 틀에 맞춰 균등 분할되어 배치된다.
❽ **열 추가 또는 제거** : 작업 중인 텍스트 개체 틀을 열 방향으로 다단 나누기를 한다.
❾ **텍스트 방향** : 텍스트 개체 틀에 포함된 문장 방향을 일괄적으로 조정한다.
❿ **텍스트 맞춤** : 텍스트 개체틀과 포함된 문장 단락들 간의 위쪽/중간/아래쪽 맞춤을 설정한다.
⓫ **SmartArt 그래픽으로 변환** : 선택된 텍스트 개체 틀의 내용들을 SmartArt 그래픽 개체로 변환시킨다.

## 따라하기 02 그림 글머리 기호 설정하기

파워포인트 2013에서는 온라인에서 검색할 수 있는 클립 아트를 문단 앞 그림 글머리 기호로 활용할 수 있다. 이를 적용해 보자.

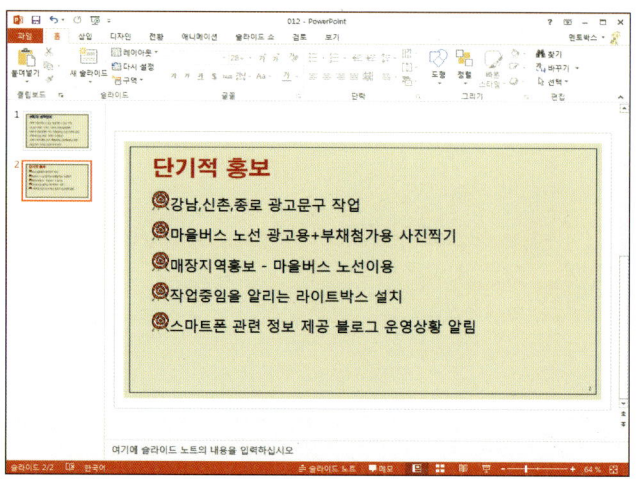

❶ '슬라이드 2'로 이동한 후 텍스트 상자를 클릭한 상태에서 [홈] 탭–[글머리 기호](☰▼) 목록 단추를 클릭하고 [글머리 기호 및 번호 매기기]를 선택한다.

❷ [글머리 기호 및 번호 매기기] 대화상자가 나타나면 [글머리 기호] 탭에서 [그림]을 클릭한다.

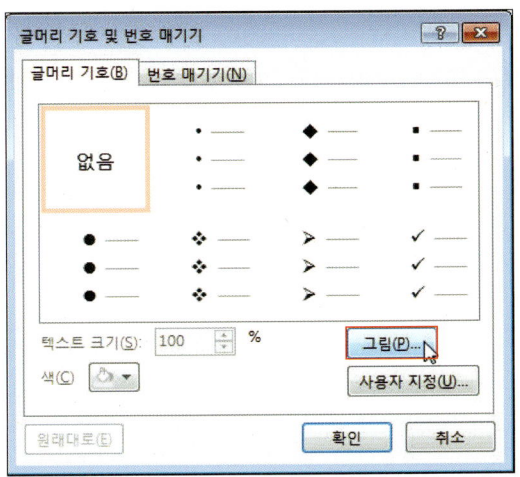

tip ➕

[글머리 기호 및 번호 매기기] 대화상자 살펴보기

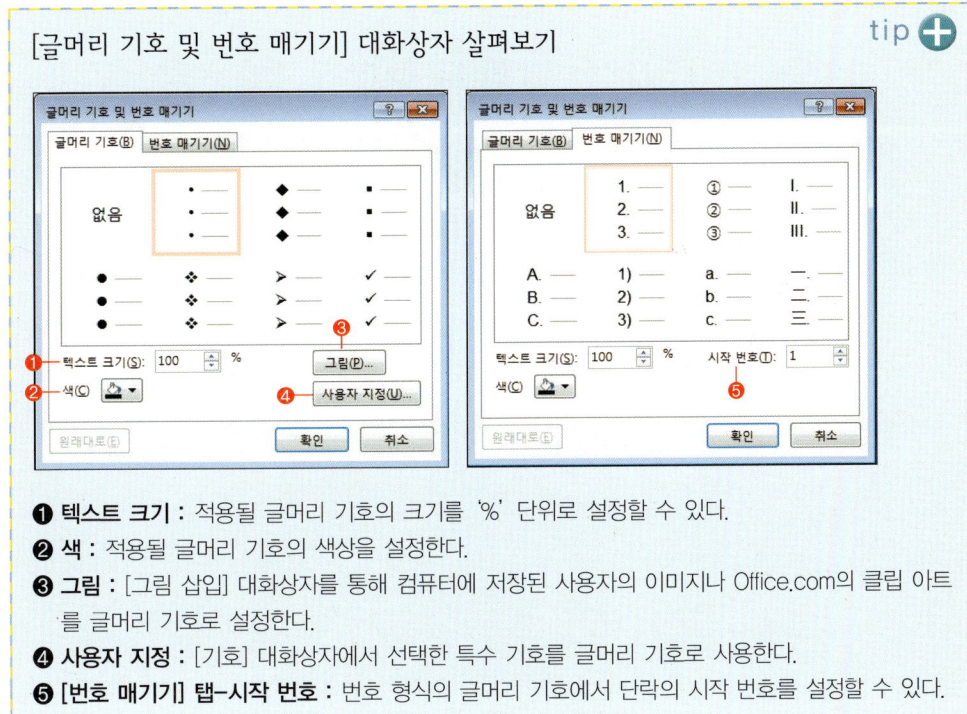

❶ **텍스트 크기** : 적용될 글머리 기호의 크기를 '%' 단위로 설정할 수 있다.
❷ **색** : 적용될 글머리 기호의 색상을 설정한다.
❸ **그림** : [그림 삽입] 대화상자를 통해 컴퓨터에 저장된 사용자의 이미지나 Office.com의 클립 아트를 글머리 기호로 설정한다.
❹ **사용자 지정** : [기호] 대화상자에서 선택한 특수 기호를 글머리 기호로 사용한다.
❺ **[번호 매기기] 탭–시작 번호** : 번호 형식의 글머리 기호에서 단락의 시작 번호를 설정할 수 있다.

❸ [그림 삽입] 창이 나타나면 'Office.com 클립 아트' 검색 창에 '양궁'을 입력하고 Enter 를 누른다.

❹ 창 오른쪽의 스크롤바를 드래그해 마음에 드는 클립 아트를 선택한 뒤, [삽입]을 클릭한다.

❺ 선택한 클립 아트가 문단의 그림 글머리 기호로 삽입된 것을 확인할 수 있다. 삽입된 글머리 기호의 크기를 조정하기 위해 다시 [홈] 탭-[단락] 그룹에서 [글머리 기호]( ) 목록 단추를 클릭해 [글머리 기호 및 번호 매기기]를 선택한다.

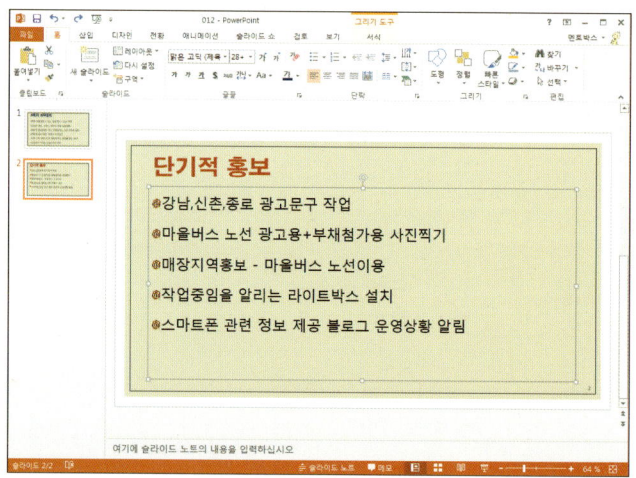

❻ [글머리 기호 및 번호 매기기] 대화상자에서 [문자 크기]를 '200%'로 입력한 뒤, [확인]을 클릭한다.

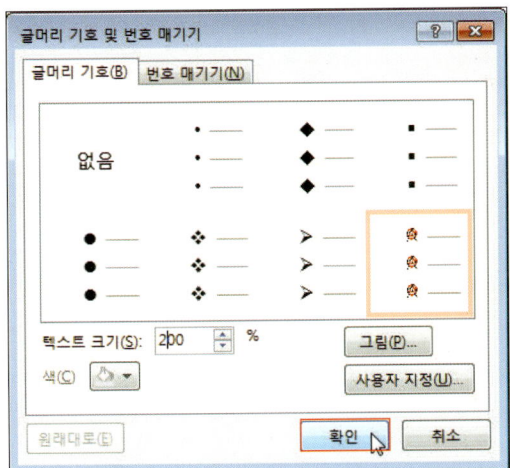

❼ 결과적으로 기존에 삽입된 그림의 크기보다 2배 더 커진 그림 글머리 기호가 된 것을 확인할 수 있다.

> tip ➕
> 텍스트 상자가 선택된 상태에서 [홈] 탭-[단락] 그룹에서 [글머리 기호] 목록 단추를 클릭해 해제하면, 설정된 그림 글머리 기호가 사라진다.

## 따라하기 03 문단 앞에 번호 삽입하기

문단에 입력된 문장들에 순서대로 번호를 표기하기 위해 [번호 매기기]를 적용해 보자.

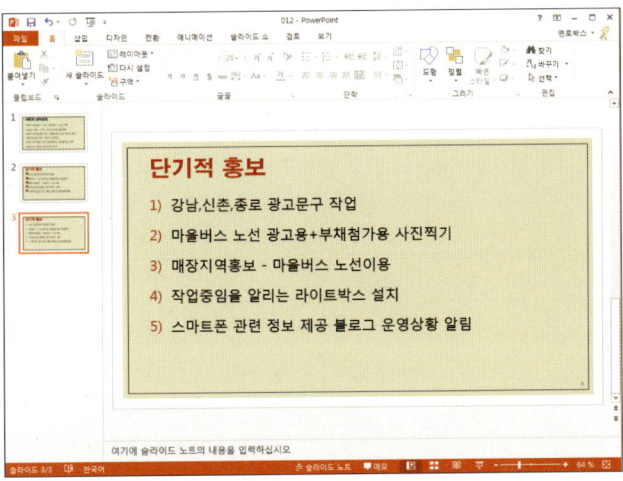

Section 2. 글머리 기호와 번호 매기기

❶ '슬라이드 3'을 선택하고, 내용 텍스트 상자의 테두리를 클릭한다.

❷ [홈] 탭-[단락] 그룹에서 [번호 매기기](☰▼) 목록 단추를 클릭해 적용할 번호 스타일을 선택한다.

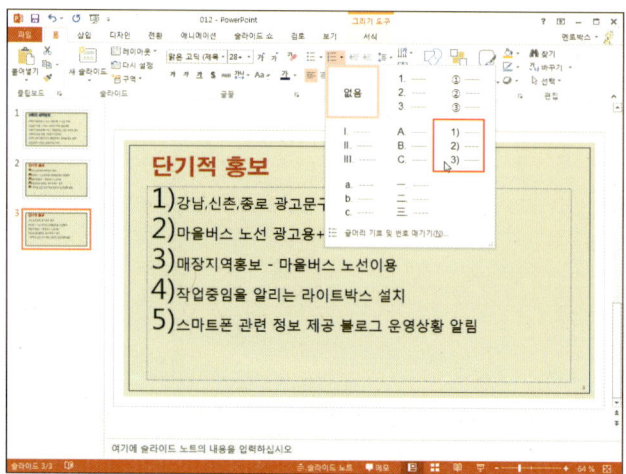

❸ [홈] 탭-[단락] 그룹에서 [번호 매기기](☰▼) 목록 단추를 클릭해 [글머리 기호 및 번호 매기기]를 선택한다.

❹ [글머리 기호 및 번호 매기기] 대화상자의 [색]을 '진한 빨강'으로 선택한 뒤 [확인]을 클릭한다.

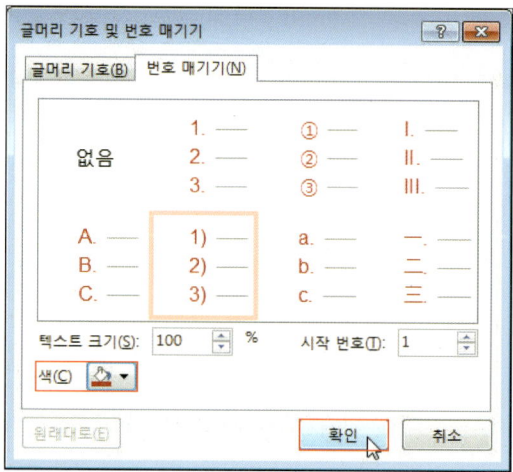

❺ 이전 작업의 결과 문단에 삽입된 번호들의 색상이 '진한 빨강'으로 교체된 것을 확인할 수 있다.

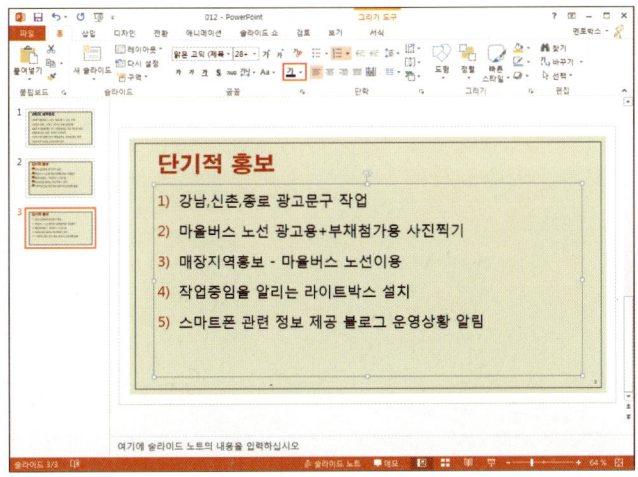

tip ➕
글머리 기호나 번호 매기기의 목록 선택 과정은 실시간 미리 보기가 지원되며, 이 때문에 문단에 어울리는 적절한 기호나 번호를 선택할 수 있다.

## 01 혼자해보기

예제 파일을 열고 텍스트 상자에 글머리 기호를 설정하고, 다음과 같이 내용을 입력해 보자.

[작업 준비물 : Ch03\013.pptx]

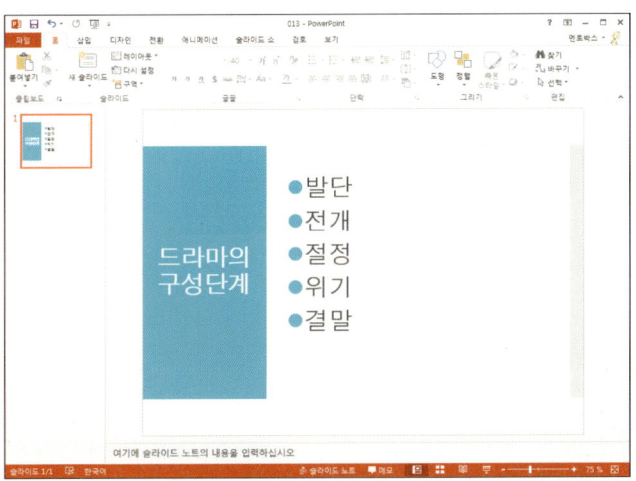

HINT | [홈] 탭-[단락] 그룹에서 [글머리 기호] 목록 단추를 클릭하고 기호 선택

Section 2 . 글머리 기호와 번호 매기기

## 02 혼자해보기

예제 파일을 열고 텍스트 상자에 [번호 매기기]를 적용하고 나머지 내용을 입력해 보자.

[작업 준비물 : Ch03\014.pptx]

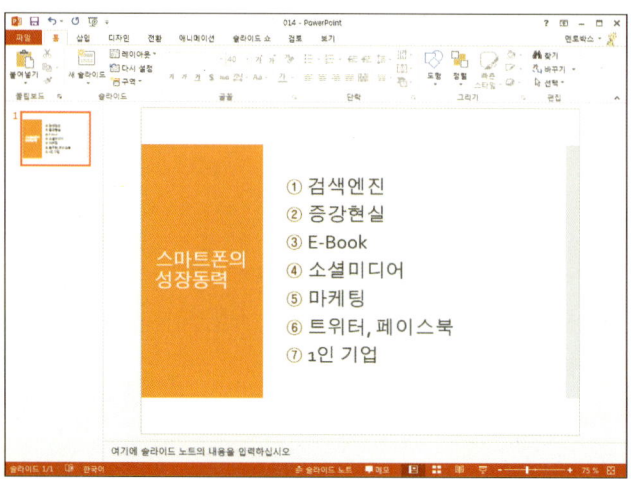

**HINT** | [홈] 탭-[단락] 그룹에서 [번호 매기기] 목록 단추를 클릭하고 번호 선택

# Section 3. 디자인 테마 설정하기

파워포인트 2013에서는 슬라이드에 적용될 배경의 색상, 무늬, 글꼴 서식 등을 디자인 서식으로써 다양하게 제공하고 있다. 이를 클릭해 간단히 보기 좋은 문서를 만들 수 있으며, 지정된 디자인 테마를 구성하는 [색]과 [배경 스타일]은 쉽게 수정할 수 있다.

## ◯ 알아두기

- 작성 중인 슬라이드에 새로운 디자인 테마를 적용할 수 있다.
- 적용된 테마 색과 배경 스타일을 다르게 설정할 수 있다.
- 작성 목적에 맞는 분류의 서식 스타일을 온라인에서 다운로드 받아 사용할 수 있다.

## 따라하기 01 디자인 테마 사용하기

[디자인] 탭-[테마] 그룹에서 나열된 디자인을 선택해, 작성 중인 전체 슬라이드를 통일성 있는 서식으로 변경할 수 있다.

[작업 준비물 : Ch03\015.pptx]

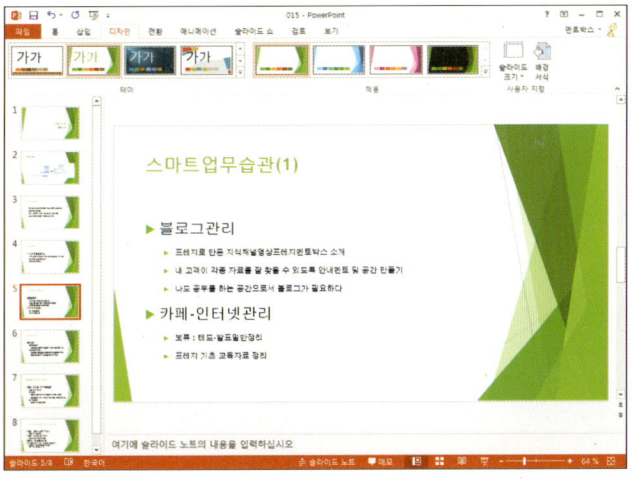

❶ 예제 파일을 열고 '슬라이드 1'이 선택된 상태에서 [디자인] 탭-[테마] 그룹에서 목록 단추를 클릭하고 [자연주의] 디자인을 선택한다.

[테마] 그룹의 디자인 아이콘에 커서가 위치하면, 슬라이드에 해당 디자인이 적용되었을 경우를 실시간으로 확인할 수 있다.

❷ 다시 [테마] 그룹의 디자인 목록에서 [패싯] 디자인을 선택한다.

[테마] 그룹의 [Office 테마] 디자인을 선택하면, 처음 프레젠테이션을 시작했을 때 보았던 기본 서식으로 돌아가게 된다.

따라하기 02 **디자인 테마의 색상과 배경 스타일 변경**

설정한 디자인 테마를 구성하는 색 구성 요소를 변경해 보고, 배경 스타일 목록을 통해 손쉽게 다른 느낌으로 변경해 보자.

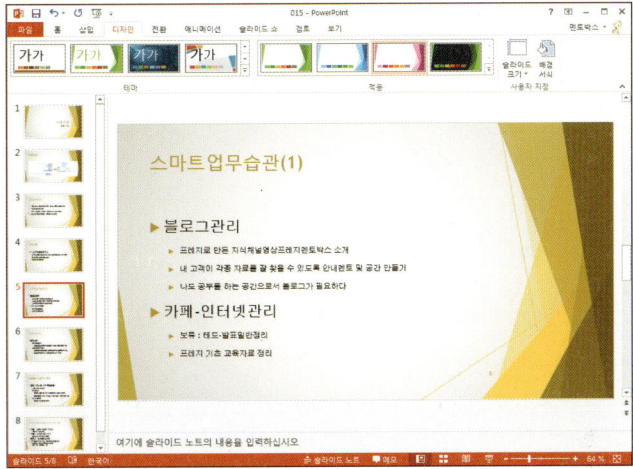

① [디자인] 탭-[적용] 그룹에서 현재 적용된 [패싯] 디자인의 다른 색 구성 목록을 선택한다.

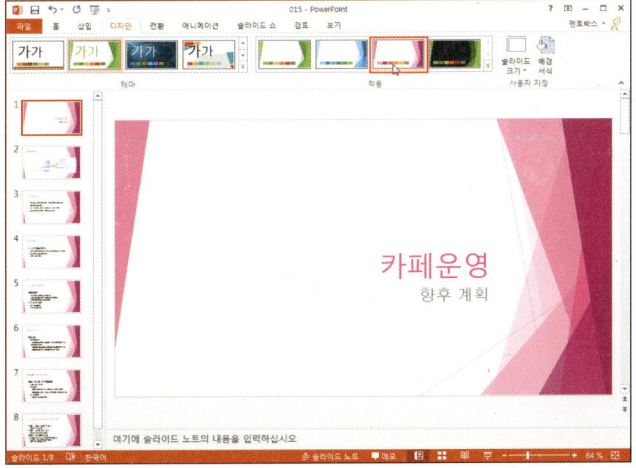

tip ➕ 선택 과정 중에 커서가 위치한 곳의 색 구성을 실시간 미리 보기로 확인할 수 있다.

Section 3. 디자인 테마 설정하기

❷ [디자인] 탭-[적용] 그룹의 자세히()를 클릭한 뒤, [색]-[노랑]을 선택한다.

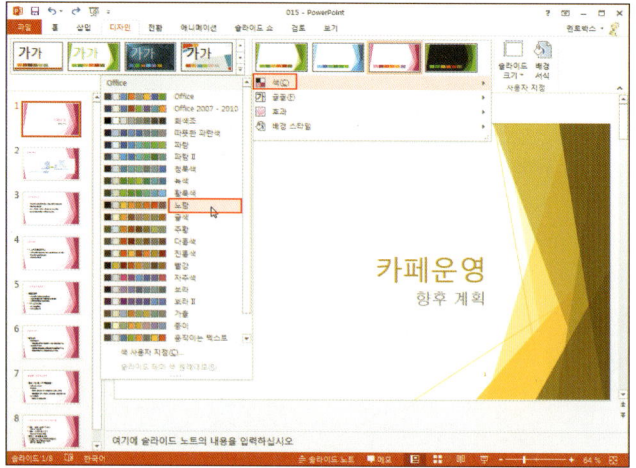

> [적용] 그룹에 배치된 아이콘들은 이곳에서 선택한 테마 색 중에 많이 활용되는 색상 배합이 미리 적용되어 미리 보기 아이콘으로 보이는 것이다. [색]을 클릭해 펼쳐지는 목록에서 더욱 세밀한 색 배합을 선택할 수 있다.
> 
> tip

❸ [디자인] 탭-[적용] 그룹의 자세히( )를 클릭한 뒤, [스타일 10]을 선택한다. 이전과 달리 은은한 원형 그레이디언트가 디자인 서식의 배경으로 설정된다.

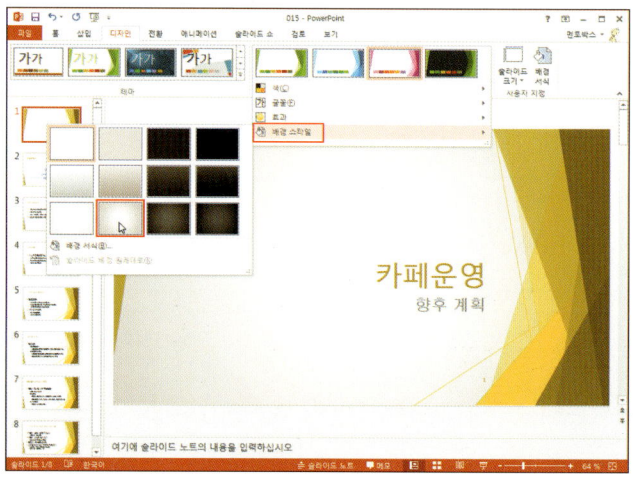

## 따라하기 03 Office.com의 서식 파일 활용하기

파워포인트 2013에서는 온라인으로 검색해 자신이 제작하려는 분야에 걸맞은 서식들을 다운받아 활용할 수 있다.

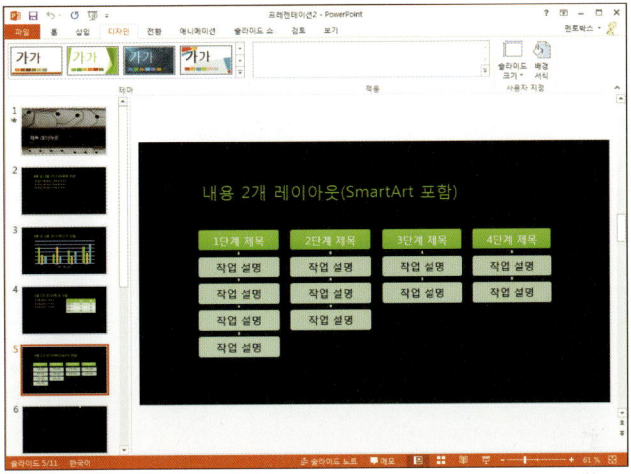

❶ [파일] 탭-[새로 만들기]를 클릭하고 검색 창에서 '프레젠테이션'을 입력한 뒤, [검색]을 클릭한다.

> tip ➕
> 검색 창 아래에 나열된 기본 디자인 테마를 선택해, 해당 디자인이 적용된 슬라이드 문서로 작업을 시작할 수도 있다.

❷ 서식 목록이 나타나면 [회로 기판 디자인 프레젠테이션(와이드스크린)]을 클릭한다.

> tip ➕
> 화면 오른쪽의 '범주'에서 적절한 분류를 클릭하면, 현재 검색된 내용을 해당 범주로 걸러서 표시하게 된다.

❸ 이전에 선택한 테마 서식이 미리 보기 창으로 표시된다. [만들기]를 클릭한다.

tip ➕

선택한 서식들은 기본 값으로 다양한 차트와 조직도 등이 삽입된 경우들이 있다. 자신의 작업 목적과 맞지 않는 내용들은 슬라이드 미리 보기 창에서 Delete 를 눌러 삭제해 사용한다.

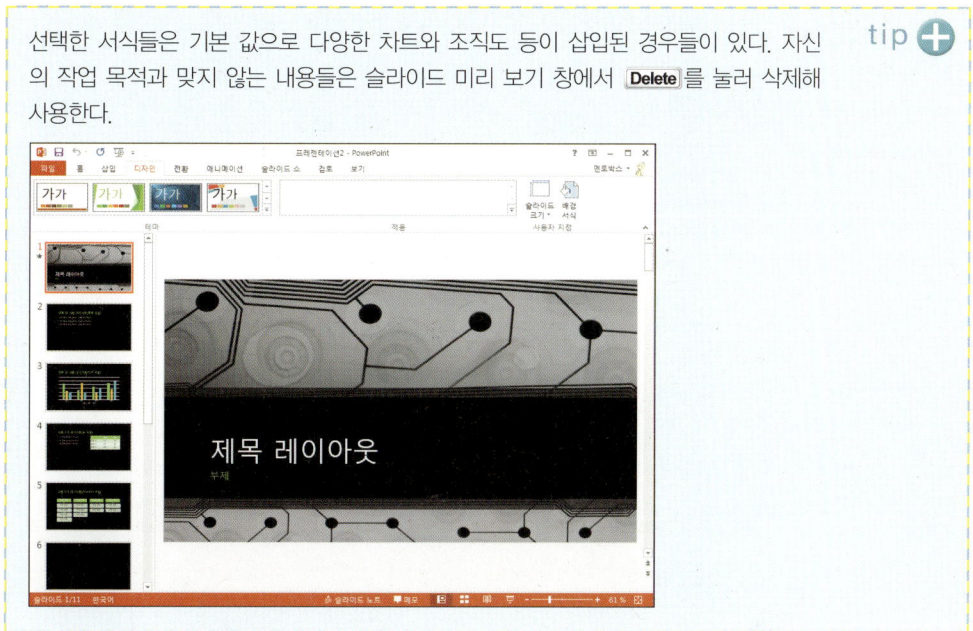

## 01 혼자해보기

예제 파일을 열고 [디자인] 탭에서 [비누] 서식을 선택해 적용해 보자.

[작업 준비물 : Ch03\016.pptx]

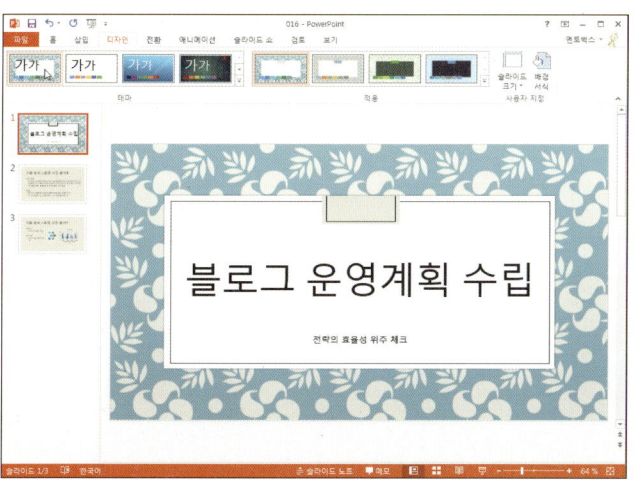

**HINT** | [디자인] 탭-[테마] 그룹의 자세히( )를 클릭하고, [비누] 디자인 테마를 선택

Section 3 . 디자인 테마 설정하기

## 02 혼자해보기

현재 적용된 디자인 테마의 적용 색상을 '보라'로 변경해 보자.

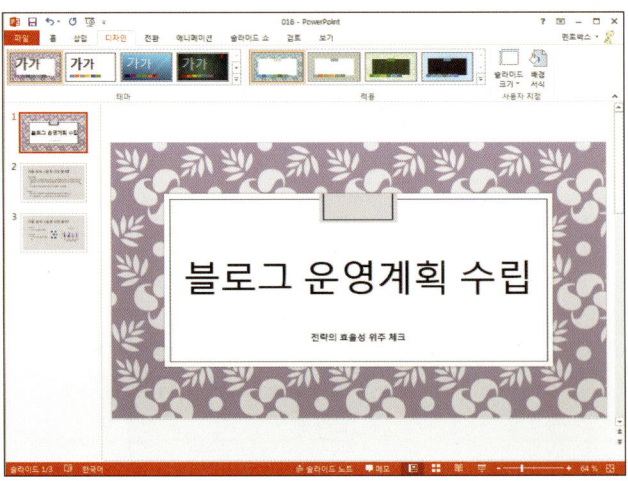

**HINT** | [디자인] 탭-[적용] 그룹의 자세히(▼)를 클릭하고, [색]-[보라] 선택

# Section 4. 슬라이드 이용하기

작성 중인 슬라이드를 검토하다 보면, 배치한 순서를 재조정하거나 새로운 슬라이드를 추가로 삽입하는 경우가 생긴다. 이런 경우 [여러 슬라이드 보기]에서 손쉽게 순서 조정이나 복사가 가능하며, [기본 보기] 상태에서도 슬라이드 미리 보기 창을 통해 관리 작업을 수행할 수 있다.

### ◐ 알아두기

- 선택한 슬라이드 아래에 새로운 슬라이드를 삽입할 수 있다.
- [여러 슬라이드 보기] 상태에서 드래그로 슬라이드를 이동시킬 수 있다.
- 선택된 슬라이드 그대로를 복사할 수 있다.

## 따라하기 01 새 슬라이드 삽입하기

**선택한 슬라이드 아래쪽에 새로운 슬라이드를 삽입해 보자.**

[작업 준비물 : Ch03\017.pptx]

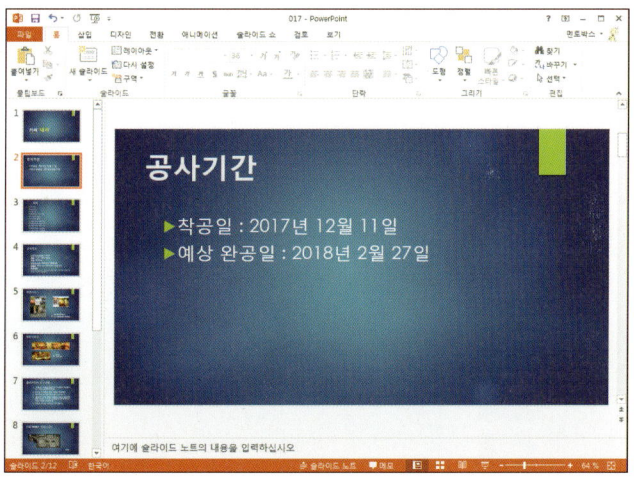

❶ 예제 파일을 열고 '슬라이드 1'을 선택한 후 [홈] 탭-[슬라이드] 그룹에서 [새 슬라이드](   )를 클릭한다.

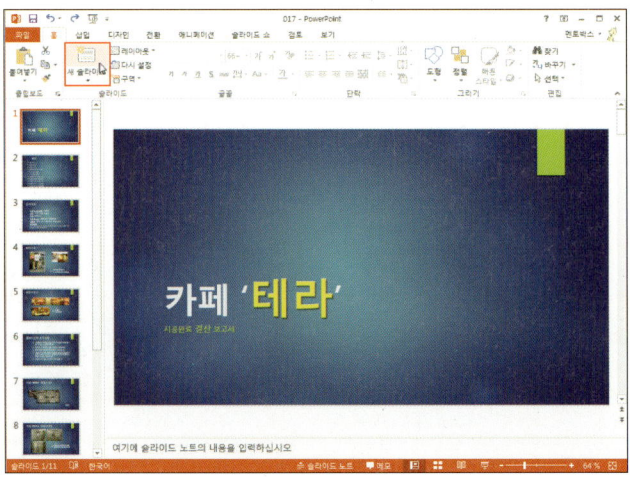

❷ '슬라이드 1' 아래에 '제목 및 내용' 슬라이드가 삽입되고, 뒤에 배치된 슬라이드 번호들이 한 단계씩 상승한다.

> **tip** ➕
> [새 슬라이드](   )를 클릭하면, '제목 및 내용' 슬라이드가 삽입된다. 다른 레이아웃의 슬라이드를 삽입하려면 [새 슬라이드](   )의 목록 단추를 클릭해 펼치고 적당히 선택한다.

❸ 삽입된 '제목 및 내용' 슬라이드에 다음과 같은 내용을 입력해 보자.

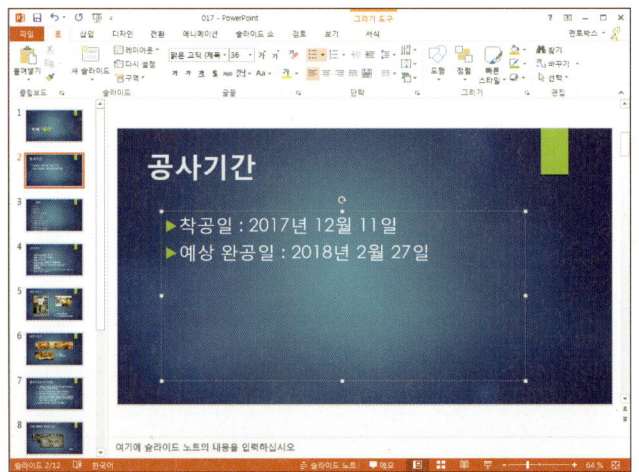

## 따라하기 02 슬라이드 복사하고 삭제하기

[여러 슬라이드] 보기 상태에서 슬라이드를 드래그해 이동 배치해 보자. 추가로 Ctrl 을 누른 채 드래그한 선택한 슬라이드를 복사하고 배치해 보자.

① '슬라이드 8'을 선택한 상태에서 [홈] 탭-[클립보드] 그룹에서 [복사]( )를 클릭한다.
② '슬라이드 9'를 선택한 상태에서 [홈] 탭-[클립보드] 그룹에서 [붙여 넣기]( )를 클릭한다.

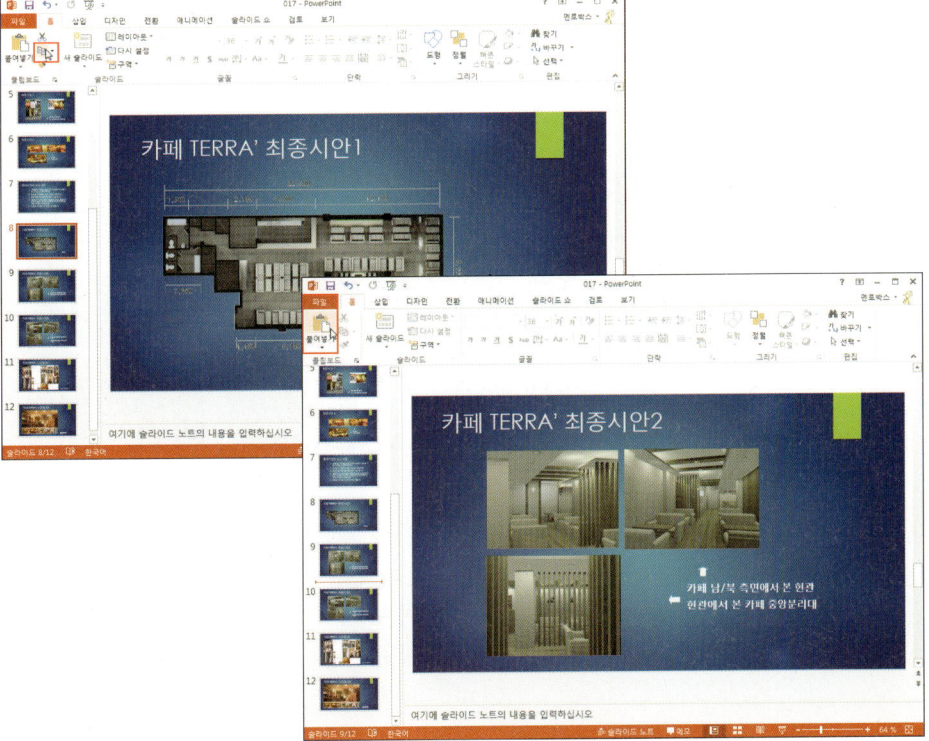

Section 4. 슬라이드 이용하기 **109**

❸ '슬라이드 8'과 동일한 내용의 슬라이드가 '슬라이드 10' 자리에 생성된다.

❹ 추가된 '슬라이드 10'에서 마우스 오른쪽 버튼을 누르고, 바로 가기 메뉴 중 [슬라이드 삭제]를 선택한다.

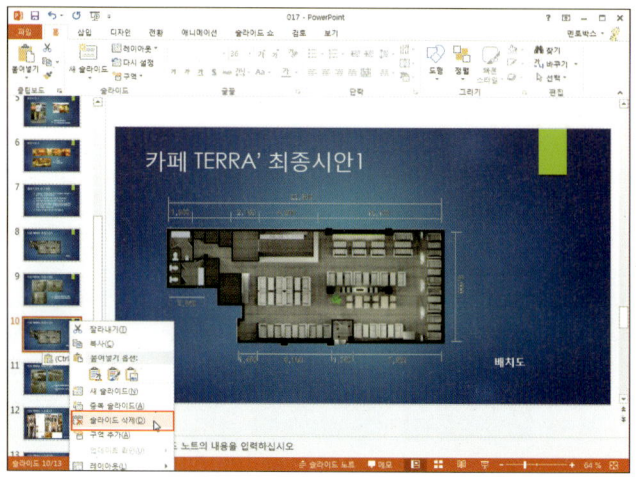

> 슬라이드 미리 보기 창에서 슬라이드를 선택하고 `Delete`를 눌러도 삭제가 가능하다.    **tip ➕**

❺ 화면 오른쪽 아래의 [여러 슬라이드 보기]()를 클릭해 보기 상태를 변경한다.

❻ `Ctrl`을 누른 채 '슬라이드 1'을 드래그해 '슬라이드 3' 오른쪽에 새로운 복사 슬라이드가 생성되도록 한다.

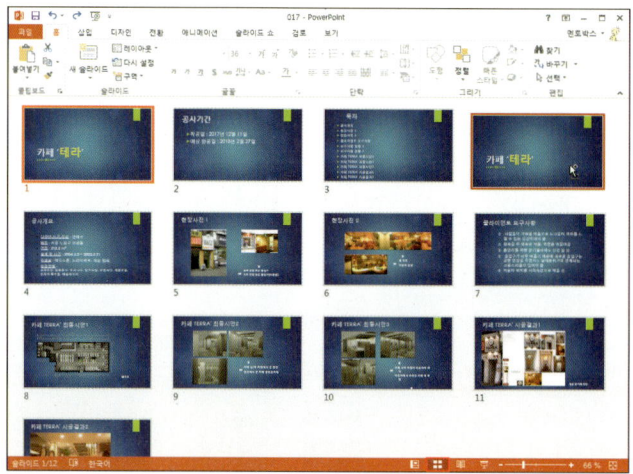

❼ 새로 만든 '슬라이드 4'를 선택하고 Delete 를 눌러 삭제한다.

❽ '슬라이드 11'을 드래그해 '슬라이드 2' 자리로 배치시킨다.

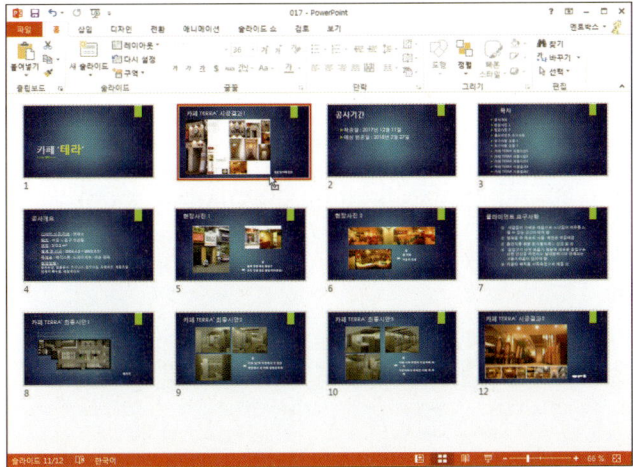

❾ '슬라이드 12'를 드래그해 '슬라이드 3' 자리에 배치되도록 한다.

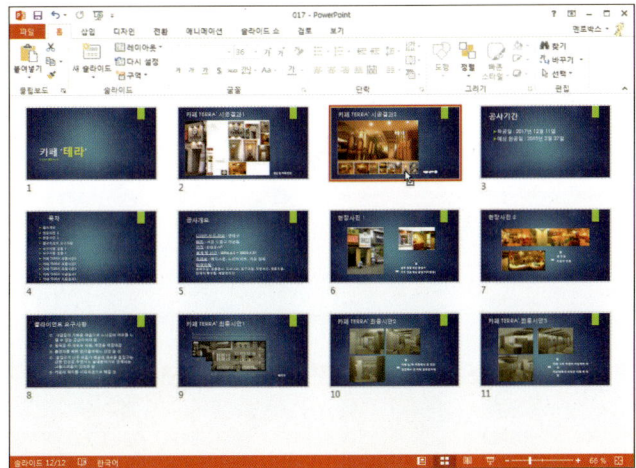

Section 4 . 슬라이드 이용하기

⑩ 작업이 끝나면 화면 오른쪽 아래에서 [기본 보기]( )를 클릭해 원래의 [기본] 보기 상태로 전환한다.

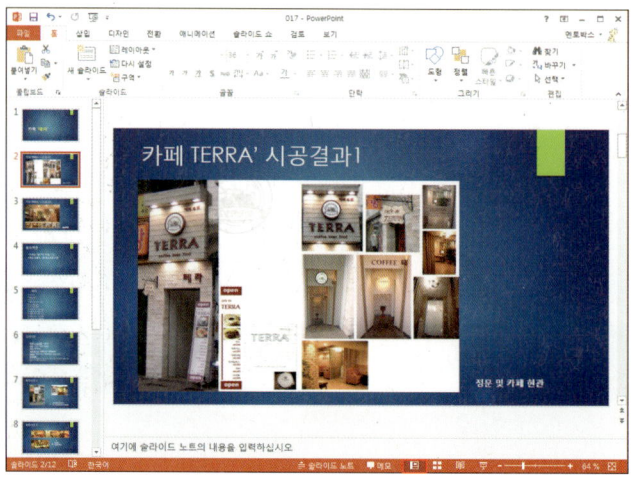

## 따라하기 03 슬라이드 복사하기

[슬라이드 복제]를 이용하여 현재 선택한 슬라이드를 그대로 복사하는 방법을 알아보자.

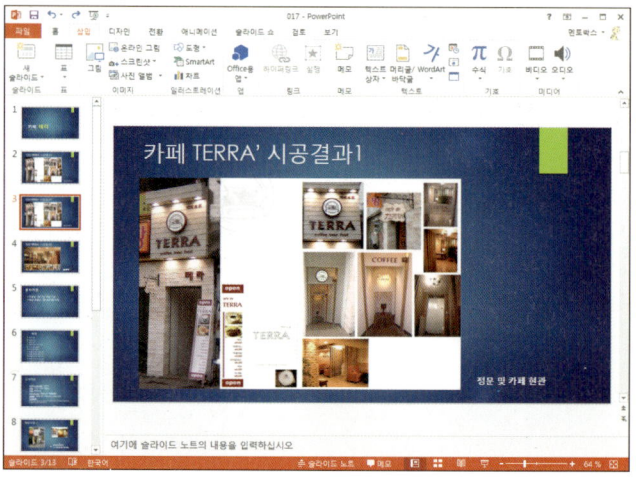

❶ '슬라이드 2'를 마우스 오른쪽 버튼으로 누르고 바로 가기 메뉴에서 [중복 슬라이드]를 클릭해 복사한다.

tip ➕
현재 선택한 슬라이드와 동일한 슬라이드를 복사하는 단축키는 Ctrl + D 이다.

**01 혼자해보기**

예제 파일을 열고 '슬라이드 3'을 하나 더 복사해 보자.
[작업 준비물 : Ch03\018.pptx]

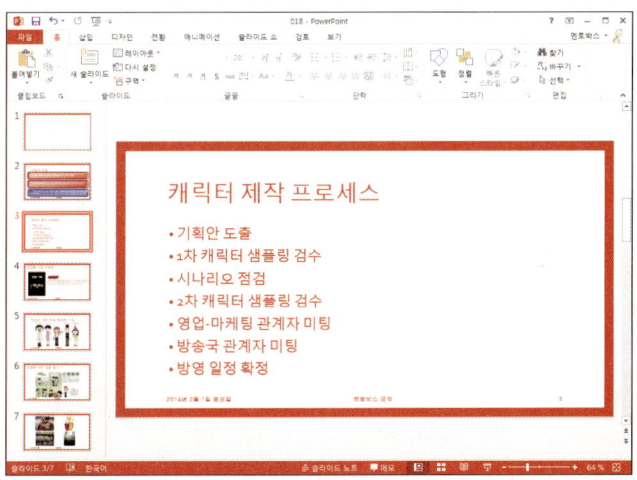

**HINT |**
• 슬라이드 미리 보기 창에서 마우스 오른쪽 버튼을 누르고, 바로 가기 메뉴에서 [중복 슬라이드] 클릭
• 슬라이드 복사의 단축키 Ctrl + D

Section 4 . 슬라이드 이용하기   113

## 02 혼자해보기

예제 파일을 열고 [여러 슬라이드] 보기 상태로 전환한다. `Ctrl`을 누르고 캐릭터 소개가 담긴 슬라이드를 드래그해, 다음과 같이 배치해 보자.

[작업 준비물 : Ch03\019.pptx]

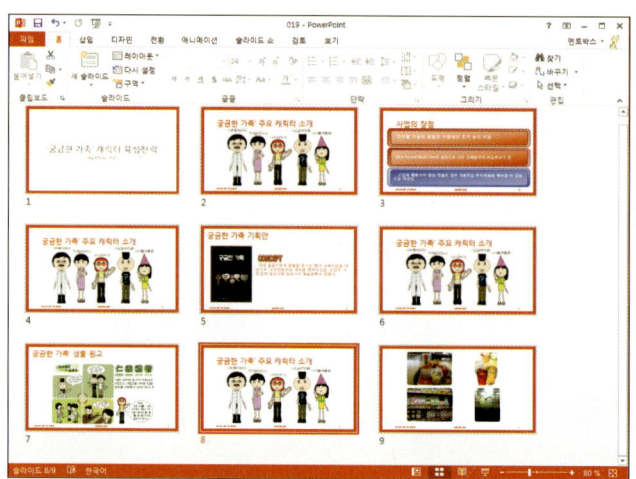

**HINT |** `Ctrl`을 누른 채 드래그해, 선택한 슬라이드 그대로 복사

## 핵심정리 summary

### 1. 가로/세로 텍스트 상자 추가하기

- [삽입] 탭-[텍스트] 그룹에서 [텍스트 상자]를 클릭한 뒤, 슬라이드에서 드래그해 텍스트 상자를 삽입한다. 이곳에 문장을 입력하면 가로 방향으로 문장이 입력된다.

- [삽입] 탭-[텍스트] 그룹에서 [텍스트 상자]의 목록 단추를 클릭해 [세로 텍스트 상자]를 선택한 뒤, 세로 방향으로 드래그해 텍스트 상자를 삽입한다. 이곳에서는 세로 방향으로 문장 입력이 가능하다.

- 텍스트 상자의 테두리를 클릭한 뒤, [그리기 도구]-[서식] 탭-[도형 스타일] 그룹에서 텍스트 상자에 적용될 서식을 조정할 수 있다.

### 2. 글머리 기호와 번호 매기기

- 텍스트 상자의 테두리를 선택한 상태에서 [홈] 탭-[단락] 그룹에서 [글머리 기호] 목록 단추를 클릭해 사용할 글머리 기호를 선택해 적용할 수 있다.

- 그림 글머리 기호는 [글머리 기호] 목록 단추를 클릭해 [글머리 기호 및 번호 매기기]를 선택한다. [글머리 기호 및 번호 매기기] 대화상자에서 [그림]을 클릭하고 [그림 삽입]에서 원하는 그림 분류를 검색해 사용한다.

- 텍스트 상자의 테두리를 선택한 상태에서 [홈] 탭-[단락] 그룹에서 [번호 매기기] 목록 단추를 클릭해 사용할 번호 스타일을 적용할 수 있다.

- 글머리 기호나 번호 매기기가 설정된 텍스트 상자의 문단 끝에서 Enter 를 누르면, 다음 글머리 기호나 번호가 자동으로 나타난다. 다시 [글머리 기호], [번호 매기기]를 클릭해 적용된 효과를 해제할 수도 있다.

### 3. 디자인 테마 설정하기

- 다양한 슬라이드 배경과 글꼴 서식, 목록 단추 등의 디자인 설정을 한 번의 클릭으로 적용할 수 있는 것이 디자인 테마이다.

- [디자인] 탭-[테마] 그룹의 목록에서 원하는 디자인 테마를 선택하여 적용할 수 있다.

- [테마] 그룹의 디자인 목록에 커서를 위치시키면, 실시간 미리 보기가 적용되어 작성 중인 슬라이드에 적용되었을 경우에 미리 보기로 확인할 수 있다.

- [파일] 탭-[새로 만들기]에서 원하는 분류명을 검색하여, 온라인에서 제공하는 디자인 서식을 다운로드 받아 사용할 수도 있다.

## 핵심정리 summary

### 4. 슬라이드 관리하기

- [홈] 탭-[슬라이드] 그룹에서 [새 슬라이드]를 클릭해 새로운 슬라이드를 추가할 수 있다.
- 슬라이드 미리 보기 창에서 하나의 슬라이드를 선택하고 Enter 를 눌러 새 슬라이드를 추가할 수 있다.
- 선택된 슬라이드 아래에서 마우스의 오른쪽 단추를 누르고 바로 가기 메뉴에서 [새 슬라이드]를 클릭하면 해당 슬라이드 아래에 빈 슬라이드가 삽입된다.
- 특정 슬라이드를 선택한 뒤, [홈] 탭-[클립보드] 그룹에서 [복사]( )를 클릭해 해당 슬라이드를 복사할 수 있다.
- [홈] 탭-[클립보드] 그룹에서 [붙여넣기]( )를 클릭해 복사해둔 슬라이드를 붙여넣기 할 수 있다.
- 단축키 Ctrl + D 를 눌러 현재 선택된 슬라이드를 그대로 복사할 수 있다.
- 슬라이드 미리 보기 창의 특정 슬라이드 위에서 마우스 오른쪽 버튼을 누르고, 바로 가기 메뉴의 [슬라이드 삭제]를 클릭하면 해당 슬라이드가 삭제된다.
- 슬라이드 삭제의 단축키는 Delete 이다.
- [여러 슬라이드 보기] 상태에서 슬라이드를 드래그해 위치를 변경할 수 있다.
- [여러 슬라이드 보기] 상태에서 Ctrl 을 누른 채 드래그하면, 해당 슬라이드가 복사되어 배치된다.

# 종합실습 pointup

1. 예제 파일을 열고 '슬라이드 1'에 가로 텍스트 상자와 세로 텍스트 상자를 각각 삽입한 후 그림과 같은 내용과 서식을 적용해 보자.

    [작업 준비물 : Ch03\020.pptx]

    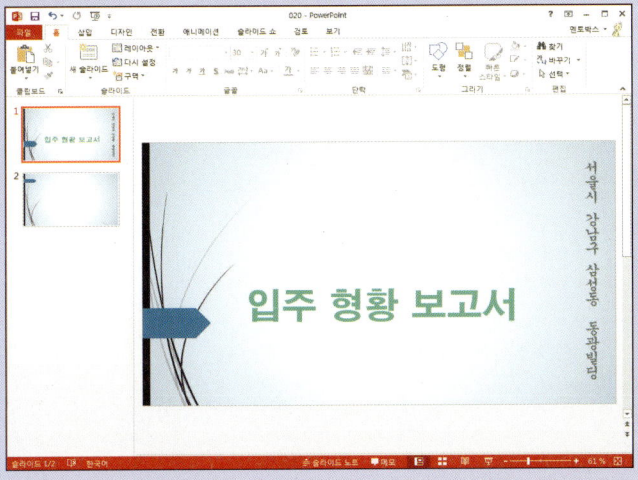

    **HINT** | • 제목 텍스트 상자 : [글꼴] HY견고딕, [글꼴 크기] 72, [글꼴 색] (청록, 강조 3)
    • 세로 텍스트 상자 : [글꼴] 궁서체, [글꼴 크기] 30, [글꼴 색] (청록, 강조 4)

2. 예제 파일을 열고 '슬라이드 2'에 다음과 같은 내용과 서식을 적용해 보자.

    [작업 준비물 : Ch03\021.pptx]

    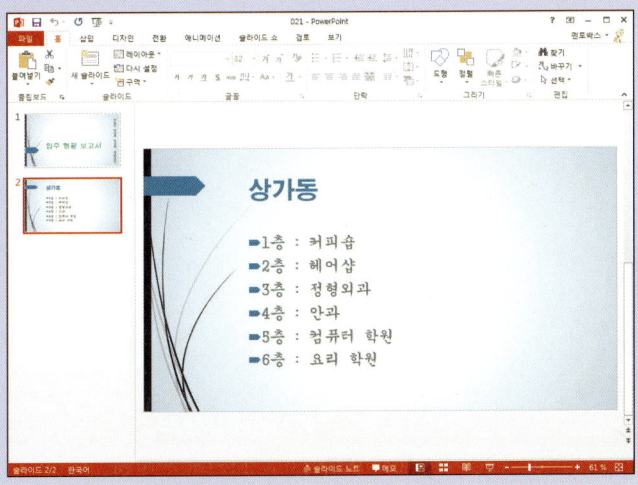

    **HINT** | • 제목 텍스트 상자 : [글꼴] HY견고딕, [글꼴 크기] 48, [글꼴 색] (바다색, 강조 1)
    • 세로 텍스트 상자 : [글꼴] 궁서체, [글꼴 크기] 32, [글꼴 색] (청록, 강조 4)

# 종합실습 pointup

3. 예제 파일을 열고 '슬라이드 2'에 적용한 글머리 기호를 Office.com에서 '파랑새'로 검색한 아이콘으로 적용해 보자.

[작업 준비물 : Ch03\022.pptx]

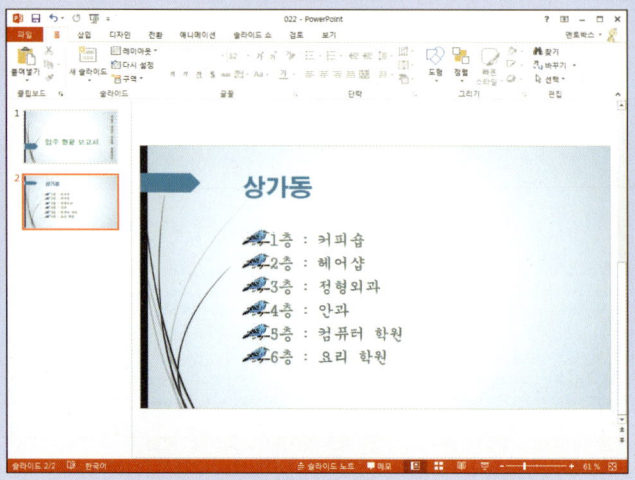

**HINT** | • [홈] 탭–[단락] 그룹에서 [글머리 기호] 목록–[글머리 기호 및 번호 매기기]
• [글머리 기호 및 번호 매기기] 창–[그림] 클릭 후, [그림 삽입]–[Office.com 클립아트]에 '파랑새' 검색 후 적절한 아이콘 선택
• [글머리 기호 및 번호 매기기] 창의 [크기]에서 적절한 글머리 기호의 크기를 설정

# 종합실습 pointup

4. 예제 파일을 열고 슬라이드의 보기를 [여러 슬라이드] 형식으로 바꾼 뒤, 모든 내용 슬라이드 앞에 제목 슬라이드가 복제되어 배치되도록 설정해 보자.

[작업 준비물 : Ch03\023.pptx]

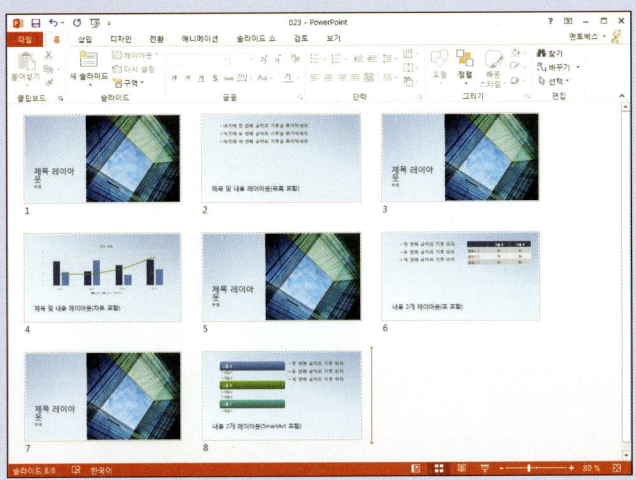

**HINT** | • [보기] 탭-[프레젠테이션] 그룹에서 [여러 슬라이드 보기] 클릭
• 제목 슬라이드 선택 후 `Ctrl`+드래그로 복제된 슬라이드를 원하는 위치로 배치

더욱 생동감 있는 문서 작성을 위해 사진이나 그림, 워드아트, 클립 아트 등의 멀티미디어 개체들을 자주 삽입한다. 이들을 통해 청중은 발표자가 의도한 내용을 보다 간단하게 이해할 수 있게 된다. 이러한 멀티미디어 개체들을 종류별로 삽입해 보고, 사용 목적에 맞도록 개체를 수정해 보도록 하자. 아울러 스크린샷을 통해 사용자가 펼쳐놓은 인터넷 창 그대로를 캡처에 문서에 삽입해 보자.

Section 1    그림 삽입하기

Section 2    워드아트로 문장 만들기

Section 3    온라인 그림으로 클립 아트 삽입하기

Section 4    스크린샷 활용하기

# 그림과 다양한 개체 삽입하기

Chapter 4

사진이나 그림, 워드아트, 클립 아트, 스크린샷과 같은 다양한 개체를 슬라이드에 삽입해보고, 이들의 이동, 크기 조정, 테두리 조정, 특수 효과 등을 적용해 보자. 이러한 과정을 통해 개체의 수정에 있어 유사한 점을 비교해 보자.

## 01 슬라이드에 그림 삽입하기

작성 중인 문서를 꾸미기 위해 사진이나 그림을 삽입할 수 있다. 기본적으로 [삽입] 탭-[이미지] 그룹에서 [그림]을 통해 삽입 가능하며, 빈 텍스트 상자 중앙에 임시로 나타나는 [그림]을 클릭해서도 그림을 삽입할 수 있다. 이렇게 추가된 사진이나 그림은 다양한 형태로 자르기 될 수 있으며, 추가로 화려한 효과와 테두리 설정을 할 수도 있다.

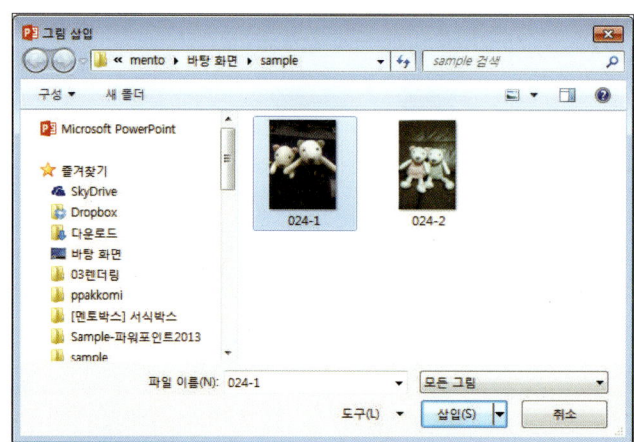

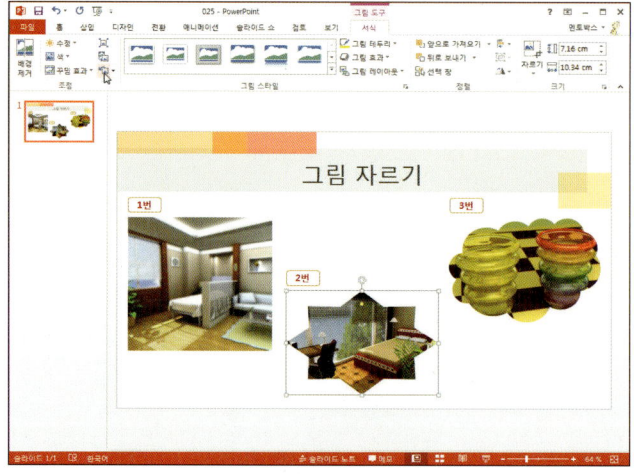

## 02 워드아트로 문장만들기

워드아트는 작성된 문자를 이미지와 유사한 개체 성격으로 삽입하는 것으로써, 일반 이미지에 적용되는 크기와 위치 조정, 테두리 설정 및 효과 적용 등에 있어 비슷한 설정을 갖는다. 하지만 문자의 성격도 유지되므로, 일반 [글꼴] 그룹의 서식들을 통한 글꼴의 형태와 크기, [단락] 그룹의 정렬 명령 등에도 영향을 받게 된다. [삽입] 탭-[텍스트] 그룹에서 선택해 적용할 수 있다.

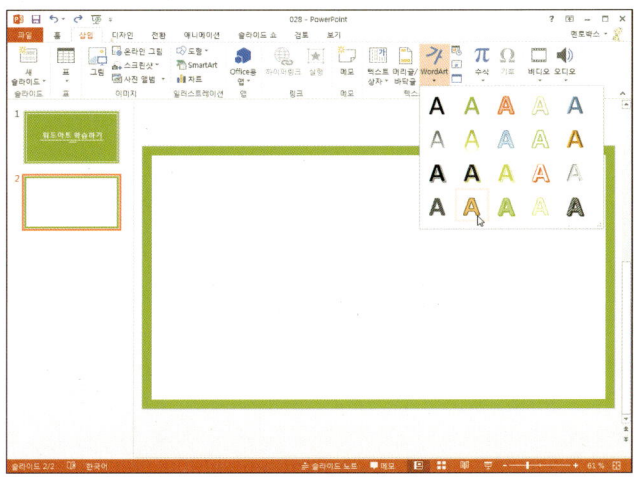

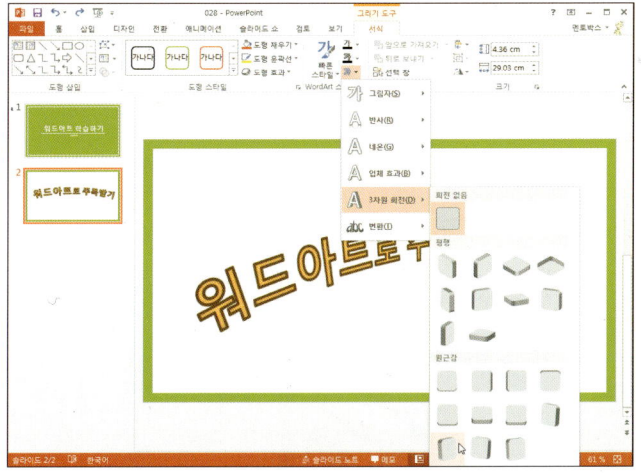

Chapter 4 . 학습 포인트

## 03 온라인 그림으로 클립 아트 삽입하기

- 이전 버전에는 [삽입] 탭-[클립 아트]로 배치된 기능이, 파워포인트 2013 버전부터는 [삽입] 탭-[이미지] 그룹에서 [온라인 그림]( )으로 대체되었다. 온라인 그림이 실행되어 나타나는 [그림 삽입] 창의 [Office.com 클립 아트]에 원하는 키워드를 작성하고 검색하면, 다양한 클립 아트들이 검색 결과로 나열된다. 이들 중 원하는 클립 아트를 선택해 삽입할 수 있으며, 삽입된 클립 아트는 일반 이미지와 동일한 방식으로 크기 조정 및 이동 배치, 복사, 붙여 넣기, 삭제가 가능하다.

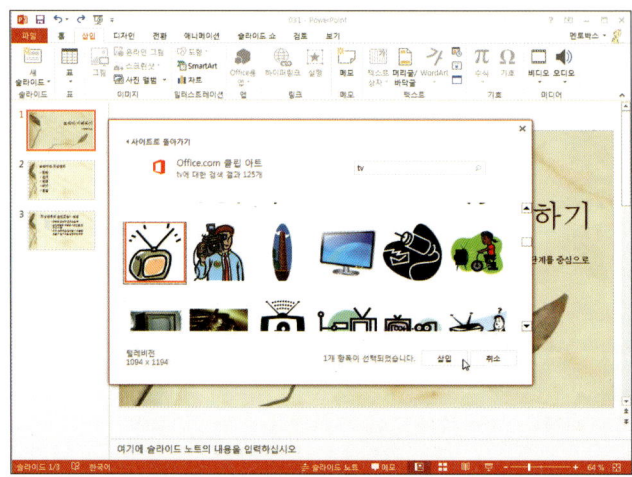

- 삽입된 클립 아트는 사진이나 그림에 적용되었던 대부분의 테두리 설정, 그림 스타일 옵션들이 적용 가능하다.

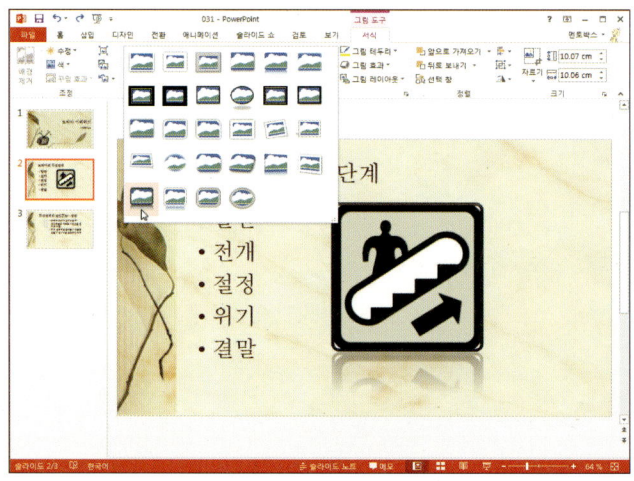

## 04 스크린샷 캡처 이미지 활용하기

현재 실행 중인 프로그램의 화면 전체를 그대로 캡처해 삽입할 수 있는 것이 파워포인트의 스크린샷 기능이다. 스크린샷으로 삽입된 캡처 이미지는 일반적인 사진이나 그림들과 동일하게 취급되어, 이전에 다루었던 그림 스타일과 테두리 설정들이 수정 옵션으로써 동일하게 제공된다.

> 슬라이드에는 다양한 파일 형식의 그림들을 삽입할 수 있으며, 투명 영역을 보전하는 PNG, GIF 파일을 불러와 활용할 수도 있다. 또 일반 JPG 파일을 불러와 필요 없는 영역을 잘라내는 것도 가능하다.

# 그림 삽입하기

Section 1

슬라이드를 작성하기 위해 삽입하는 사진 및 그림들은 슬라이드 구성에 적합한 크기로 재조정 가능하며, 다양한 테두리 설정 및 효과 지정이 가능하다. 또 독특한 느낌으로 사진을 자르기해 배치하거나 원래의 상태로 되돌릴 수도 있다.

## ◎ 알아두기

- 슬라이드 그림을 삽입하고 조절점을 드래그해 크기를 조정할 수 있다.
- 추가한 사진들에 그림 테두리 설정과 효과를 적용할 수 있다.
- 삽입한 사진은 다양한 크기와 형태로 자를 수 있다.

### 따라하기 01 그림 삽입하고 크기 조정하기

슬라이드에 그림을 삽입하는 2가지 방법을 이해하고, 삽입된 그림의 크기를 조정해 보자.
[작업 준비물 : Ch04\024.pptx, 024-1.jpg, 024-2.jpg]

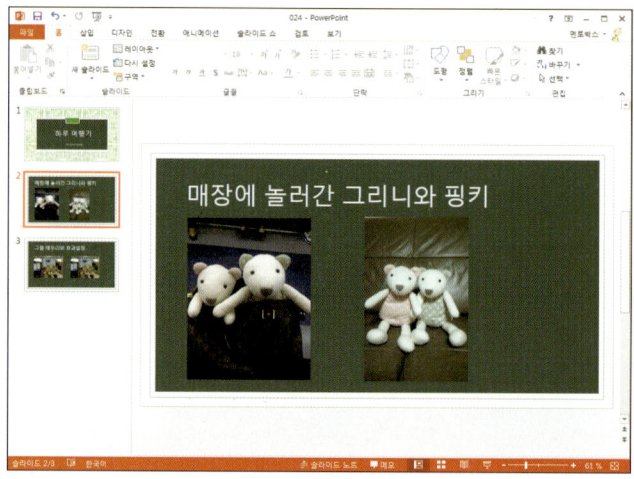

① 예제 파일을 열고 '슬라이드 2'를 선택한 뒤, 내용 텍스트 상자 안쪽에서 [그림]( )을 클릭한다.

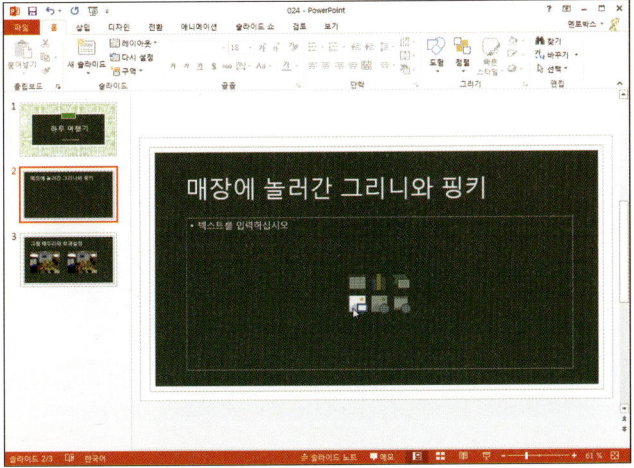

② [그림 삽입] 대화상자가 나타나면, 예제 파일이 저장된 폴더에서 '024-1.jpg' 파일을 선택한다. 이어 [삽입]을 클릭한다.

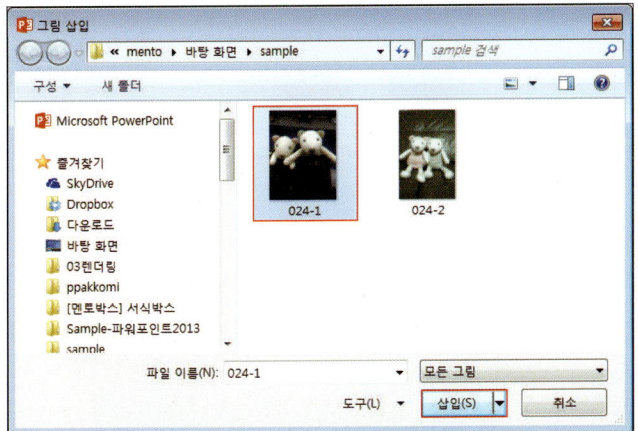

[그림 삽입] 대화상자의 파일 형식이 '모든 그림'으로 설정되어 있어, 많이 사용하는 대부분의 그림 형식 파일들을 모두 보여준다. 특정 형식의 그림들만 보고 싶다면, '모든 그림'을 원하는 파일 형식으로 설정하면 된다.

Section 1. 그림 삽입하기

❸ 삽입한 그림의 테두리 조절점을 드래그해 그림의 크기를 다음과 비슷하게 조정한다.

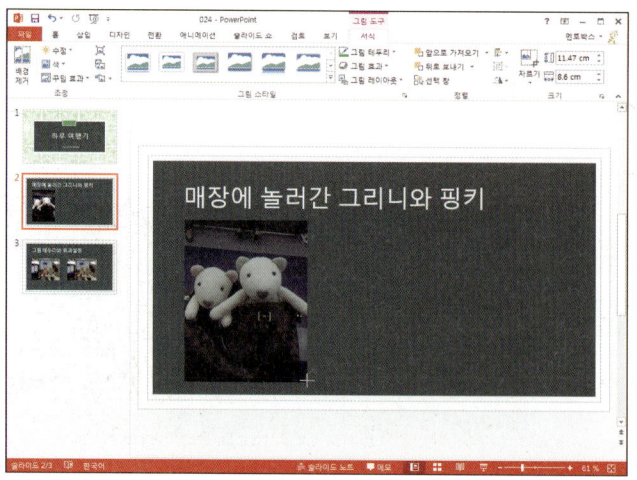

> tip ➕
> 선택한 그림에 표시된 조절점 중, 왼쪽/오른쪽 중간의 조절점은 그림의 수평 크기 조정, 위쪽/아래쪽 중간의 조절점은 그림의 수직 크기 조정을 한다. 모서리 조절점들은 드래그에 따라 그림의 수평/수직 크기를 동시에 조정하게 된다.

❹ 이번에는 [삽입] 탭-[이미지] 그룹에서 [그림](🖼)을 클릭하고, [그림 삽입] 대화상자를 통해 '024-2.jpg' 파일을 삽입한다. 삽입한 그림은 이전에 삽입된 그림과 비슷한 크기로 조정한다.

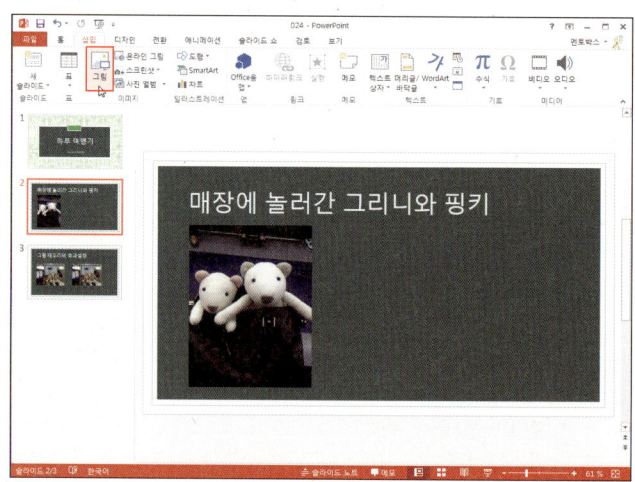

128 **Chapter 4 .** 슬라이드에 멀티미디어 삽입하기

## 따라하기 02 그림 테두리와 효과 설정하기

슬라이드에 삽입한 사진들에 다양한 테두리 설정과 효과 들을 적용해 보자. 또한 다양한 테두리 설정과 효과들이 미리 세팅되어 있는 그림 스타일들을 활용해 보자.

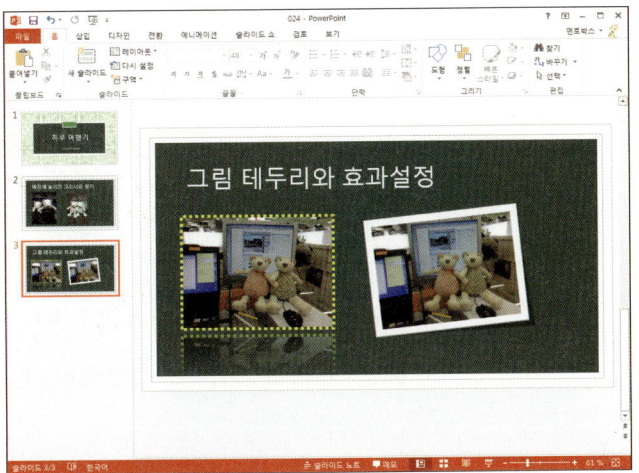

❶ '슬라이드 3'의 왼쪽 사진을 클릭한다.

❷ [그림 도구]-[서식] 탭-[그림 스타일] 그룹에서 [그림 테두리]( )를 클릭하고 [두께]-[6pt]를 선택한다.

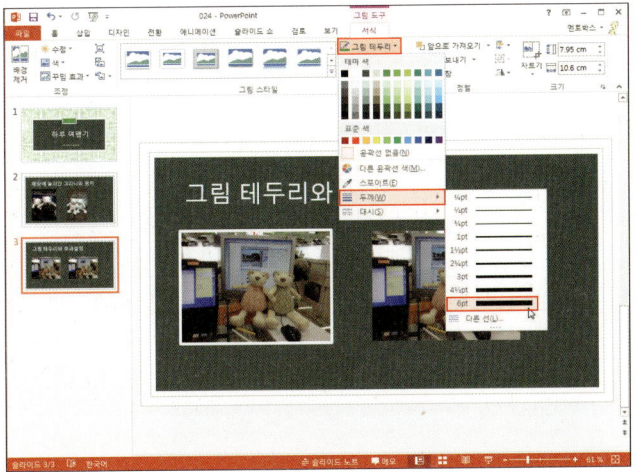

Section 1. 그림 삽입하기

❸ 다시 [그림 테두리](그림 테두리▼)를 클릭해 [대시]-[둥근 점선]을 선택한다. 마지막으로 테두리의 색상은 [노랑]으로 선택한다.

❹ [그림 도구]-[서식] 탭-[그림 스타일] 그룹에서 [그림 효과](그림 효과▼)를 클릭해 [반사]-[근접 반사, 8pt 오프셋]을 선택한다.

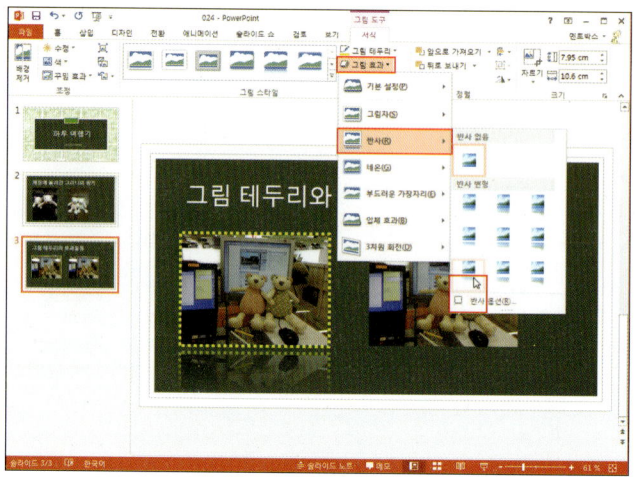

❺ 오른쪽에 배치된 사진을 선택한 뒤, [그림 도구]-[서식] 탭-[그림 스타일] 그룹의 자세히(▼)를 클릭한다. 이곳에서 [회전, 흰색] 스타일을 선택해 그림 스타일을 적용한다.

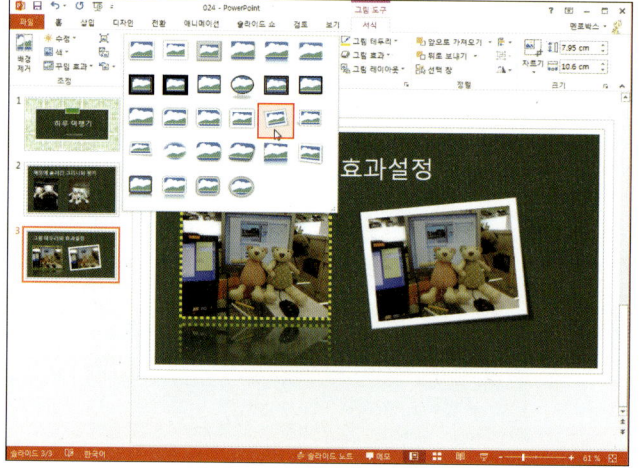

tip ➕ 이처럼 그림 스타일 그룹의 목록을 활용하면 다양한 테두리 효과를 손쉽게 적용할 수 있다.

## 따라하기 03 그림 자르기

파워포인트 2013에서 제공하는 자르기 기능을 통해 삽입된 그림을 다양한 느낌으로 잘라서 활용해 보자.

[작업 준비물 : Ch04\025.pptx]

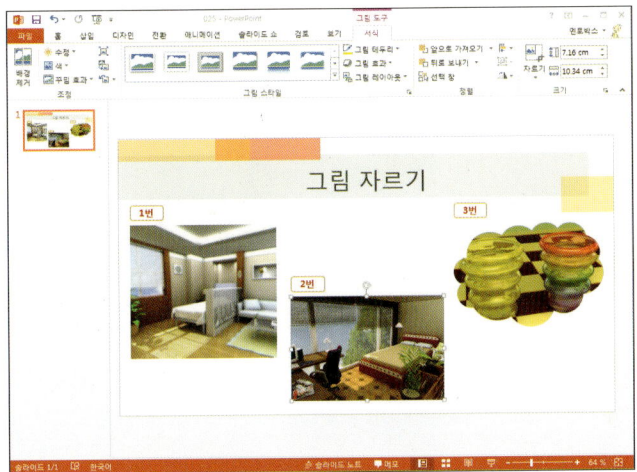

❶ 예제 파일을 열고 '1번' 그림을 클릭한 뒤, [그림 도구]-[서식] 탭-[크기] 그룹에서 [자르기](📐)를 클릭한다.

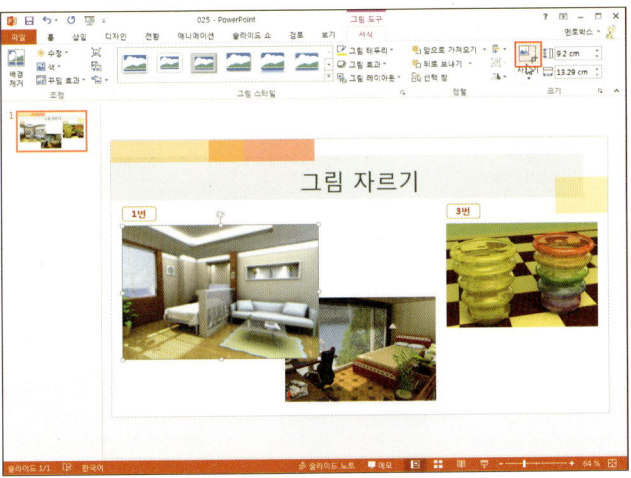

Section 1. 그림 삽입하기   131

❷ 선택된 사진 오른쪽 변 중간의 조절점을 드래그해 사진과 같이 영역을 설정한 뒤, 사진 밖의 슬라이드 공간을 클릭한다.

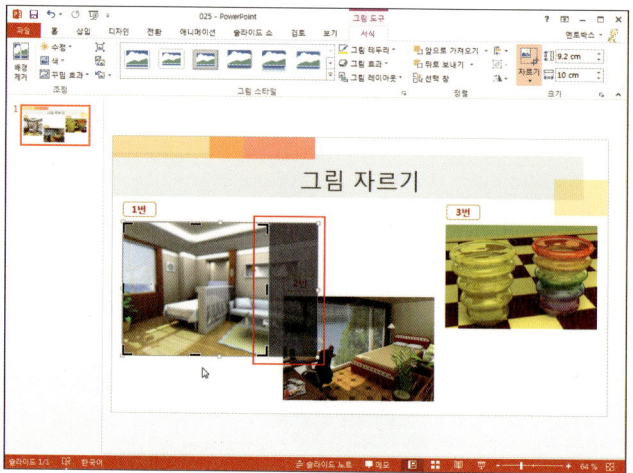

❸ '2번' 그림을 클릭한 뒤, [그림 도구]-[서식] 탭-[크기] 그룹에서 [자르기](🔲) 목록 단추를 클릭해 [도형에 맞춰 자르기]-[별 및 현수막]-[포인트가 8개인 별]을 선택한다.

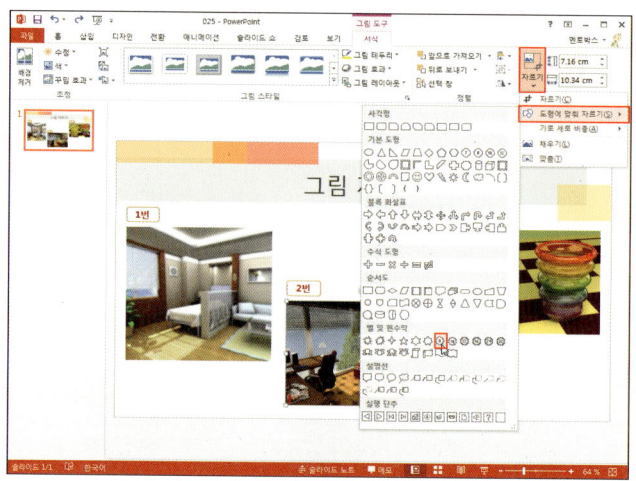

❹ '3번' 그림을 클릭한 뒤, [그림 도구]-[서식] 탭-[크기] 그룹에서 [자르기]() 목록 단추를 클릭해 [도형에 맞춰 자르기]-[별 및 현수막]-[구름]을 선택한다.

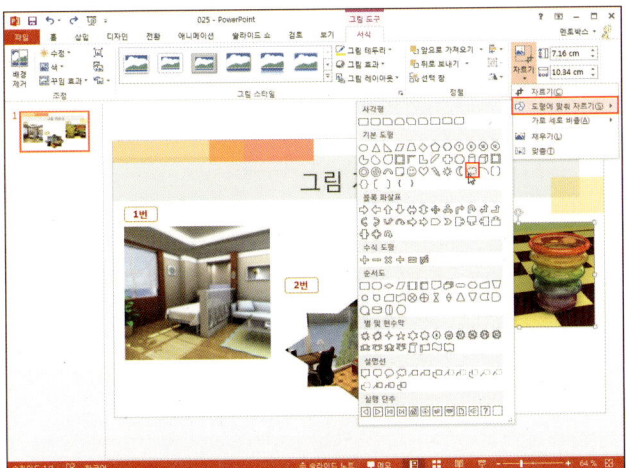

❺ 이전에 설정했던 사진들이 [포인트가 8개인 별], [구름] 도형의 모양에 맞춰 자르기 된다.

❻ '2번' 그림을 선택한 뒤, [그림 도구]-[서식] 탭-[조정] 그룹에서 [그림 원래대로]()를 클릭해 자르기된 사진을 원상 복구시킨다.

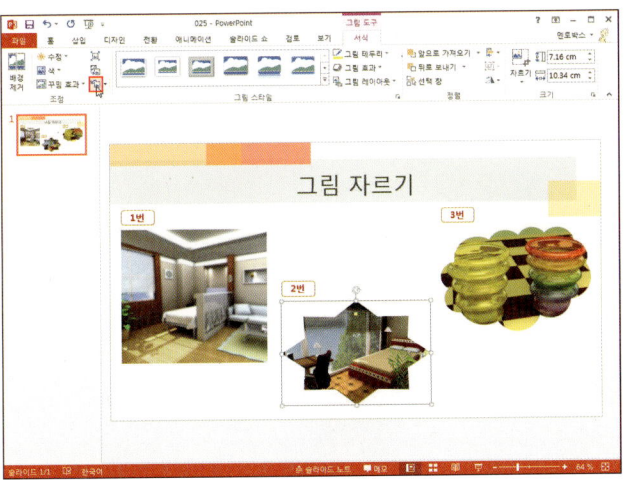

Section 1. 그림 삽입하기 **133**

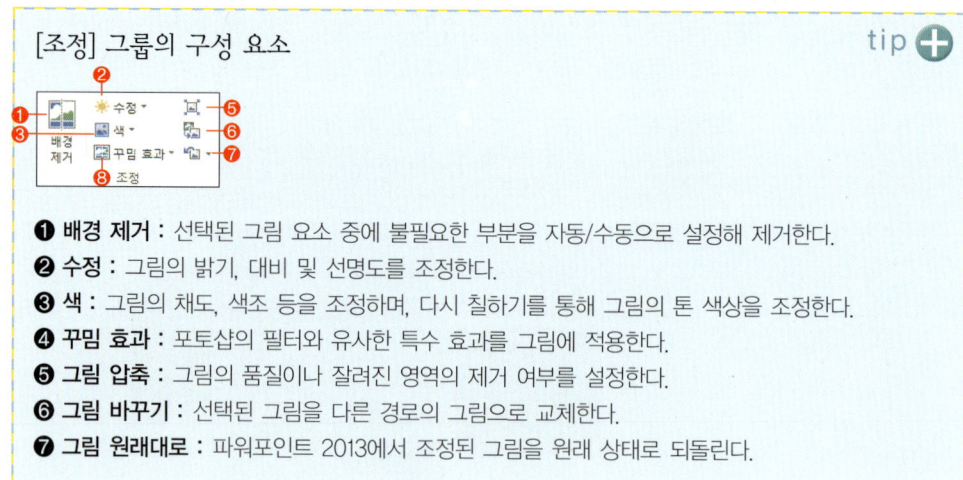

[조정] 그룹의 구성 요소                                    tip

❶ **배경 제거** : 선택된 그림 요소 중에 불필요한 부분을 자동/수동으로 설정해 제거한다.
❷ **수정** : 그림의 밝기, 대비 및 선명도를 조정한다.
❸ **색** : 그림의 채도, 색조 등을 조정하며, 다시 칠하기를 통해 그림의 톤 색상을 조정한다.
❹ **꾸밈 효과** : 포토샵의 필터와 유사한 특수 효과를 그림에 적용한다.
❺ **그림 압축** : 그림의 품질이나 잘려진 영역의 제거 여부를 설정한다.
❻ **그림 바꾸기** : 선택된 그림을 다른 경로의 그림으로 교체한다.
❼ **그림 원래대로** : 파워포인트 2013에서 조정된 그림을 원래 상태로 되돌린다.

## 01 혼자해보기

예제 파일을 열고 2개의 사진을 독특한 도형으로 자르기한 뒤, 예시와 같은 효과가 설정되도록 해 보자.

[작업 준비물 : Ch04\026.pptx]

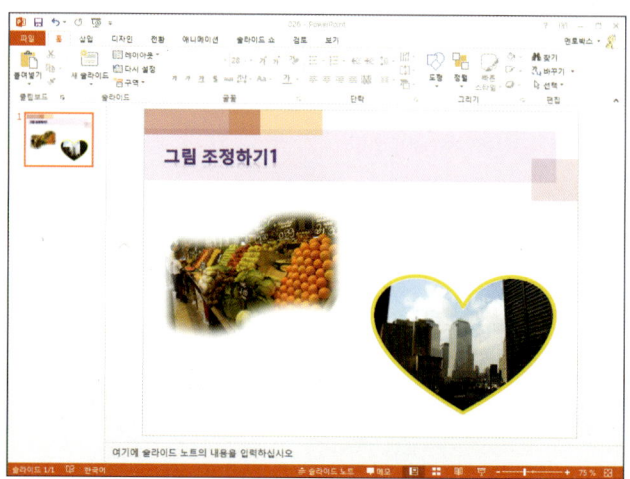

**HINT**

- **왼쪽 사진** : [그림 도구]–[서식] 탭–[크기] 그룹에서 [자르기] 목록 단추 클릭해 [도형에 맞춰 자르기]–[순서도:천공 테이프] 선택해 설정
  [그림 도구]–[서식] 탭–[그림 스타일] 그룹에서 [그림 효과]를 클릭해 [부드러운 가장자리]–[25포인트] 선택해 설정
- **오른쪽 사진** : [그림 도구]–[서식] 탭–[크기] 그룹에서 [자르기] 목록 단추 클릭해 [도형에 맞춰 자르기]–[하트] 선택해 설정
  [그림 도구]–[서식] 탭–[그림 스타일] 그룹에서 [그림 테두리]를 클릭해 [노랑], [두께는 [6pt]로 선택해 설정

## 02 혼자해보기

예제 파일을 열고 2개의 사진에 그림 스타일을 적용해 예시와 같이 만들어 보자.

[작업 준비물 : Ch04\027.pptx]

**HINT**
- **왼쪽 사진** : [그림 도구]-[서식] 탭-[그림 스타일] 그룹의 자세히(▽)를 클릭해 [반사형 입체, 흰색] 선택해 적용
- **오른쪽 사진** : [그림 도구]-[서식] 탭-[그림 스타일] 그룹의 자세히(▽)를 클릭해 [모서리가 둥근 금속 사각형] 선택해 적용

# 워드아트로 문장 만들기

워드아트는 문자 문장을 하나의 이미지 개체 성격으로 슬라이드에 삽입한다. 이에 따라 위치나 크기 조정, 테두리 설정, 효과 적용 등에 있어 그림의 경우와 비슷한 설정을 할 수 있다. 또한 문자로써의 성격도 유지하므로, [글꼴], [글꼴 크기] 등의 글꼴 서식도 적용이 가능하다.

## ◯ 알아두기
- 슬라이드에 워드아트를 삽입하고 위치 및 크기 조정을 할 수 있다.
- 삽입된 워드아트에 다양한 테두리 설정 및 효과 적용을 할 수 있다.

### 따라하기 01 | 워드아트 삽입 및 기본 서식 조정

슬라이드에 워드아트를 삽입하고 보기 좋은 크기와 배치가 되도록 설정해 보자.
[작업 준비물 : Ch04\028.pptx]

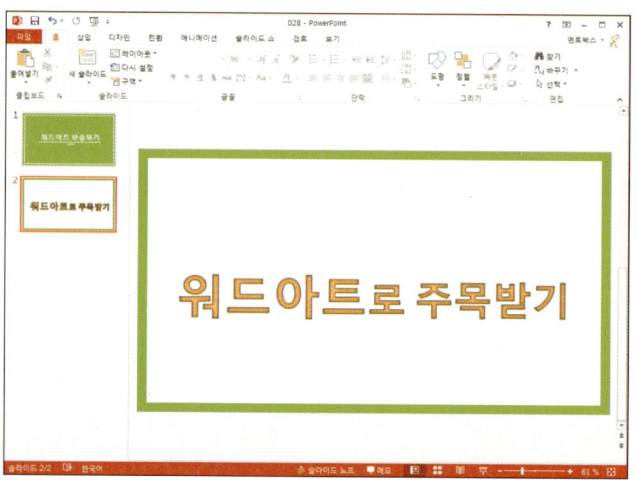

136 Chapter 4 . 슬라이드에 멀티미디어 삽입하기

❶ 예제 파일을 열고 [삽입] 탭-[텍스트] 그룹에서 [WordArt](🎨) 목록 단추를 클릭해 [무늬 채우기 – 주황, 강조 3, 좁은 가로선, 안쪽 그림자]를 선택한다.

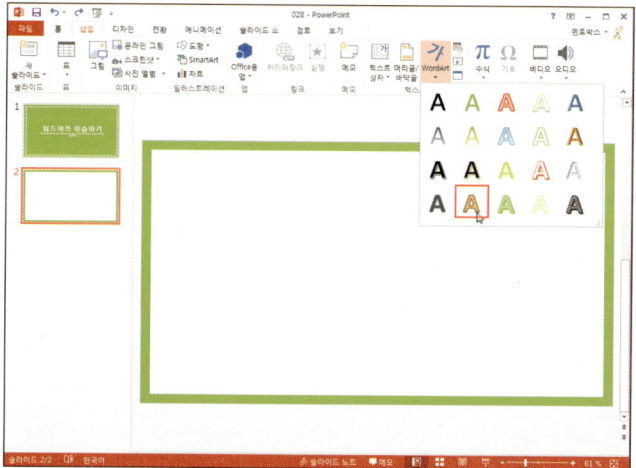

❷ 워드아트가 삽입되면 '워드아트로 주목받기'를 입력한다.

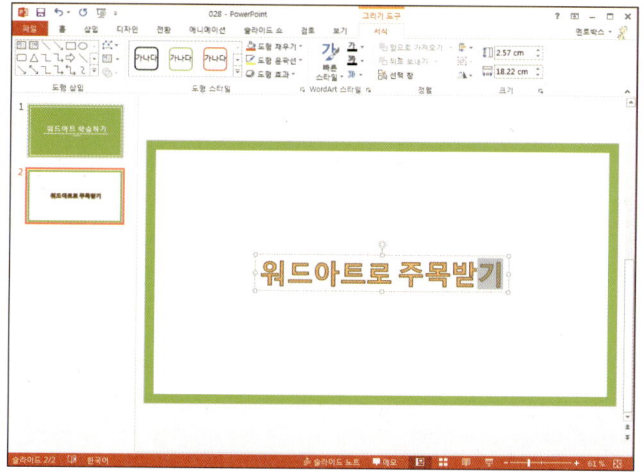

tip ➕ 워드아트 텍스트 상자의 테두리를 드래그해 원하는 위치로 배치할 수 있다.

Section 2. 워드아트로 문장 만들기

❸ 워드아트 테스트 상자 테두리를 클릭한 뒤, [홈] 탭-[글꼴] 그룹에서 [글꼴]은 '맑은 고딕'으로, [글꼴 크기]는 '80'으로 설정한다.

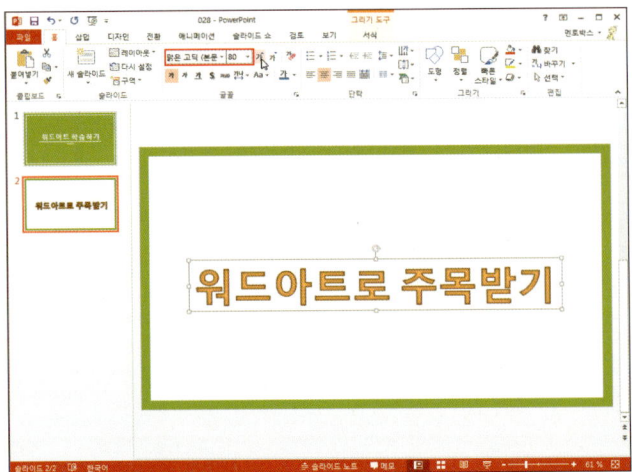

❹ '워드아트' 단어만 범위로 설정한 뒤, [글꼴 크기]가 '96'이 되도록 설정한다.

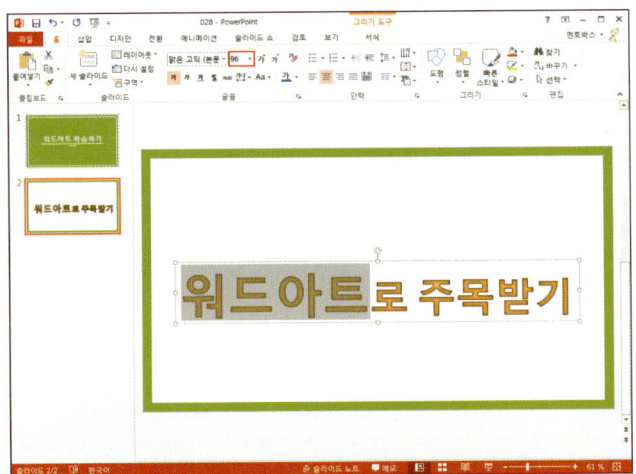

## 따라하기 02 워드아트에 효과 적용하기

문서에 삽입된 워드아트에 색과 두께 등의 테두리 설정과 3차원 회전, 변환 등의 독특한 효과를 적용해 보자.

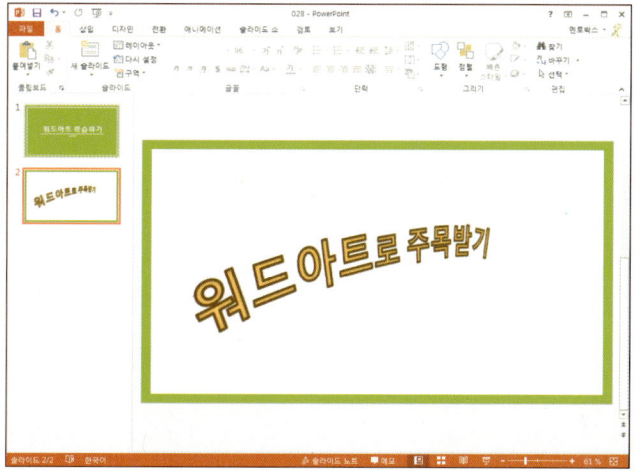

① 워드아트가 입력된 테두리를 클릭한 뒤, [그리기 도구]-[서식] 탭-[WordArt 스타일] 그룹에서 [텍스트 윤곽선](🖍️▼)을 클릭해 [두께]-[4 1/2pt]를 선택한다.

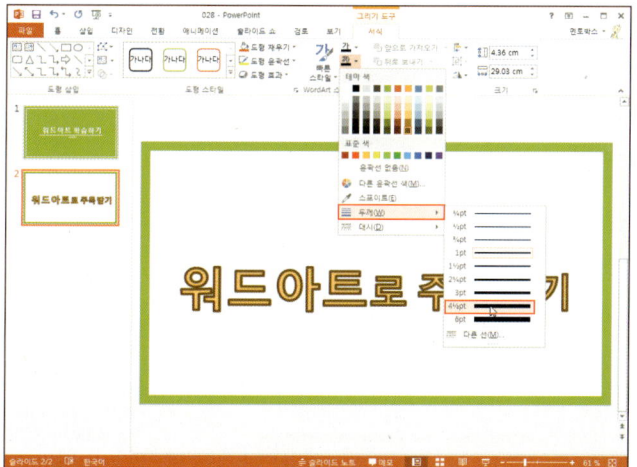

> **tip** ➕
> 두께 설정 과정 중 커서가 위치한 곳의 설정이 실시간 미리 보기로 적용되어, 선택할 경우의 변화를 바로바로 확인할 수 있다.

❷ [그리기 도구]-[서식] 탭-[WordArt 스타일] 그룹에서 [텍스트 효과]( )를 클릭하고 [변환]-[위쪽 원호]를 선택해 적용한다.

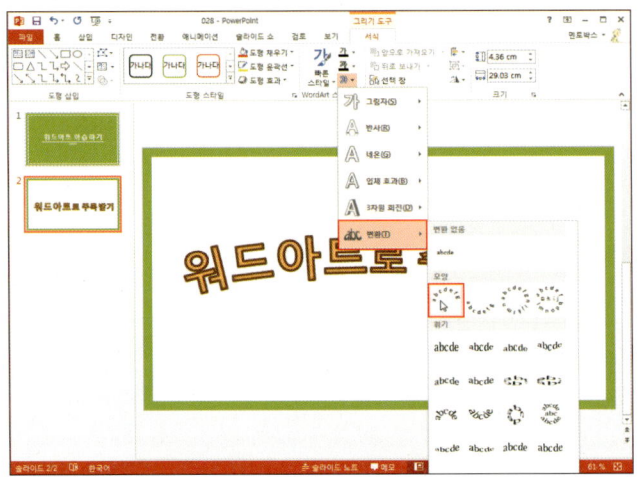

tip ➕
[변환] 메뉴는 선택된 워드아트 문장을 다양한 곡선 형태로 변형시킨다.

❸ [그리기 도구]-[서식] 탭-[WordArt 스타일] 그룹에서 [텍스트 효과]( )를 클릭해 [3차원 회전]-[원근감 대조적으로(오른쪽)]을 선택한다.

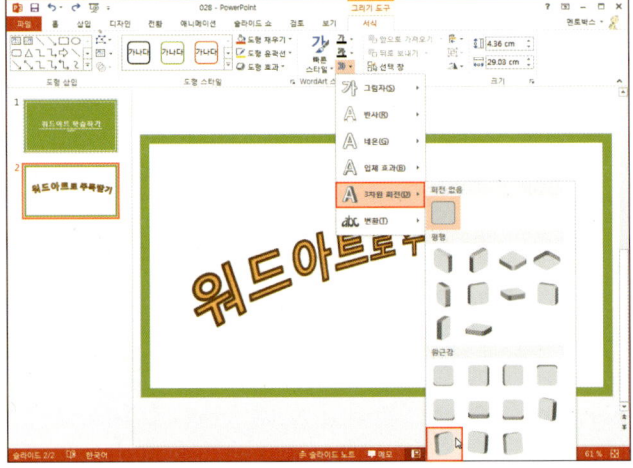

tip ➕
[3차원 회전] 메뉴는 선택한 워드아트 문장을 다양한 방향과 각도로 움직여 역동성 있는 원근감과 회전 효과를 표시한다.

## 01 혼자해보기

예제 파일을 열고 워드아트를 삽입한 뒤, 그림과 같은 느낌이 되도록 옵션을 설정해 보자.

[작업 준비물 : Ch04\029.pptx]

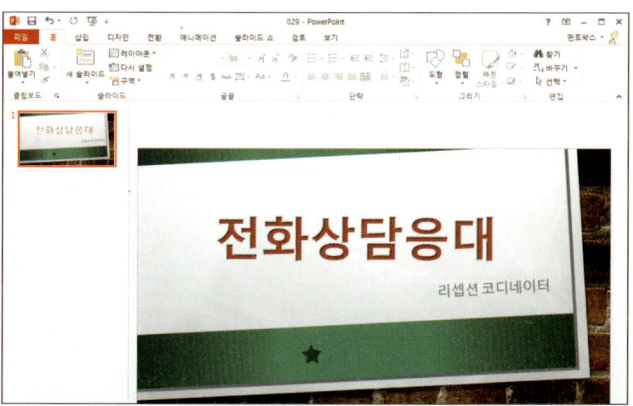

**HINT |**
- [홈] 탭-[텍스트] 그룹에서 [WordArt 스타일] 그룹에서 [텍스트 채우기]를 클릭해 [채우기-빨강, 강조 1, 윤곽선-배경 1, 진한 그림자 – 강조 1] 선택
- [홈] 탭-[글꼴] 그룹에서 [글꼴 크기] '96' 설정
- [그리기 도구]-[서식] 탭-[WordArt 스타일] 그룹에서 [텍스트 효과]를 클릭해 [그림자]-[안쪽 대각선 왼쪽 위] 선택

## 02 혼자해보기

예제 파일을 열고 워드아트를 삽입해 그림과 같은 느낌으로 효과를 설정해 보자.

[작업 준비물 : Ch04\030.pptx]

**HINT |**
- [그리기 도구]-[서식] 탭-[WordArt 스타일] 그룹에서 [텍스트 효과]를 클릭해 [입체 효과]-[비스듬하게] 선택해 적용
- [그리기 도구]-[서식] 탭-[WordArt 스타일] 그룹에서 [텍스트 효과]를 클릭해 [3차원 회전]-[원근감 대조적으로(오른쪽)] 선택해 적용

# 온라인 그림으로 클립 아트 삽입하기

파워포인트 2013에서는 [온라인 그림]을 클릭해 나오는 [그림 삽입] 창에서 원하는 키워드를 검색해 나오는 다양한 클립 아트들을 슬라이드로 다운로드 받아 사용할 수 있다. 이렇게 삽입된 클립 아트는 일반 이미지와 마찬가지로 전체 색감을 변경하거나 독특한 효과를 적용할 수도 있다.

## ◐ 알아두기
- 슬라이드에 온라인에서 검색한 클립 아트를 삽입할 수 있다.
- 슬라이드에 삽입된 클립 아트에 다양한 효과를 적용할 수 있다.

### 따라하기 01 온라인 그림 활용하기

온라인 그림을 통해 작성 중인 문서에 적합한 클립 아트를 검색하고 다운로드 받아 배치해 보자.

[작업 준비물 : Ch04\031.pptx]

❶ 예제 파일을 열고 [삽입] 탭-[이미지] 그룹에서 [온라인 그림]()을 클릭한다.

❷ [그림 삽입] 창의 [Office.com 클립 아트]에 'TV'를 입력한 뒤 [검색]을 클릭한다.

❸ 검색 결과를 스크롤바를 드래그해 확인하고, 마음에 드는 그림을 선택한 후, [삽입]을 클릭한다.

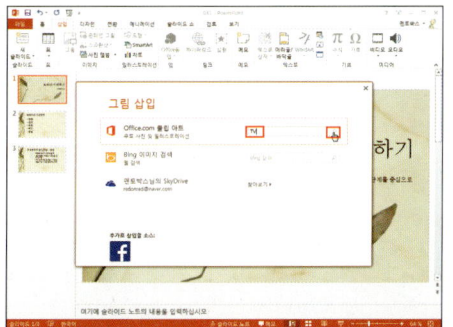 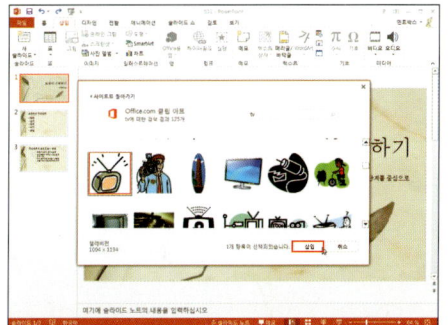

❹ 이전 작업의 결과 선택된 그림이 작업 중인 슬라이드에 다운로드 되어 삽입된다. 클립 아트 주변의 조절점을 드래그해 보기 좋은 크기로 조정한 뒤, 슬라이드 왼쪽 아래로 위치를 옮긴다.

Section 3 . 온라인 그림으로 클립 아트 삽입하기

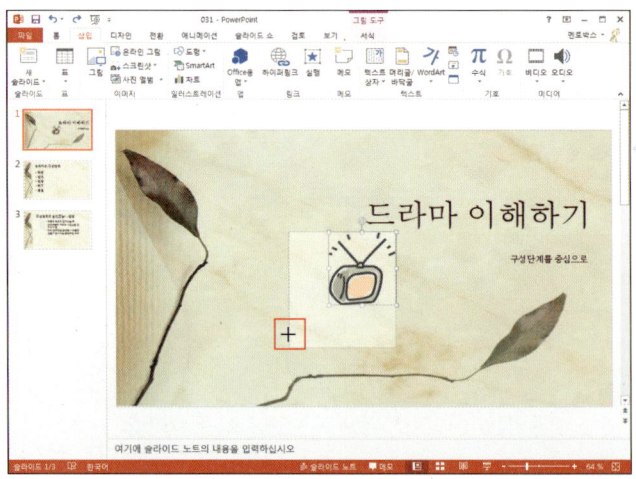

> 삽입된 클립 아트를 삭제하려면 클립 아트가 선택된 상태에서 **Delete**를 누르면 된다.　**tip**

5. 클립 아트가 슬라이드 배경과 어울리는 색상이 되도록, [그림 도구]-[서식] 탭-[조정] 그룹에서 [색]() 목록 단추를 클릭해 [다시 칠하기]-[진한 빨강, 문자 색2 어둡게] 를 선택한다.

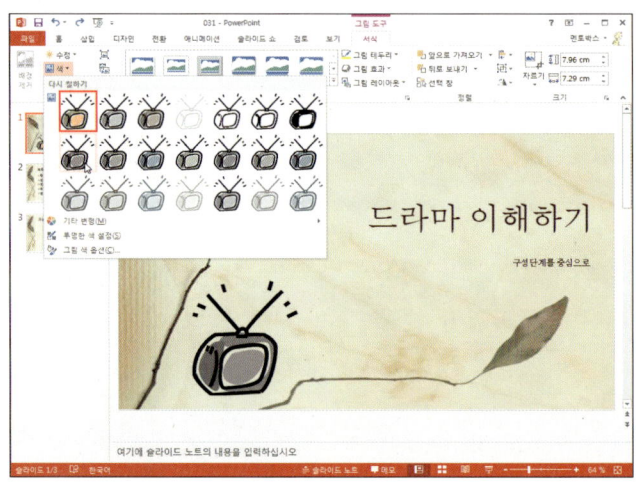

**Chapter 4 .** 슬라이드에 멀티미디어 삽입하기

따라하기 02 클립 아트에 효과 적용하기

슬라이드 문서에 삽입된 클립 아트는 하나의 이미지로 간주되며, 그림을 수정할 때 표시되던 [그림 도구]-[서식] 탭을 활용해 다양한 색상이나 효과를 설정할 수 있다.

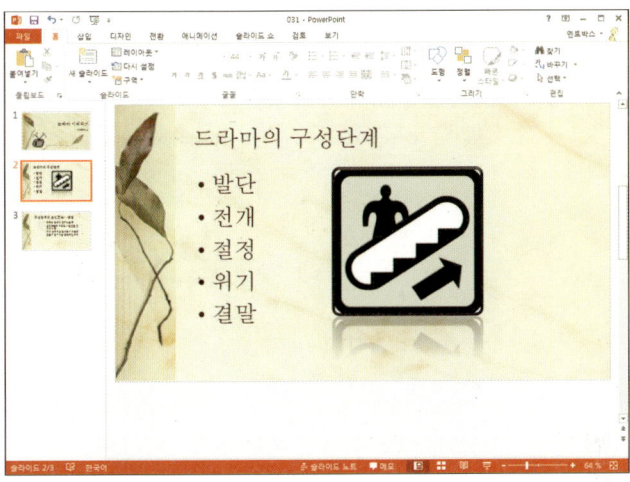

❶ '슬라이드 2'로 이동한 뒤, [삽입] 탭-[이미지] 그룹에서 [온라인 그림]( 온라인 그림 )을 클릭한다.

❷ [그림 삽입] 창에서 '에스컬레이터'를 입력하고 Enter 를 누른다. 검색 결과에서 사진과 비슷한 클립 아트를 선택하고 [삽입]을 클릭한다.

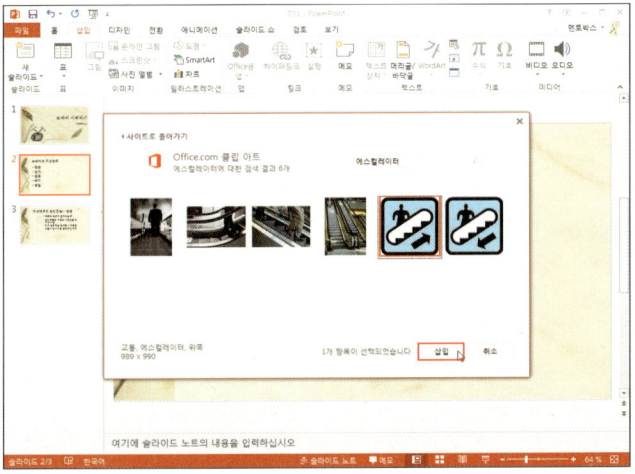

Section 3. 온라인 그림으로 클립 아트 삽입하기

❸ 슬라이드에 삽입된 클립 아트의 크기와 위치를 예시와 비슷하게 조정한다. 이어 [그림 도구]-[서식] 탭-[조정] 그룹에서 [색](색▼) 목록 단추를 클릭해 [다시 칠하기]-[황갈색, 어두운 강조색 3]을 선택한다.

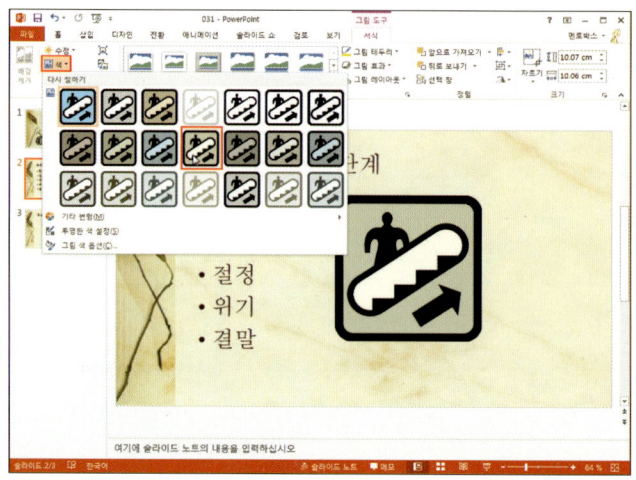

> tip ➕
> [색]의 [다시 칠하기] 설정 과정 중에는 커서가 위치한 곳을 실시간으로 확인할 수 있다.

❹ [그림 도구]-[서식] 탭-[그림 스타일] 그룹에서 자세히(▼)를 클릭해 [반사형 입체, 검정]을 선택한다.

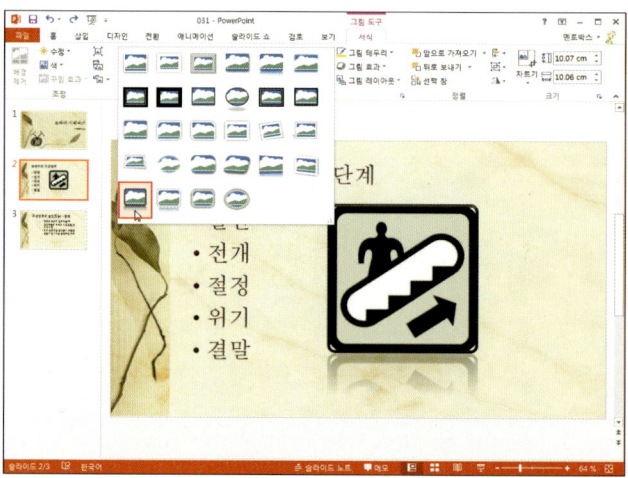

## 01 혼자해보기

온라인 그림을 실행한 뒤 '휴대폰'으로 클립 아트를 검색한다. 배경과 어울리는 색상으로 다시 칠하기도 적용해 보자.

[작업 준비물 : Ch04\032.pptx]

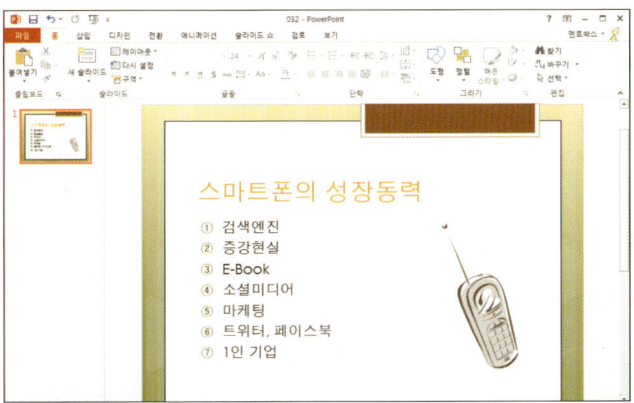

**HINT |**
- [삽입] 탭–[이미지] 그룹에서 [온라인 그림]을 클릭해 '휴대폰'으로 검색해 삽입
- [그림 도구]–[서식] 탭–[조정] 그룹에서 [색] 목록 단추 클릭해 [다시 칠하기]–[밤색, 밝은 강조색 3]을 선택해 적용

## 02 혼자해보기

예제 파일을 열고 '공사'와 '건축'으로 검색한 클립 아트들을 삽입하고 배치한 뒤, 배경과 어울리도록 효과를 변경해 보자.

[작업 준비물 : Ch04\033.pptx]

**HINT |**
- **왼쪽 위 그림** : [삽입] 탭–[이미지] 그룹에서 [온라인 그림]을 클릭해 '공사'로 검색한 후 삽입
  [그림 도구]–[서식] 탭–[조정] 그룹에서 [색] 목록 단추를 클릭해 [채도]–[0%] 선택해 적용
- **중앙 아래 그림** : [삽입] 탭–[이미지] 그룹에서 [온라인 그림]을 클릭해 '건축'으로 검색한 후 삽입
  [그림 도구]–[서식] 탭–[조정] 그룹에서 [색] 목록 단추를 클릭해 [다시 칠하기]–[회색조] 선택해 적용

# Section 4. 스크린샷 활용하기

스크린샷을 이용하면 현재 컴퓨터에서 실행된 프로그램을 캡처하여 슬라이드에 삽입할 수 있다. 이렇게 삽입된 캡처 이미지는 일반 사진이나 이미지와 동일하게 취급되어, 다양한 효과와 테두리 설정이 가능하다.

## ◐ 알아두기
- 검색 중인 인터넷 창을 그대로 캡처해 삽입할 수 있다.
- 삽입된 캡처 이미지를 자르거나, 독특한 느낌으로 효과를 적용할 수 있다.

### 따라하기 01 스크린샷 이용하기

인터넷 창의 내용을 스크린샷으로 캡처하여 슬라이드에 삽입해 보자.

[작업 준비물 : Ch04\034.pptx]

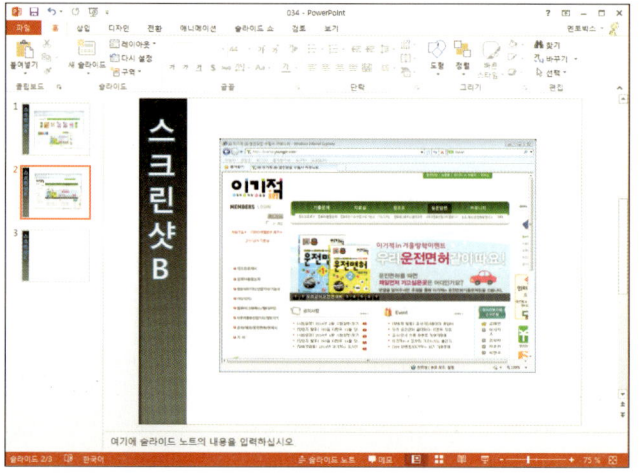

❶ 인터넷 창의 주소 입력란에 'www.youngjin.com'을 입력하고 Enter 를 눌러 해당 웹페이지로 이동한다.

❷ 예제 파일의 '슬라이드 1'이 선택된 상태에서 [삽입] 탭-[이미지] 그룹에서 [스크린샷]( 스크린샷 ▼) 목록 단추를 클릭해 이전에 설정했던 인터넷 창의 미리 보기를 선택한다.

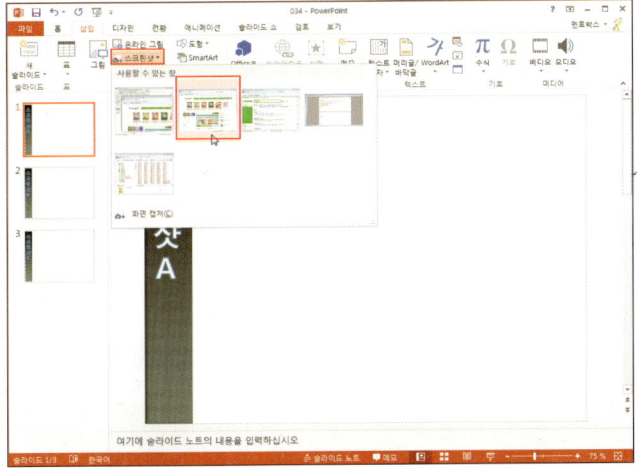

❸ 과정 중에 다음과 같은 대화상자가 나타나면 [예]를 클릭해 과정을 진행한다.

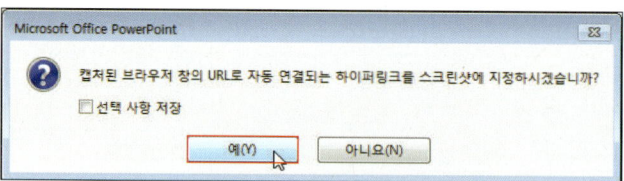

❹ 슬라이드에 삽입된 캡처 이미지의 크기를 예시와 비슷한 크기로 조정한다. 이미지를 슬라이드 중앙에 배치되도록 드래그한다.

❺ 영진닷컴 웹페이지에 다른 링크를 클릭해 보이는 내용을 달리해 둔다.

❻ '슬라이드 2'를 선택한다. 이어 [삽입] 탭-[이미지] 그룹에서 [스크린샷]( ) 목록 단추를 클릭해 이전에 설정해둔 인터넷 창의 미리 보기를 선택한다. 이렇게 삽입된 캡처 이미지는 이전과 비슷한 크기와 배치가 되도록 조정해 둔다.

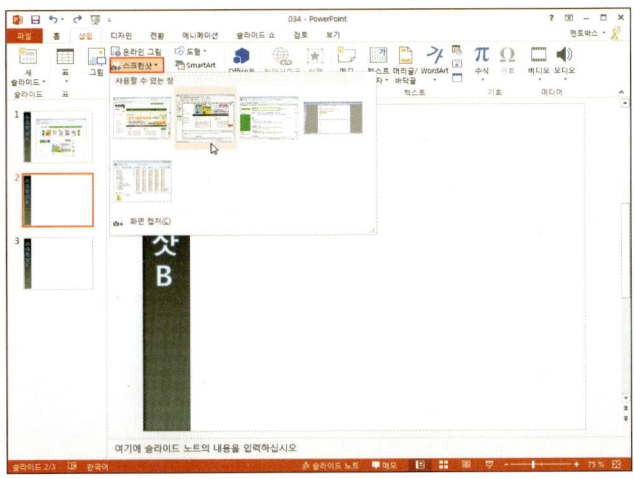

## 따라하기 02 스크린샷 캡처 이미지에 다양한 효과 적용하기

스크린샷으로 삽입된 캡처 이미지에 자르기 및 다양한 효과를 적용해 보자.

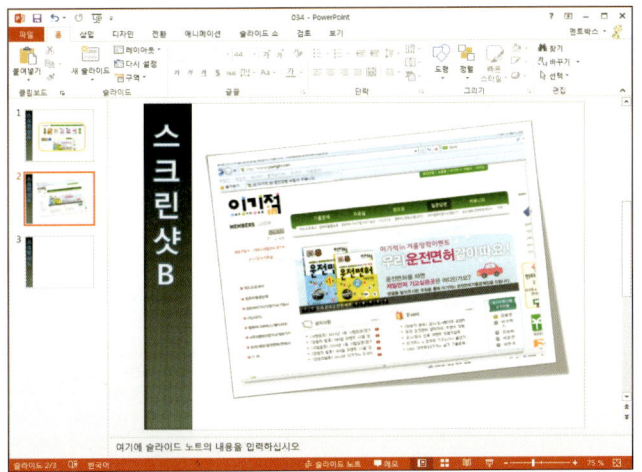

❶ '슬라이드 1'의 캡처 이미지를 선택하고, [그림 도구]-[서식] 탭-[크기] 그룹에서 [자르기](📐)를 클릭한다. 그림과 같이 비슷한 느낌으로 자르기 영역을 설정하고 다른 슬라이드 영역을 클릭한다.

❷ [그림 도구]-[서식] 탭-[크기] 그룹에서 [자르기](📐) 목록 단추를 클릭해 [도형에 맞춰 자르기]-[순서도]-[대체 처리]를 클릭한다.

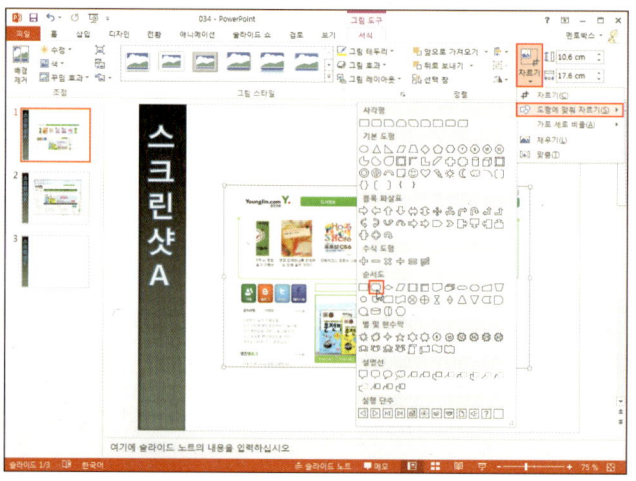

자르기 영역 설정의 종료는 Esc 를 눌러도 가능하다. tip ➕

❸ [그림 도구]-[서식] 탭-[그림 스타일] 그룹에서 [그림 테두리]( )를 클릭해 목록에서 [색상]은 [주황]으로, [두께]-[6pt]로 선택한다.

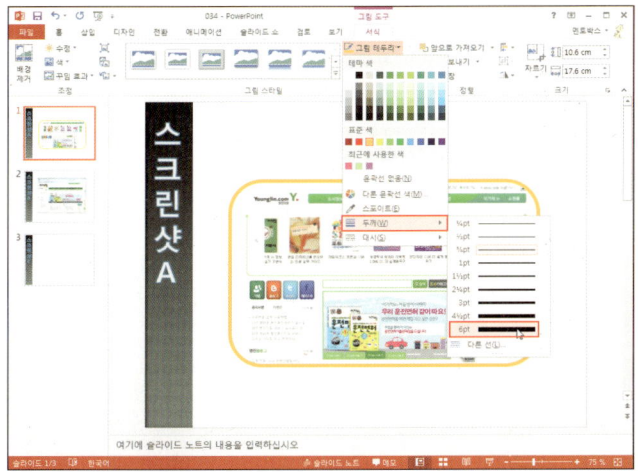

❹ [그림 도구]-[서식] 탭-[그림 스타일] 그룹의 자세히( )를 클릭해 [회전, 흰색] 스타일을 선택한다.

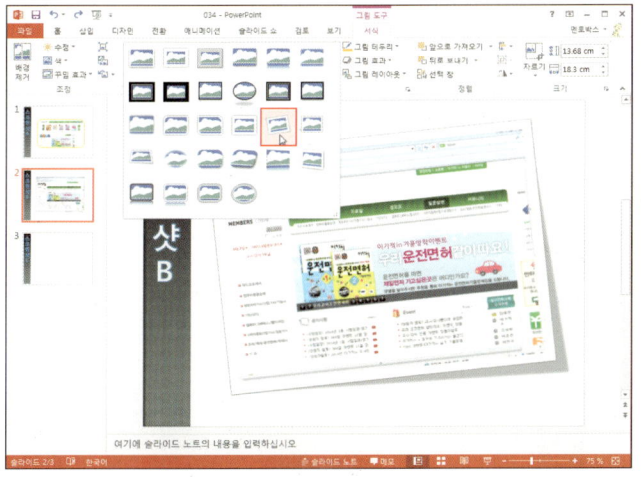

스크린샷으로 캡처된 이미지는 일반적인 이미지와 동일한 수정 옵션을 갖는다.

**01 혼자해보기** 인터넷에서 '나눔바른고딕'에 대해 검색한 뒤, 예제 파일을 열고 스크린샷으로 슬라이드에 삽입한다. 이어 그림 스타일을 조정해 사진과 비슷한 느낌으로 만들어 보자.

[작업 준비물 : Ch04\035.pptx]

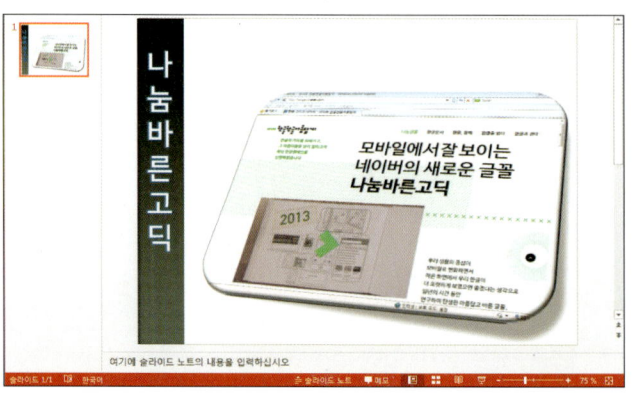

**HINT |**
- [삽입] 탭-[이미지] 그룹에서 [스크린샷]을 클릭해 목록에서 선택
- [그림 도구]-[서식] 탭-[그림 스타일] 그룹에서 자세히( )를 클릭해 [입체 원근감] 스타일 선택해 적용

**02 혼자해보기** 인터넷 창을 열고 '건설 장비' 이미지를 검색한 후, 예제 파일을 열고 스크린샷으로 캡처해 삽입한다. 삽입된 이미지들에 다양한 그림 스타일을 적용해 보자.

[작업 준비물 : Ch04\036.pptx]

**HINT |**
- [삽입] 탭-[이미지] 그룹에서 [스크린샷]을 클릭해 목록에서 선택
- [그림 도구]-[서식] 탭-[그림 스타일] 그룹에서 [금속 프레임] 스타일 선택해 적용
- [그림 도구]-[서식] 탭-[그림 스타일] 그룹에서 [둥근 대각선 모서리, 흰색] 스타일 선택해 적용

## 핵심정리 summary

1. **슬라이드에 그림 삽입하기**
   - [삽입] 탭-[이미지] 그룹에서 [그림](🖼)을 클릭한 뒤, [그림 삽입] 대화상자가 나타나면 원하는 그림을 선택해 삽입할 수 있다.
   - 빈 텍스트 상자에 임시로 나타나는 [그림](🖼) 단추를 클릭하면 [그림 삽입] 대화상자가 나타난다.
   - 선택된 그림에 생성되는 조절점을 드래그하면, 드래그에 따라 크기를 조정할 수 있다. 또 선택된 그림을 드래그하면, 원하는 위치로 이동 배치할 수도 있다.
   - 추가된 그림을 선택하고, [그림 도구]-[서식] 탭-[그림 스타일] 그룹에서 [그림 테두리](그림 테두리▾)를 클릭해 목록에서 [두께], [대시], [색] 등을 설정할 수 있다.
   - [그림 도구]-[서식] 탭-[그림 스타일] 그룹에서 [그림 효과](그림 효과▾)를 클릭해 다양한 효과를 설정할 수도 있다.
   - [그림 도구]-[서식] 탭-[그림 스타일] 그룹에서 다양한 효과가 세팅된 프리셋들을 손쉽게 선택 적용할 수도 있다.

2. **워드아트로 문장 만들기**
   - 워드아트로 입력된 문장은 개체 형식으로 인식되며, 이에 따라 다양한 스타일을 적용해 꾸미는 것이 가능하다.
   - [삽입] 탭-[텍스트] 그룹에서 [WordArt](🅰) 목록 단추를 클릭해 사용자가 원하는 스타일을 선택한다.
   - 워드아트 틀이 삽입되면 원하는 내용을 입력한다. 작성된 워드아트는 테두리를 클릭한 뒤, 원하는 위치로 드래그해 이동시킬 수 있습니다.
   - [그리기 도구]-[서식] 탭-[WordArt 스타일] 그룹의 메뉴들을 활용해, 작성된 워드아트에 다른 스타일을 적용하거나 독특한 효과를 설정하는 것이 가능하다.

3. **온라인 그림으로 클립 아트 삽입하기**
   - [온라인 그림](온라인 그림)을 클릭한 뒤 나타나는 [그림 삽입] 창에서 [Offcie.com 클립 아트] 창에 원하는 키워드를 입력해 나오는 검색 결과가 슬라이드에 삽입할 수 있는 클립 아트들이다.
   - 슬라이드에 삽입된 클립 아트는 일반 사진이나 그림과 마찬가지 방식으로 크기 조정과 위치 이동이 가능하다.
   - 클립 아트가 선택된 상태에서 [서식] 탭-옵션들을 통해 다른 색으로 변경할 수 있다.
   - 선택한 클립 아트는 [서식] 탭-[그림 스타일] 그룹의 다양한 효과와 테두리 설정을 적용할 수 있다.

4. **스크린샷 캡처 이미지 활용하기**
   - 스크린샷은 현재 실행되고 있는 프로그램 창들 중 사용자가 선택한 창 화면 전체를 캡처한다. 이렇게 캡처된 이미지는 슬라이드에 바로 삽입되어 표시된다.
   - [삽입] 탭-[이미지] 그룹에서 [스크린샷](스크린샷)을 클릭해 목록을 보면 현재 실행되는 프로그램 창 목록이 미리 보기 아이콘을 펼쳐진다.
   - 스크린샷으로 캡처된 이미지에서 필요한 부분만 표시하고 싶다면, [자르기](자르기)로 불필요한 부분을 잘라내어 사용한다.
   - 삽입된 스크린샷 캡처 이미지는 일반 사진이나 그림과 마찬가지로, 다양한 테두리 설정이나 효과 적용이 가능하다.

# 종합실습 pointup

1. 예제 파일을 열고 '슬라이드 1'에 '곰인형'으로 검색한 2개의 클립 아트를 삽입한다. 삽입된 클립 아트의 크기와 위치를 예시와 같이 조정한 뒤, [색]-[다시 칠하기]로 배경과 어울리게 변경해 보자.

   [작업 준비물 : Ch04\037.pptx]

   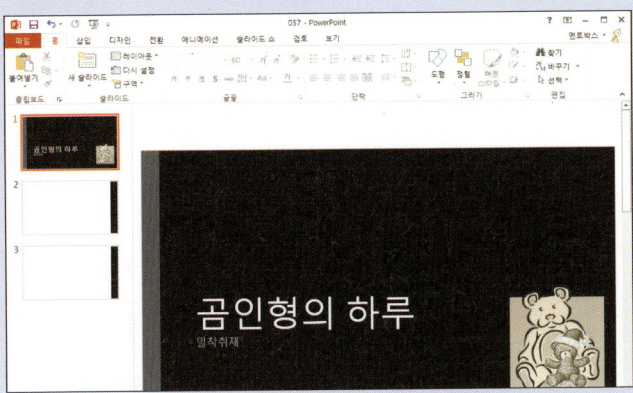

   **HINT** | • [삽입] 탭-[이미지] 그룹에서 [온라인 그림]을 클릭해 '곰 인형'으로 검색한 후 삽입
   • [서식] 탭-[조정] 그룹에서 [색] 목록 단추를 클릭해 [다시 칠하기]로 배경색과 어울리는 색상 설정

2. 예제 파일을 열고 '슬라이드 2'에 '기상하기, 점심먹기'라는 내용으로 워드아트를 삽입해 보자. 같은 방식으로 '슬라이드 3'에 '친구 검색하기' 워드아트를 삽입한다.

   [작업 준비물 : Ch04\038.pptx]

   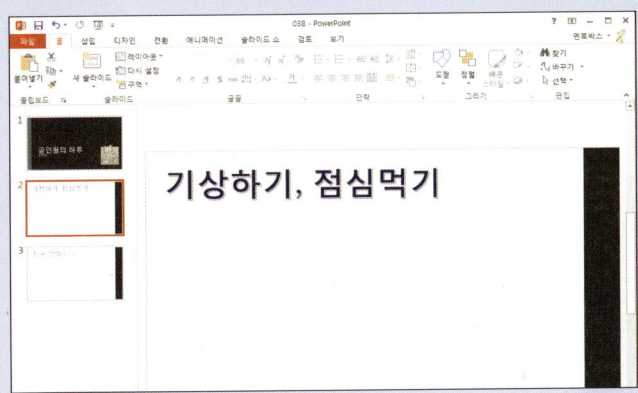

   **HINT** | • [삽입] 탭-[텍스트] 그룹에서 [WordArt] 목록 단추를 클릭해 [채우기-자주, 강조1, 윤곽선-배경1, 진한 그림자-강조1] 선택
   • [서식] 탭-[WordArt 스타일] 그룹에서 [문자 채우기] 목록에서 색상을 [진한 파랑]으로 선설정

## 종합실습 pointup

3. 예제 파일을 열고 '슬라이드 2'에 'O39-1.jpg'. 'O39-2.jpg' 이미지들을 삽입하고, 이들에 다양한 효과를 적용해 보자.

[작업 준비물 : Ch04\039.pptx, 039-1.jpg, 039-2.jpg]

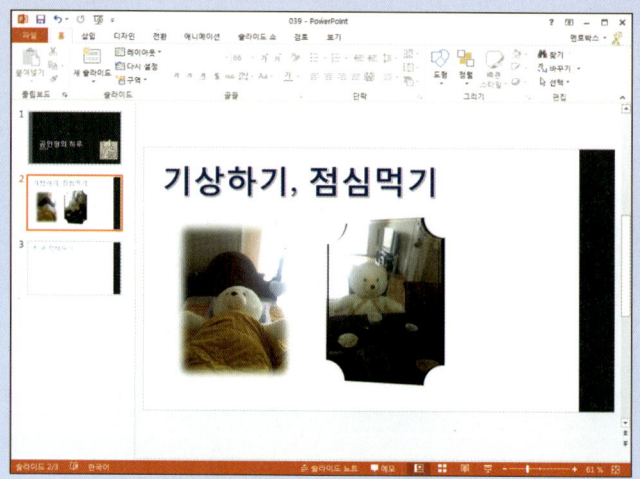

**HINT** | • **왼쪽 그림** : [서식] 탭-[그림 스타일] 그룹에서 [그림 효과]-[부드러운 가장자리] 선택 적용
• **오른쪽 그림** : [서식] 탭-[크기] 그룹에서 [자르기] 목록 단추 클릭해 [도형에 맞춰 자르기]에서 [배지] 도형 선택
• [서식] 탭-[그림 스타일] 그룹에서 [그림 효과]를 클릭해 [3차원 회전], [입체 효과] 중복 적용

# 종합실습 pointup

4. 인터넷 창에서 '곰인형'을 검색한 뒤, 예제 파일을 열고 '슬라이드 3'에 스크린샷으로 삽입해 보자. 삽입된 이미지들에는 예시와 같은 그림 스타일 효과를 적용해 보자.

[작업 준비물 : Ch04\040.pptx]

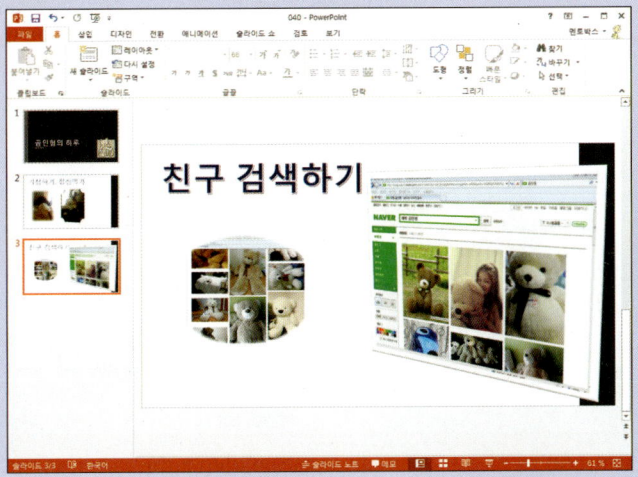

**HINT** | • [삽입] 탭–[이미지] 그룹에서 [스크린샷]을 클릭해 목록에서 선택
• [그림 도구]–[서식] 탭–[그림 스타일] 그룹에서 [부드러운 가장자리 타원] 스타일 선택해 적용
• [그림 도구]–[서식] 탭–[그림 스타일] 그룹에서 [입체 원근감(왼쪽), 흰색] 스타일 선택해 적용

… POWERPOINT 2016

# 05 CHAPTER

## 슬라이드에서 도형 활용하기

사용자가 의도한 내용을 문자만으로 나열한 슬라이드는 청중 입장에서 높은 피로감을 유발한다. 이런 경우 적절하게 내용을 시각화한 요소들을 슬라이드에 삽입하게 되는데, 이에 따라 자주 활용하는 것이 도형이다. 이번 챕터에서는 도형을 삽입하고 원하는 느낌의 색과 스타일 설정을 해 보자. 아울러 생성된 도형들 간의 정렬과 도형들의 결합체인 SmartArt의 제작에 대해서도 살펴보자.

Section 1    도형 삽입 및 서식 조정
Section 2    도형에 그림 및 문장 입력하기
Section 3    도형 정렬 및 그룹화 이해하기
Section 4    SmartArt 활용하기

# 슬라이드에 도형 삽입하기

Chapter 5

슬라이드에 도형을 만들고 배경과 어울리는 서식으로 변경해 보자. 이렇게 삽입된 도형들 간의 정렬 방법에 대해 알아보고, SmartArt를 활용해 청중의 이해도를 높이는 구조 개념도를 작성해 보자.

## 01 도형 삽입 및 서식 조정

- 화살표, 수식 기호, 순서도, 설명선 등은 슬라이드를 제작하면서 수시로 필요한 형태의 도형들이다. 이들 뿐만 아니라 사각/삼각/원형의 기본 도형들도 레이아웃 설정 시 유용하게 사용되는데, [삽입] 탭-[일러스트레이션] 그룹에서 [도형] 목록 단추를 클릭해 목록에서 한 번에 선택할 수 있다.

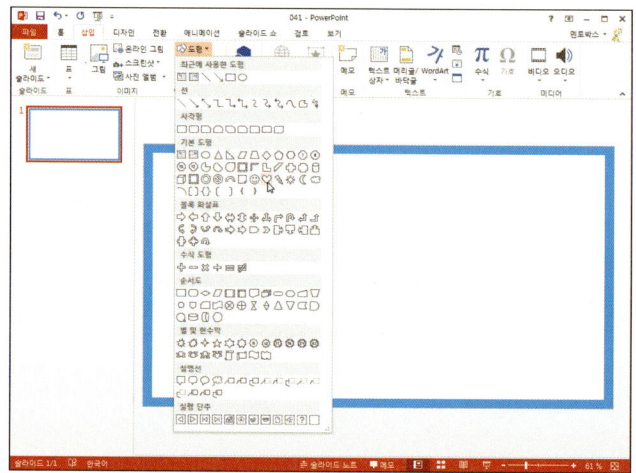

- 생성된 도형들에는 다양한 테두리 설정과 도형 효과들의 적용이 가능하다.

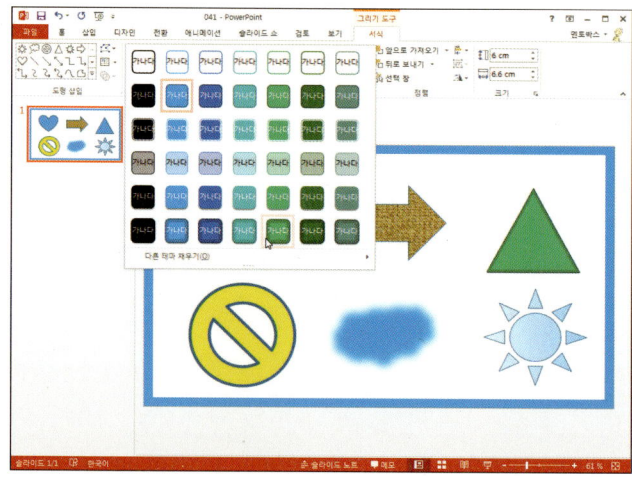

## 02 도형에 그림 및 문자 입력하기

- 선택한 도형 안쪽은 색상, 그레이디언트, 질감 이외에, 사용자가 지정한 그림으로 채울 수도 있다. [도형 스타일] 그룹에서 [도형 채우기]를 클릭해 [그림]을 선택하고 나타나는 [그림 삽입] 대화상자를 통해 채울 그림 선택이 가능하다.

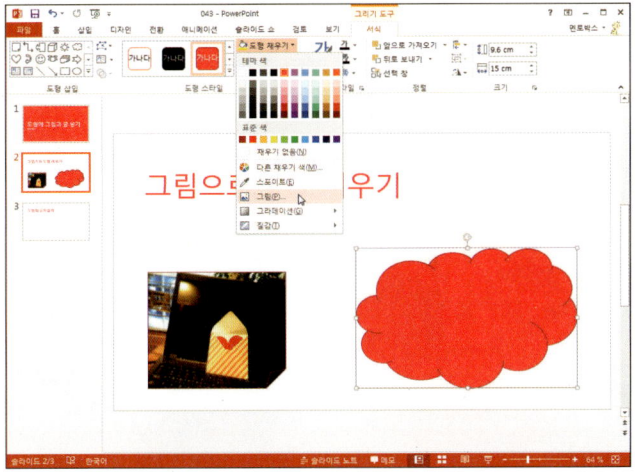

- 선택한 도형에 문장을 입력한 뒤, 사용자 의도에 맞는 글꼴, 글꼴 크기, 글꼴 색, 정렬 방식 등의 서식 설정이 가능하다. 또한 작성된 문장은 [서식] 탭-[WordArt 스타일] 그룹의 [빠른 스타일]에서 자세히()를 클릭해 한 번에 워드아트로 변환할 수도 있다.

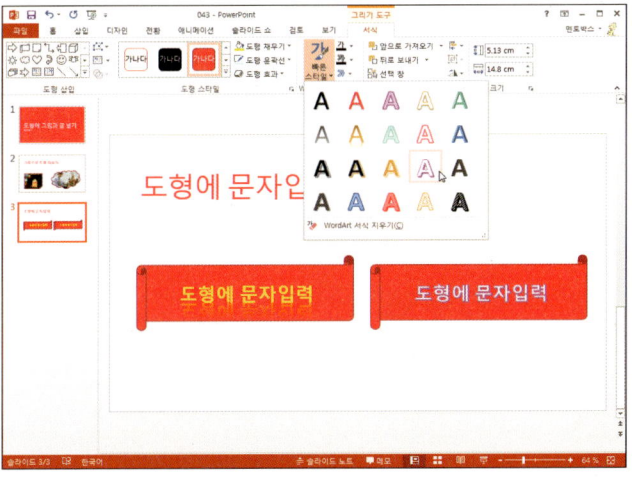

## 03 도형 정렬 및 그룹화

- [앞으로 가져오기], [뒤로 보내기]를 통해 현재 위치보다 한 단계씩 앞/뒤로 도형을 이동시킬 수 있으며, [맨 앞으로 가져오기], [맨 뒤로 보내기]를 통해 한 번에 맨 앞, 뒤로 이동할 수도 있다.

- 정렬 대상인 도형들을 선택하고 정렬 명령 중에 [맞춤]을 적용하면, 기준 도형을 대상으로 왼쪽, 오른쪽, 위쪽, 아래쪽 끝으로 도형들이 정렬하게 된다. 선택된 도형들의 사이 간격을 동일하게 설정할 수도 있다.

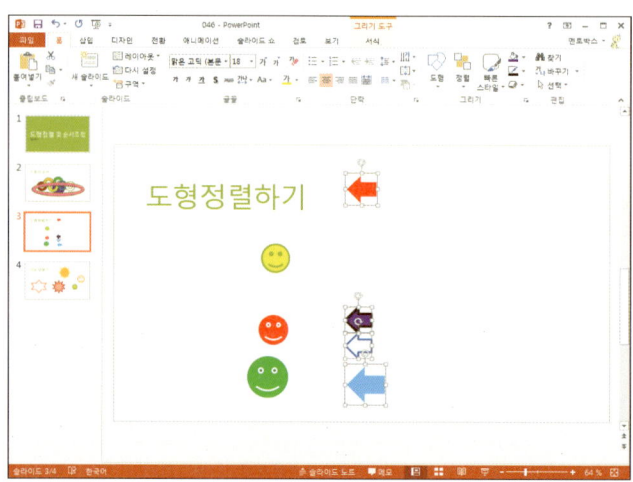

- 서로 다른 형태의 도형들을 그룹화하면 하나의 개체인 듯 이동, 복사, 삭제, 스타일 설정을 할 수 있다. 설정된 그룹은 다시 해제하는 것도 가능하다.

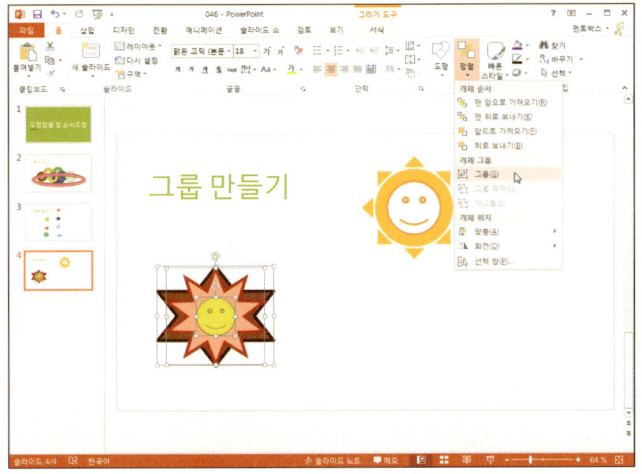

## 04 SmartArt 활용하기

SmartArt는 청중에게 설명하기 어려운 콘셉트나 내용을 도형들의 구조도를 활용해 알기 쉽게 전달하기 위해 사용된다. 사용 목적에 따라 목록형, 프로세스형, 주기형, 계층 구조형 등 다양한 형태의 SmartArt 개체가 준비되어 있으며, [SMARTART 도구]-[디자인] 탭을 통해 쉽게 색상 변형, 스타일 설정, 원래대로 변환 작업 등을 수행할 수 있다.

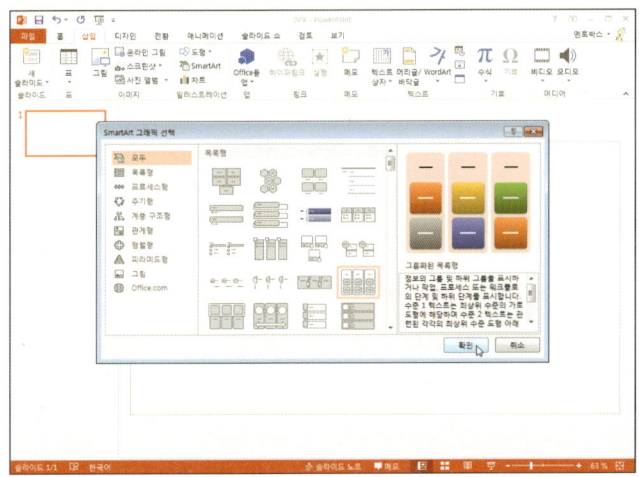

# Section 1

# 도형 삽입 및 서식 조정

파워포인트 2013은 다양한 형태의 도형들을 제공하며, 화살표, 수식 기호, 순서도, 설명선 등의 형태에서부터 가장 기본적인 도형들까지 종류가 무수하다. 이들을 삽입하고 스타일을 설정하는 과정들을 알아보자.

> **○ 알아두기**
> - 슬라이드에 여러 가지 형태의 도형을 삽입할 수 있다.
> - 생성된 도형에 원하는 스타일을 설정할 수 있다.

## 따라하기 01 도형 삽입하기

[삽입] 탭에서 다양한 형태의 도형을 삽입하고 크기와 모양을 조정해 보자.
[작업 준비물 : Ch05\041.pptx]

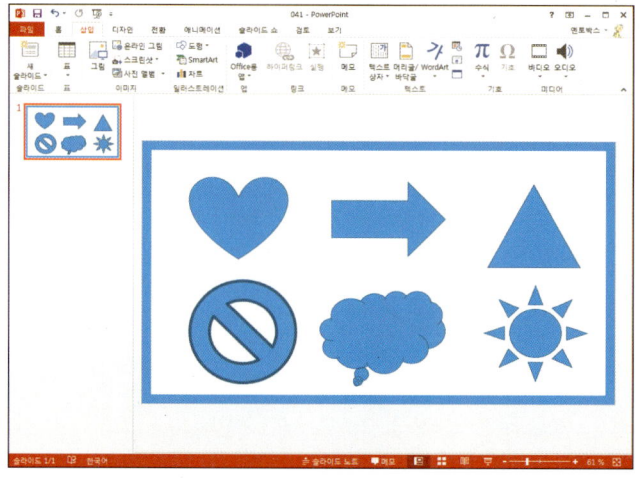

❶ 예제 파일을 열고 [삽입] 탭-[일러스트레이션] 그룹에서 [도형]( )-[하트]를 선택한다.

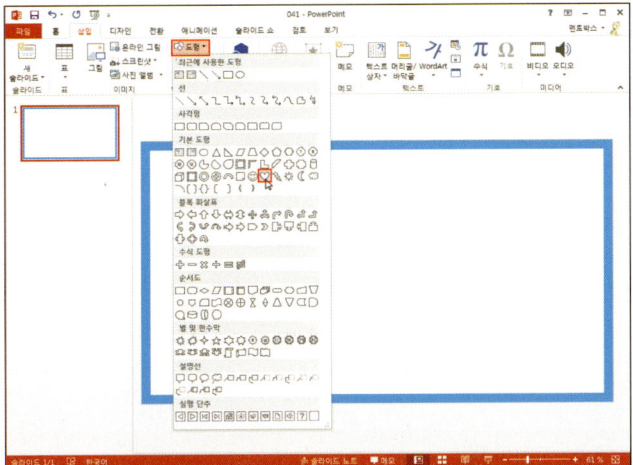

❷ 슬라이드 위를 드래그하는 것에 따라 선택된 도형의 크기가 결정된다. 생성된 [하트] 도형 옆에 이전 과정을 참조해 [오른쪽 화살표]를 만든다.

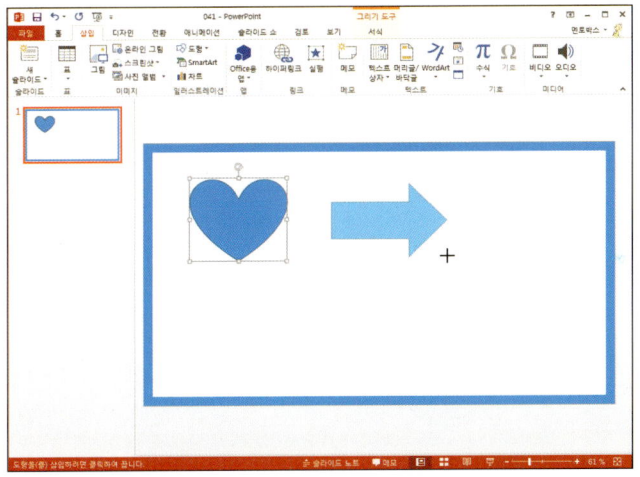

> tip ➕
> Shift 를 누른 상태에서 드래그하면, 선택된 도형의 가로/세로 비율을 유지한 채 크기만 설정하게 된다.

Section 1. 도형 삽입 및 서식 조정

❸ [삽입] 탭-[일러스트레이션] 그룹에서 [도형]( )-[이등변 삼각형]을 선택하고, 슬라이드 오른쪽에 드래그해 만든다.

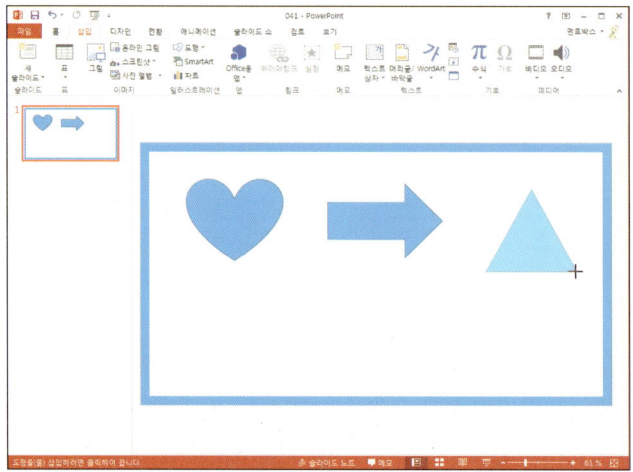

❹ [삽입] 탭-[일러스트레이션] 그룹에서 [도형]( )-[없음]을 선택하고 드래그해 생성한다. 이어 [그리기 도구]-[서식] 탭-[도형 스타일] 그룹에서 [도형 윤곽선]( )-[두께]를 [6pt]로 선택한다.

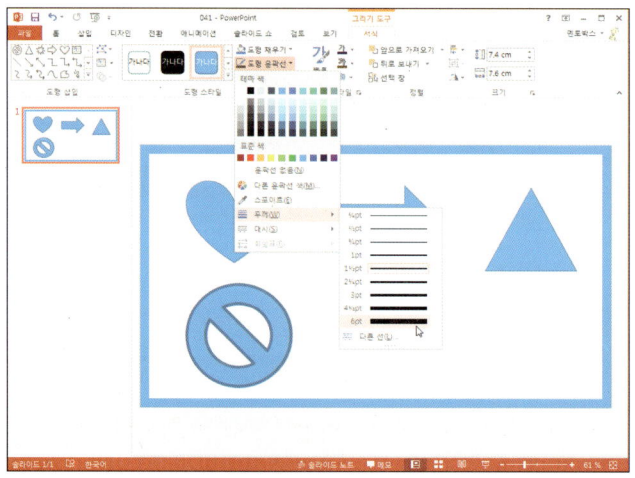

> tip ➕
> 도형을 선택해 나타나는 흰색의 조절점들은 해당 도형의 너비와 높이를 조정한다. 하지만 노란색의 조절점은 도형의 형태 자체를 변형시키는 변형 조절점이다. 도형의 상단에 보이는 회전 핸들은 드래그에 따라 도형의 회전각을 달리 할 수 있다.

❺ 슬라이드의 빈 공간에 [구름 모양 설명선], [해] 도형을 다음과 같이 추가로 배치하고, 크기를 조정한다.

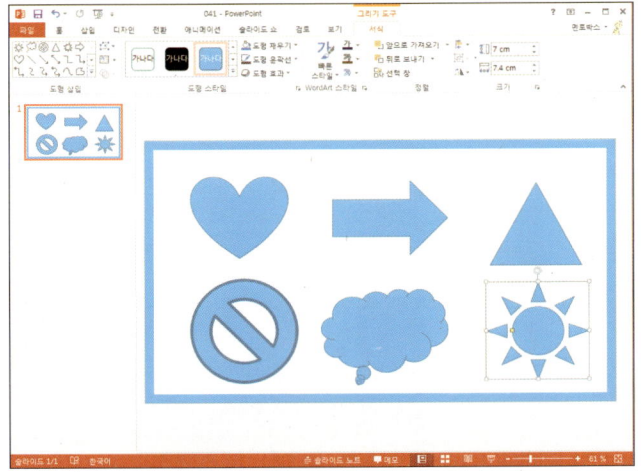

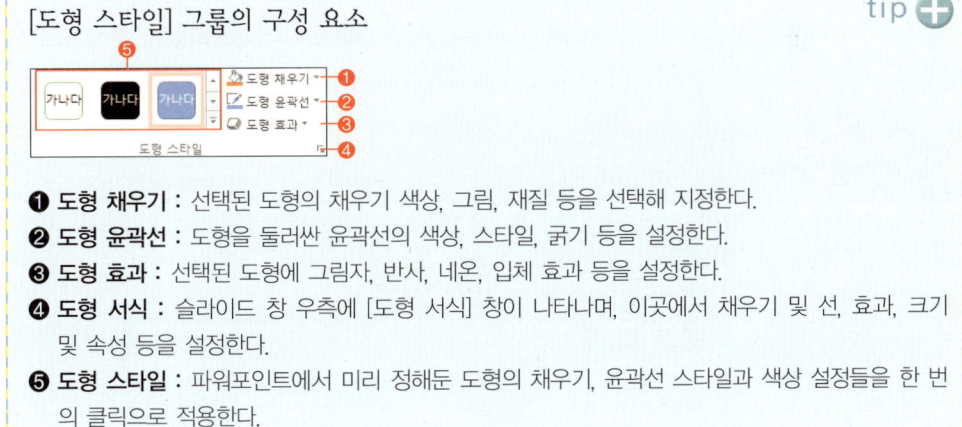

[도형 스타일] 그룹의 구성 요소

tip ➕

❶ **도형 채우기** : 선택된 도형의 채우기 색상, 그림, 재질 등을 선택해 지정한다.
❷ **도형 윤곽선** : 도형을 둘러싼 윤곽선의 색상, 스타일, 굵기 등을 설정한다.
❸ **도형 효과** : 선택된 도형에 그림자, 반사, 네온, 입체 효과 등을 설정한다.
❹ **도형 서식** : 슬라이드 창 우측에 [도형 서식] 창이 나타나며, 이곳에서 채우기 및 선, 효과, 크기 및 속성 등을 설정한다.
❺ **도형 스타일** : 파워포인트에서 미리 정해둔 도형의 채우기, 윤곽선 스타일과 색상 설정들을 한 번의 클릭으로 적용한다.

| 따라하기 02 | 도형 스타일 설정하기 |

생성된 도형에 다양한 색상, 그레이디언트, 질감 등을 채워보자. 추가로 여러 가지 도형 효과도 함께 적용해 보자.

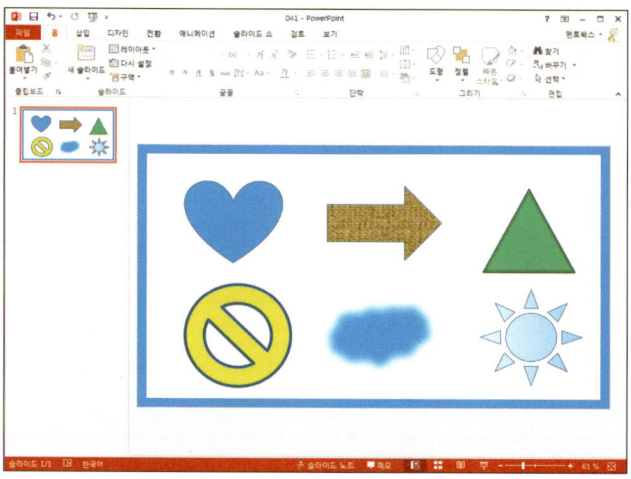

❶ [없음] 도형을 선택하고, [그리기 도구]-[서식] 탭-[도형 스타일] 그룹에서 [도형 채우기]-[색상]을 [노랑]으로 선택한다.

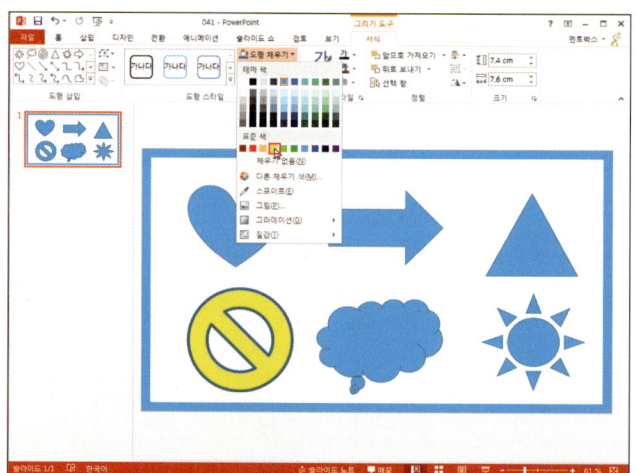

❷ [해] 도형을 선택하고, [그리기 도구]-[서식] 탭-[도형 스타일] 그룹에서 [도형 채우기]( 도형 채우기 ▼ )-[그라데이션]-[선형 왼쪽]을 선택한다.

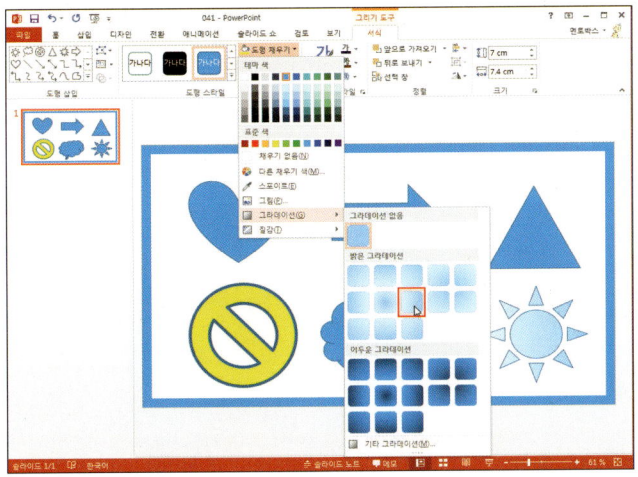

> tip ➕
> 기타 그레이디언트를 통해 사용자가 직접 표현될 색상과 그레이디언트 범위, 방향 등을 수정할 수 있다.

❸ [구름 모양 설명선] 도형을 선택하고, [서식] 탭-[도형 스타일] 그룹에서 [도형 효과]( 도형 효과 ▼ )-[부드러운 가장자리]-[25 포인트]를 선택한다.

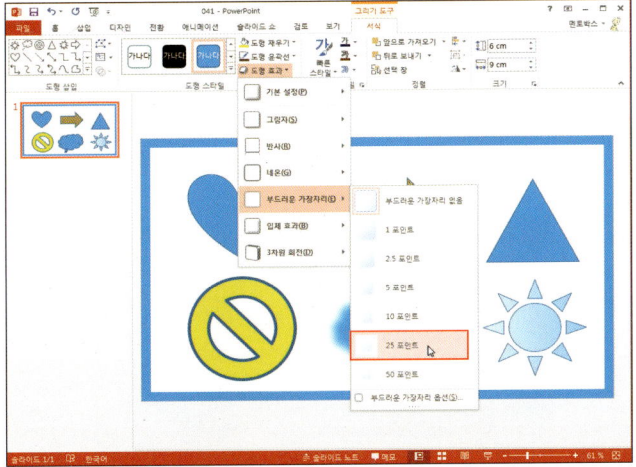

Section 1 . 도형 삽입 및 서식 조정

❹ [이등변 삼각형] 도형을 선택하고, [그리기 도구]-[서식] 탭-[도형 스타일] 그룹에서 자세히(⊡)를 클릭해 [강한 효과 – 녹색, 강조4]를 선택한다. 선택된 도형의 채우기 색과 테두리가 한 번에 바뀌게 된다. 이전 과정들을 참조해 [오른쪽 화살표]에는 질감으로 채워지도록 설정한다.

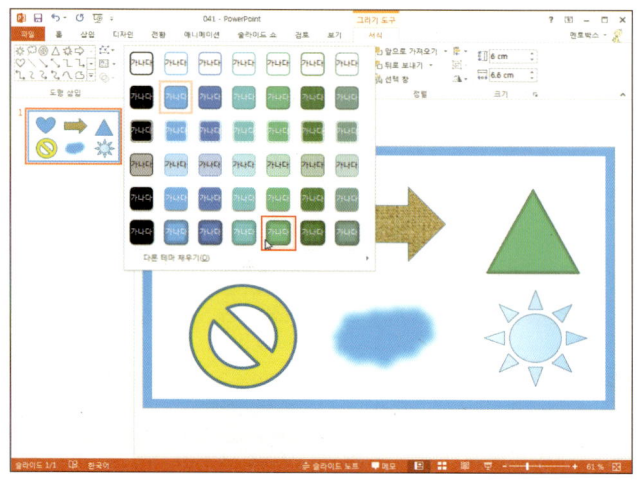

tip ➕  질감 채우기는 [그리기 도구]-[서식] 탭-[도형 스타일] 그룹에서 [도형 채우기]-[재질] 목록에서 적당한 것을 선택해 적용할 수 있다.

## 01 혼자해보기

**새 프레젠테이션 문서를 열고 그림과 같은 모양의 도형들을 삽입해 보자.**

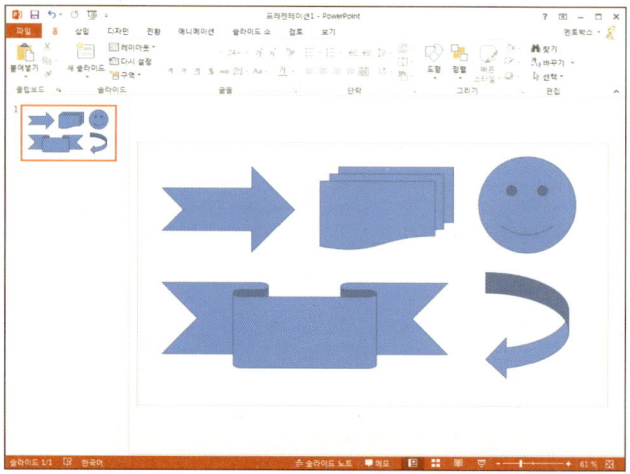

**HINT** | [삽입] 탭-[일러스트레이션] 그룹-[도형]을 클릭한 뒤, 만들기 원하는 도형을 선택한다. 도형 선택 후 슬라이드 창을 드래그하는 것에 따라 크기와 비례가 조정되며 도형이 생성된다.

## 02 혼자해보기

예제 파일을 열고 다음과 같이 도형을 삽입한 후, 도형 스타일과 효과를 설정해 보자.

[작업 준비물 : Ch05\042.pptx]

**HINT** | 도형을 생성한 후, [서식] 탭-[도형 스타일] 그룹에서 [도형 채우기], [도형 윤곽선], [도형 효과] 등을 적용해 본다.

# 도형에 그림 및 문장 입력하기

작성 중인 도형에 그림이나 문장을 삽입할 수 있으며, 이를 통해 슬라이드의 주목성을 높일 수 있는 독특한 표현들이 가능해 진다. 이곳에서는 선택한 도형에 그림으로 채워 넣거나, 일반 문자와 동일한 성격의 문장을 작성하는 과정을 알아보자.

> **알아두기**
> - 선택된 도형 안을 그림으로 채울 수 있다.
> - 생성된 도형에 문장을 삽입하고 서식 조정을 할 수 있다.

## 따라하기 01 | 그림으로 도형 채우기

도형을 삽입하고 [도형 채우기]-[그림]을 클릭해 나타나는 [그림 삽입] 창에서 적절한 그림을 선택해 채워 보자.

[작업 준비물 : Ch04\043.pptx, 043-1.jpg]

❶ 예제 파일을 열고 '슬라이드 2'를 선택한다.

❷ [삽입] 탭-[일러스트레이션] 그룹에서 [도형]( 도형 )-[모서리가 접힌 도형]을 선택한 뒤, 슬라이드 위를 드래그해 도형을 생성한다.

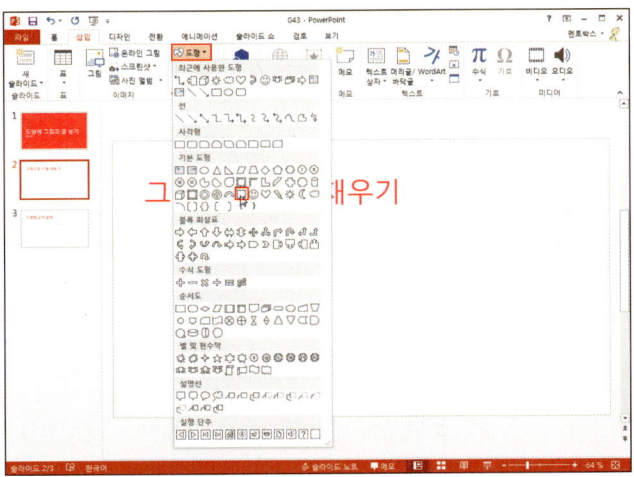

❸ [그리기 도구]-[서식] 탭-[도형 스타일] 그룹에서 [도형 채우기]( 도형 채우기 )-[그림]을 선택한다.

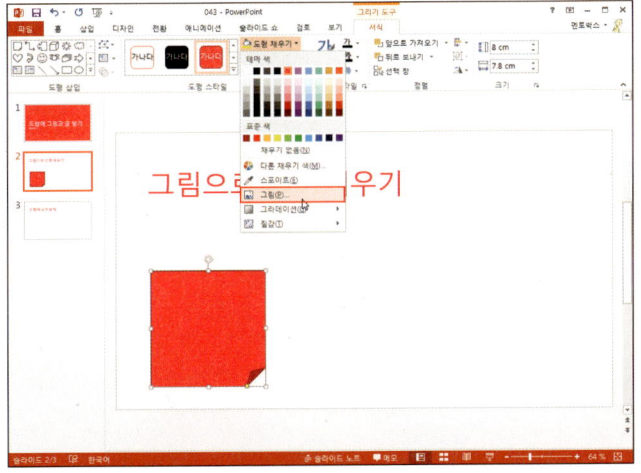

> tip ➕
> [도형 채우기]( 도형 채우기 )-[질감]은 파워포인트 2013에 저장된 이미지라고 생각하면 된다. 일반적인 이미지들은 위와 같이 [그림]을 클릭해 설정해야 한다.

Section 2. 도형에 그림 및 문장 입력하기 175

❹ [그림 삽입] 창의 [파일에서]-[찾아보기]를 클릭한다.

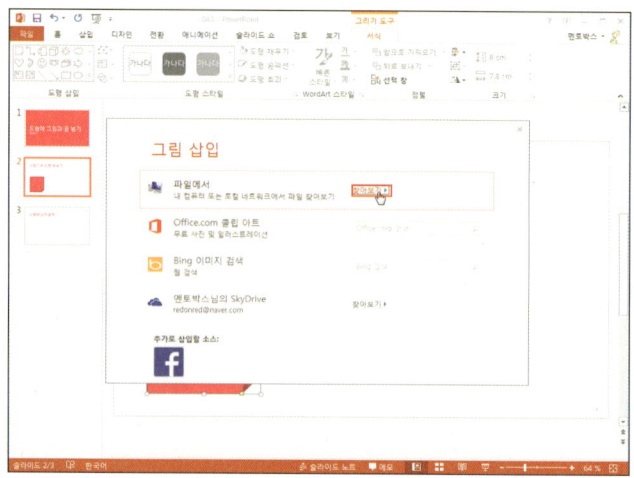

❺ [그림 삽입] 대화상자를 통해 예제 파일 중 '043-1.jpg' 파일을 선택한 뒤, [삽입]을 클릭한다.

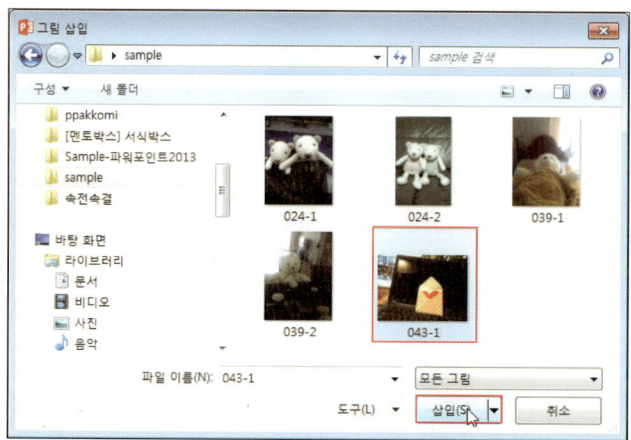

❻ 도형에 사진이 채워지면, 사진의 가로/세로 비율이 원본과 비슷해 보이도록 조절점을 드래그해 너비를 조정한다.

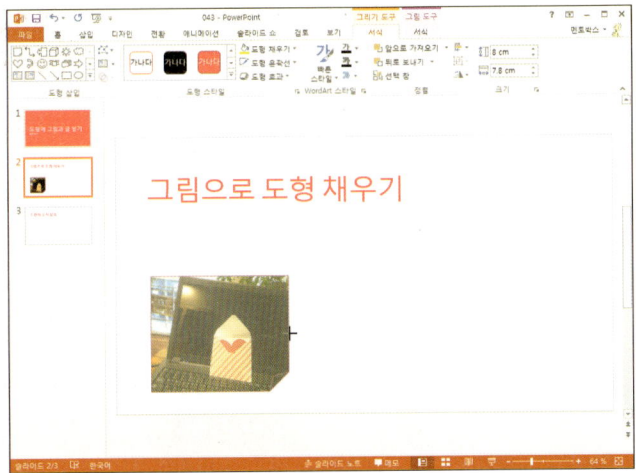

❼ 이번에는 [구름] 도형을 삽입한 뒤, [도형 스타일] 그룹에서 [도형 채우기](도형 채우기▼)-[그림]을 선택한다.

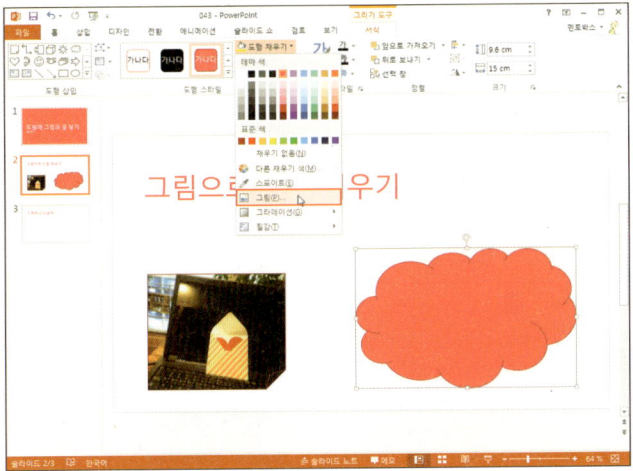

❽ [그림 삽입] 창의 'Office.com 클립 아트'에 '노트북'을 입력하고 Enter 를 눌러 삽입해 채우기 그림으로 삽입한다.

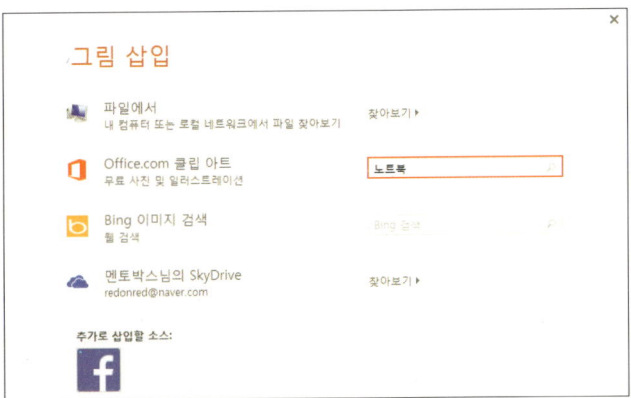

Section 2. 도형에 그림 및 문장 입력하기

| 따라하기 | 02 | 도형에 문자 입력하기 |

생성된 도형에 문장을 입력해 보고, 글꼴 서식 및 다양한 효과를 적용해 보자.

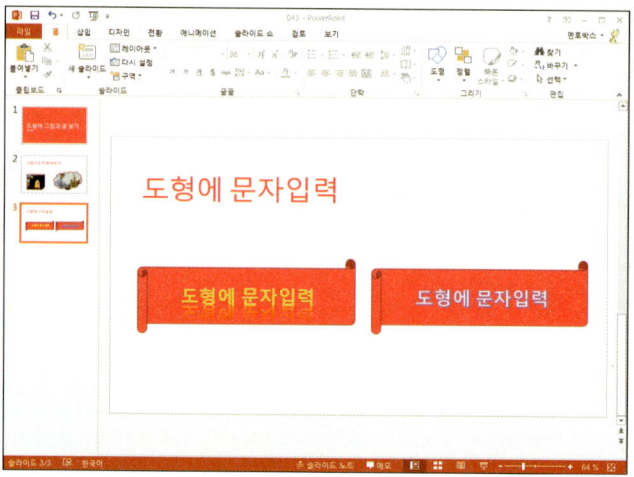

❶ '슬라이드 3'을 선택한 뒤, [삽입] 탭-[일러스트레이션] 그룹에서 [도형]( )-[가로로 말린 두루마리 모양]을 선택한다.

❷ 다음과 같은 슬라이드 오른쪽을 드래그해 도형을 만들고, 곧장 '도형에 문자입력'이라는 내용을 입력한다.

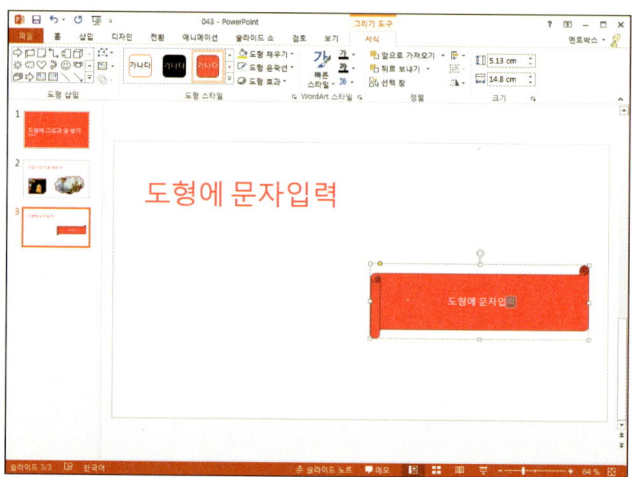

Chapter 5 . 슬라이드에서 도형 활용하기

❸ 도형 테두리를 선택한 뒤, [홈] 탭-[글꼴] 그룹에서 [글꼴]은 '맑은 고딕'으로, 글꼴 크기는 '36'으로, [굵게](가)를 클릭하고, [글꼴 색](가▼) 목록 단추를 클릭해 [노랑]을 선택한다.

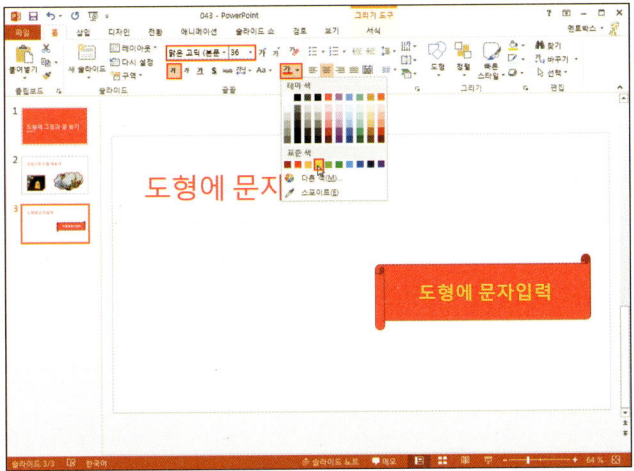

❹ 도형이 선택된 상태에서 Ctrl + D 를 눌러 해당 도형을 복사한다.

❺ 복사된 도형을 왼쪽으로 이동시킨 뒤, [서식] 탭-[도형 스타일] 그룹에서 [도형 효과]( 도형 효과▼ )-[반사]-[전체 반사, 8pt 오프셋]을 선택한다.

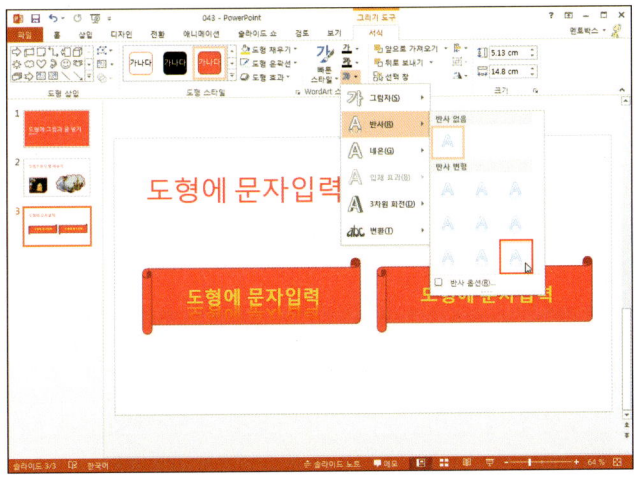

Section 2. 도형에 그림 및 문장 입력하기

❻ 오른쪽 도형을 선택한 뒤, [서식] 탭-[WordArt 스타일] 그룹에서 [빠른 스타일]()-
[채우기-흰색, 윤곽선-강조2, 진한 그림자-강조2]를 선택한다.

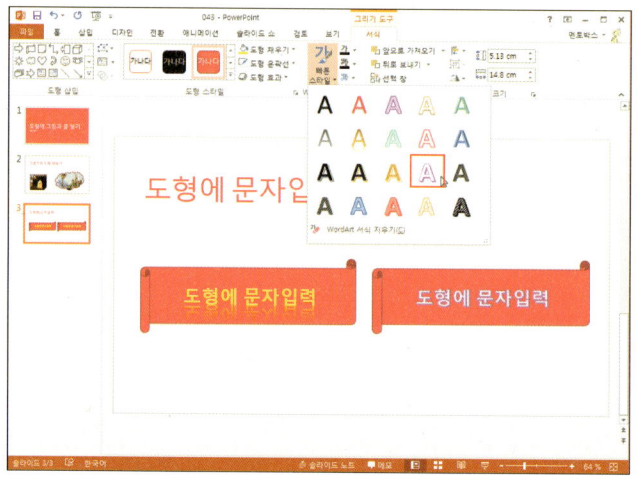

tip ➕

도형 안에 작성된 문장은 일반 문자와 동일하게 글꼴 서식이나 워드아트 적용이 가능하다.

## 01 혼자해보기

예제 파일을 열고 [구름 모양 설명선] 도형을 삽입하고 테두리 설정을 한, 예제에서 제공하는 '044-1.jpg' 파일을 도형에 삽입해 보자.

[작업 준비물 : Ch05\044.pptx, 044-1.jpg]

**HINT |**
- [삽입] 탭-[일러스트레이션] 그룹에서 [도형]-[구름 모양 설명선] 선택
- [그리기 도구]-[서식] 탭-[도형 스타일] 그룹에서 [도형 윤곽선]을 클릭하고 [두께]-[6pt], [색상]-[흰색, 배경 1]을 선택

## 02 혼자해보기

예제 파일을 열고 [오른쪽 화살표], [위쪽 화살표], [왼쪽 화살표]를 생성한 뒤 다음과 비슷하게 배치한다. 각각의 도형들에 서로 다르게 채우기 색을 입히고 문장을 입력한다. 추가로 입체감을 높이는 3차원 효과를 적용해 보자.

[작업 준비물 : Ch05\045.pptx]

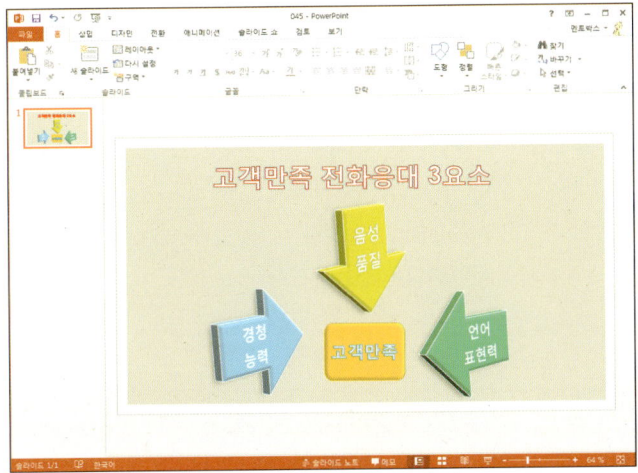

**HINT |**
- [그리기 도구]-[서식] 탭-[도형 스타일] 그룹에서 [도형 효과]-[입체 효과]-[각지게] 선택
- [그리기 도구]-[서식] 탭-[도형 스타일] 그룹에서 [도형 효과]-[3차원 회전]-[원근감 대조적으로(오른쪽)] 선택

Section 2 . 도형에 그림 및 문장 입력하기

# Section 3. 도형 정렬 및 그룹화 이해하기

파워포인트 2013에서 지원하는 정렬 기능을 통해 대상 도형들을 사용자 의도에 맞게 위치 정렬을 할 수 있다. 또한 도형들이 겹쳐진 경우에는 도형들 간의 순서를 바꿀 수도 있으며, 그룹화 기능을 통해 여러 도형들을 하나의 개체인 듯 묶어서 이동, 복사, 효과 설정 등을 할 수 있다.

### ◐ 알아두기
- 선택한 도형의 위치를 앞쪽, 뒤쪽으로 보내 재배치할 수 있다.
- 선택한 도형들의 위치를 맞추고 간격을 동일하게 조정할 수 있다.
- 서로 다른 형태의 도형을 하나로 그룹화할 수 있다.

## 따라하기 01 도형의 순서 조정하기

선택한 도형을 앞쪽 또는 뒤쪽으로 보내, 겹쳐진 도형 간의 순서를 조정해 보자.

[작업 준비물 : Ch05\046.pptx]

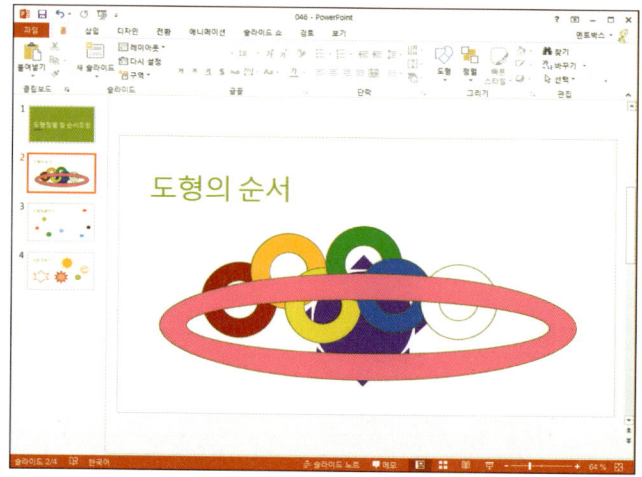

❶ '슬라이드 2'에서 [해] 도형을 선택한다. [홈] 탭-[그리기] 그룹에서 [정렬](🔳)-[뒤로 보내기]를 선택한다.

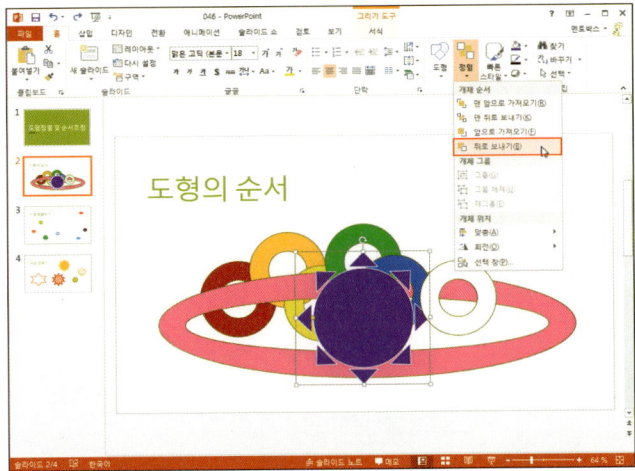

❷ [해] 도형이 선택된 상태에서 [홈] 탭-[그리기] 그룹에서 [정렬](🔳)-[뒤로 보내기]를 선택한다. 한 단계씩 선택된 도형이 뒤쪽으로 이동한다.

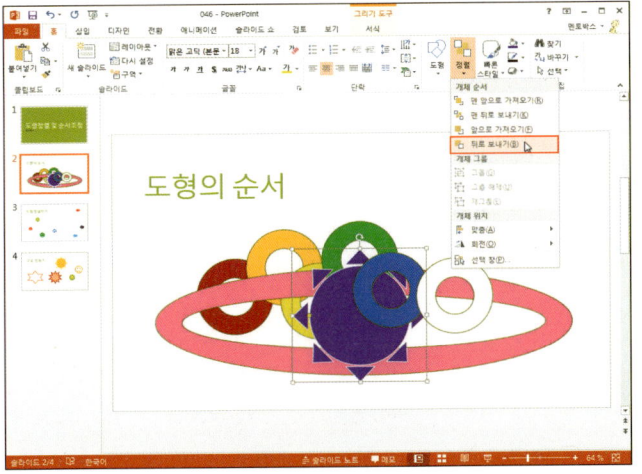

> tip ➕
> [앞으로 보내기]는 선택한 도형을 한 단계씩 앞쪽으로 보내는 기능이다.

❸ [해] 도형이 선택된 상태에서 [홈] 탭-[그리기] 그룹에서 [정렬](□)-[맨 뒤로 보내기]를 선택한다. 한 번에 맨 뒤쪽으로 도형이 이동하게 된다.

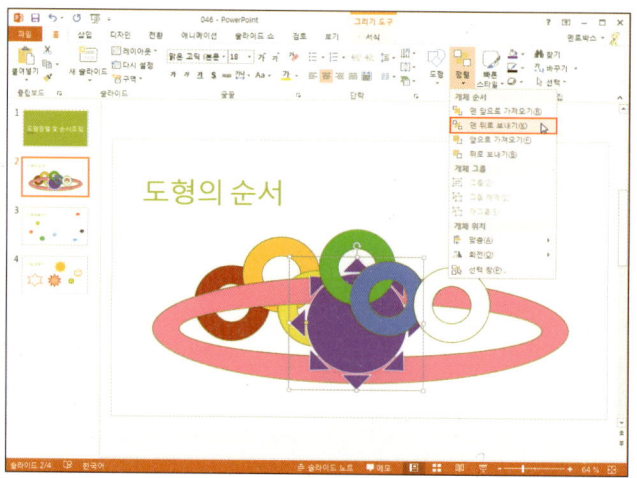

❹ 이번에는 가장 큰 [타원] 도형을 선택한 뒤, [정렬](□)-[맨 앞으로 가져오기]를 선택한다.

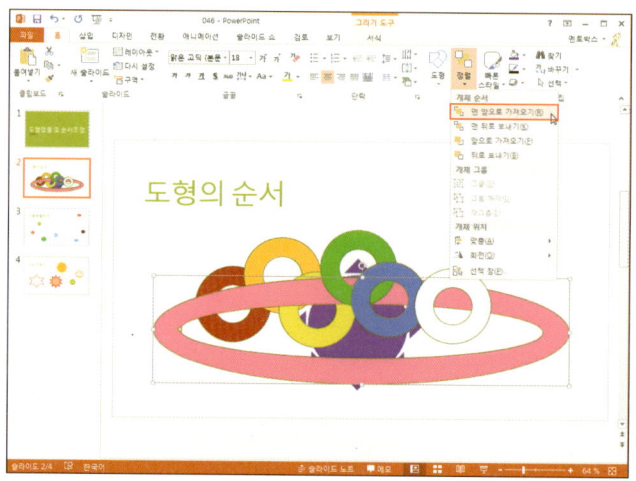

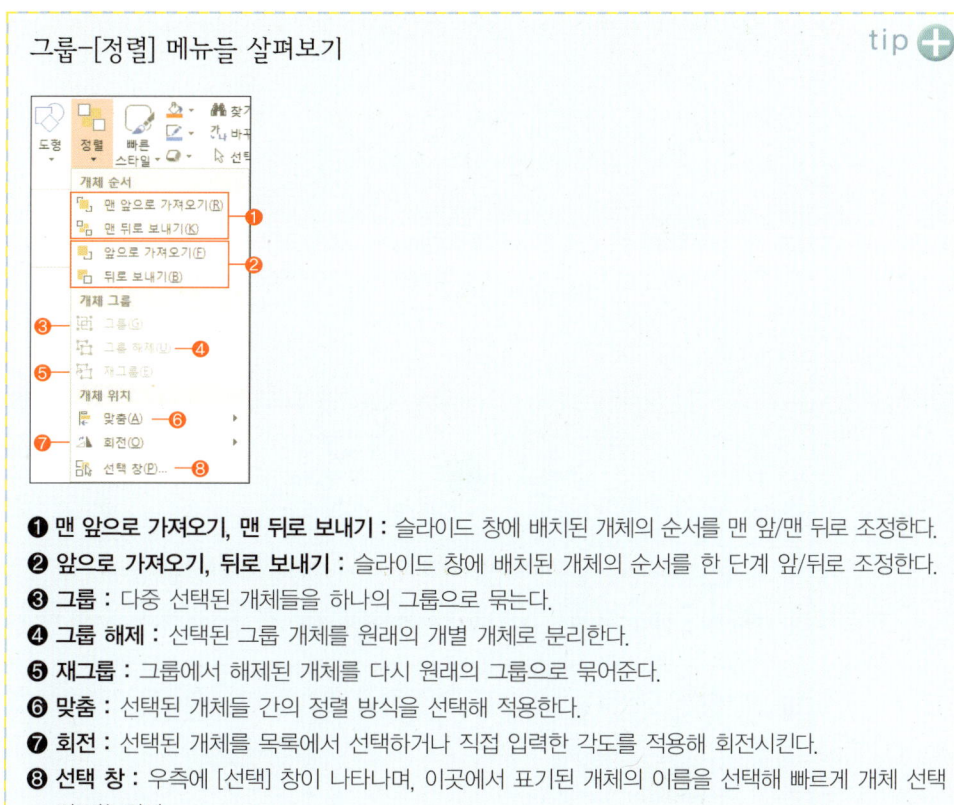

### 그룹-[정렬] 메뉴들 살펴보기    tip ➕

❶ **맨 앞으로 가져오기, 맨 뒤로 보내기** : 슬라이드 창에 배치된 개체의 순서를 맨 앞/맨 뒤로 조정한다.
❷ **앞으로 가져오기, 뒤로 보내기** : 슬라이드 창에 배치된 개체의 순서를 한 단계 앞/뒤로 조정한다.
❸ **그룹** : 다중 선택된 개체들을 하나의 그룹으로 묶는다.
❹ **그룹 해제** : 선택된 그룹 개체를 원래의 개별 개체로 분리한다.
❺ **재그룹** : 그룹에서 해제된 개체를 다시 원래의 그룹으로 묶어준다.
❻ **맞춤** : 선택된 개체들 간의 정렬 방식을 선택해 적용한다.
❼ **회전** : 선택된 개체를 목록에서 선택하거나 직접 입력한 각도를 적용해 회전시킨다.
❽ **선택 창** : 우측에 [선택] 창이 나타나며, 이곳에서 표기된 개체의 이름을 선택해 빠르게 개체 선택이 가능하다.

## 따라하기 02 도형 정렬하기

선택한 도형들의 위치를 왼쪽, 오른쪽 등의 기준으로 맞추거나, 도형들 간의 간격이 동일하도록 정렬시켜 보자.

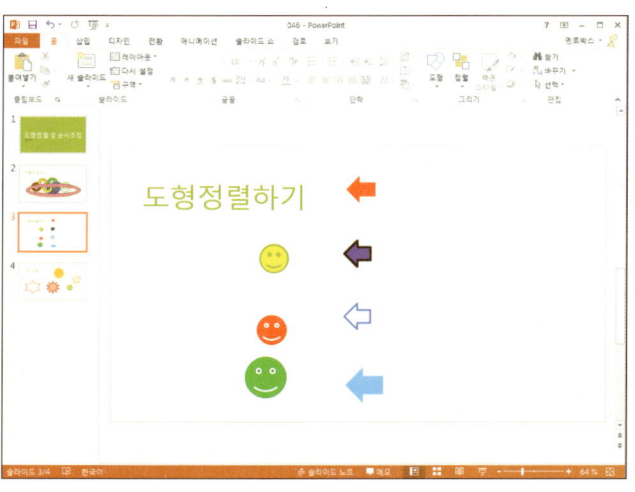

❶ '슬라이드 3'으로 이동한 후 Ctrl 을 누른 채 왼쪽의 [웃는 얼굴] 도형들을 모두 다중 선택한다.

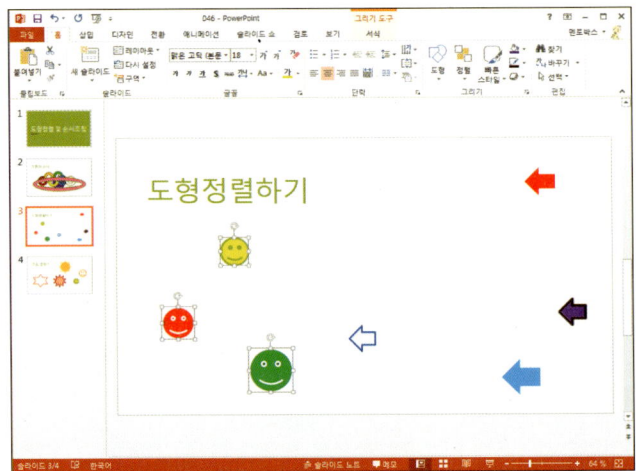

❷ [홈] 탭-[그리기] 그룹에서 [정렬]( )-[맞춤]-[오른쪽 맞춤]을 선택한다.

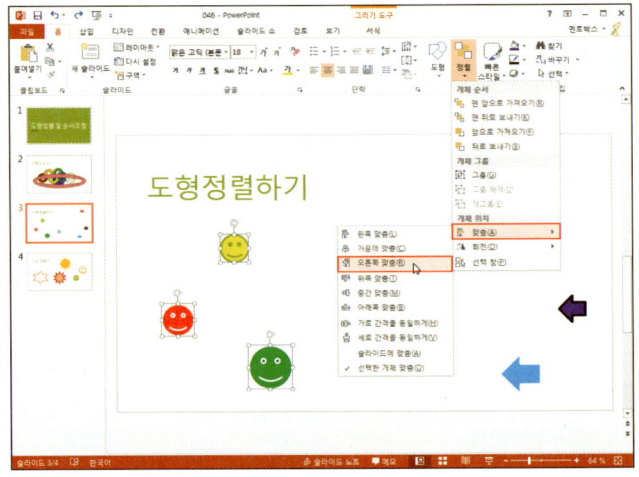

> tip ➕
> [홈] 탭-[그리기] 그룹에서 [정렬]-[선택 창]을 클릭해, 화면 우측에 선택 창을 불러낼 수도 있다. 이곳에서 슬라이드에 배치된 도형들을 한 번에 선택하거나 숨기는 것이 가능하다.

❸ 이번에는 [화살표] 도형들을 모두 선택한 뒤, [정렬](아이콘)-[맞춤]-[왼쪽 맞춤]을 선택한다.

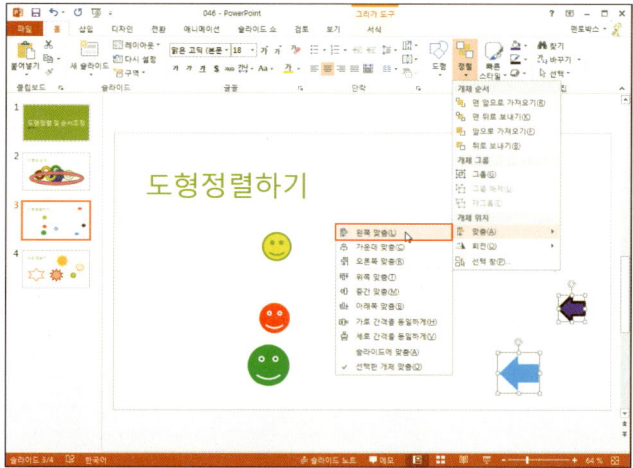

❹ 이전 작업의 결과 [웃는 얼굴] 도형들의 오른쪽 끝이 맞춰졌으며, [화살표] 도형들의 왼쪽 끝이 수직 방향으로 맞춰져 있는 것을 볼 수 있다.

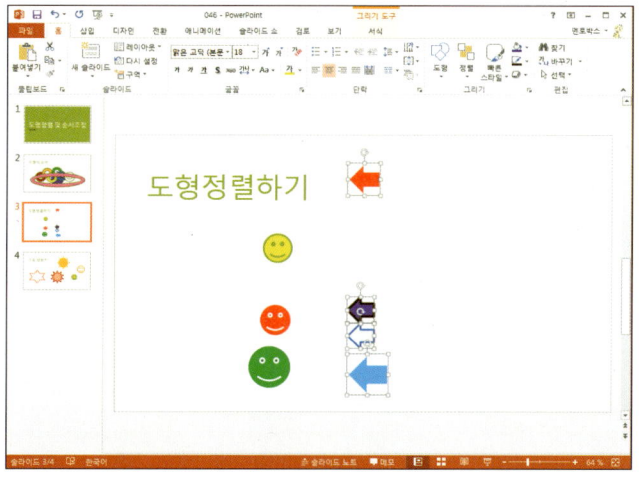

> tip ➕
> 도형의 정렬 명령은 슬라이드를 디자인하는 데 있어 매우 활용 빈도가 높다. 잘 정리된 도형들 간의 배치 구조는 청중에게 깔끔한 인상을 주기 때문이다.

❺ [화살표] 도형들을 모두 선택한 뒤, [정렬](🔲)-[맞춤]-[세로 간격을 동일하게]를 선택한다.

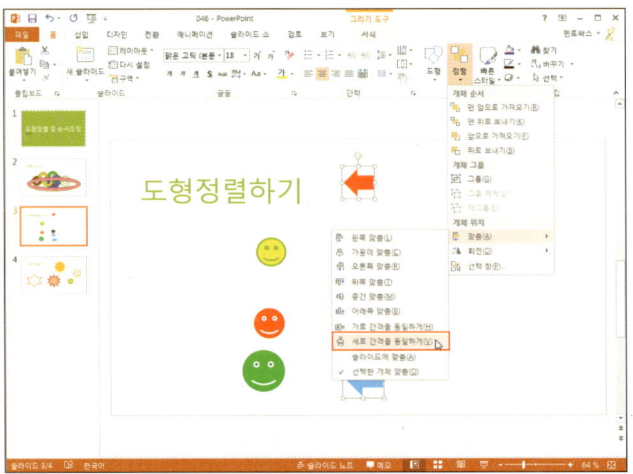

❻ 선택한 도형들 중 맨 위와 아래 도형의 위치는 그대로이며, 사이에 배치된 도형들의 수직 간격이 동일하게 재조정된다.

## 따라하기 03 도형 그룹화하기

서로 다른 형태의 도형을 묶어 하나의 개체인 듯 복사, 이동, 삭제 및 스타일 설정을 할 수 있다. 이에 대해 알아보자.

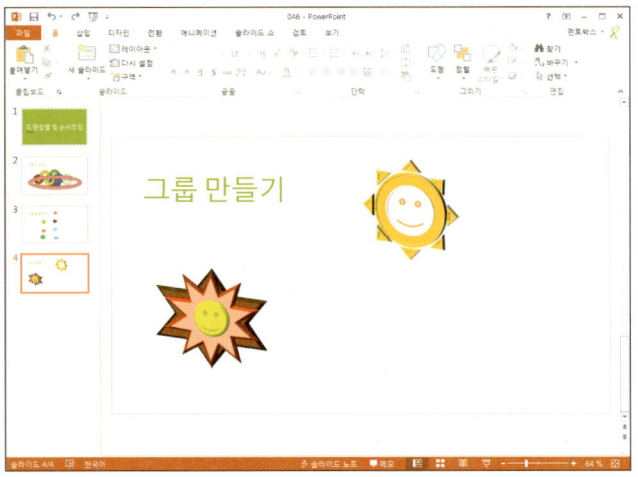

❶ 예제 파일을 열고 '슬라이드 4'를 선택한다.

❷ [포인트가 10개인 별] 도형을 드래그해 [포인트가 6개인 별] 도형과 겹쳐지도록 이동시킨다.

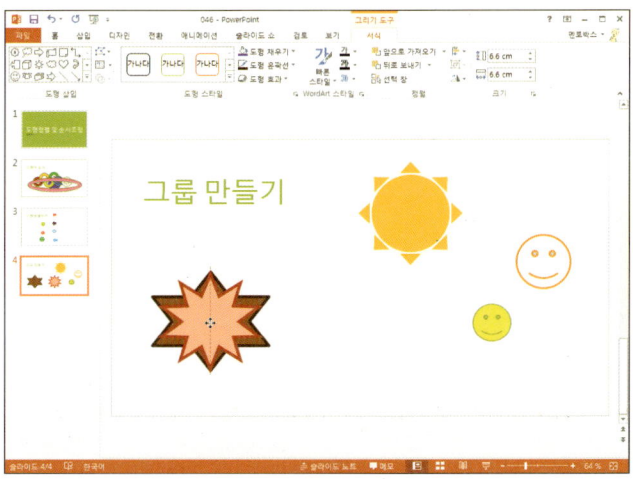

tip ➕ 도형을 드래그해 배치하다 보면 기존 도형의 중심과 수직, 수평이 맞을 때 가이드 점선이 나타나 배치에 도움을 받을 수 있다.

❸ 2개의 [웃는 얼굴] 도형들을 드래그해 사진과 같이 배치되도록 설정한다.

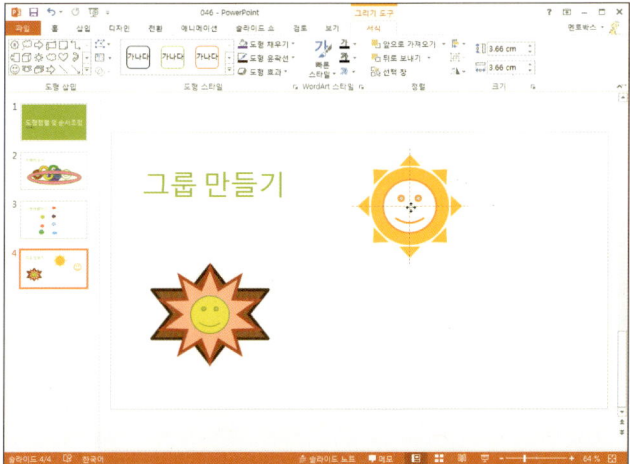

Section 3. 도형 정렬 및 그룹화 이해하기

❹ 슬라이드 왼쪽 아래에 배치된 도형들을 모두 선택한 뒤, [홈] 탭-[그리기] 그룹에서 [정렬](📇)-[그룹]을 선택한다.

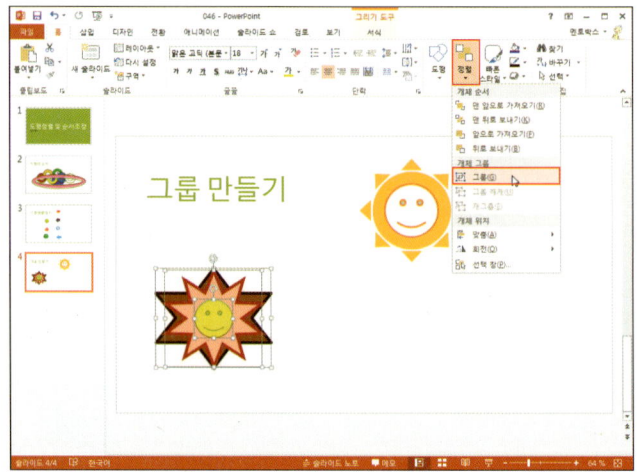

❺ 그룹으로 묶여진 상태에서 [서식] 탭-[도형 스타일] 그룹의 [도형 효과]( 도형 효과▼ )-[입체 효과]-[비스듬하게]를 선택한다.

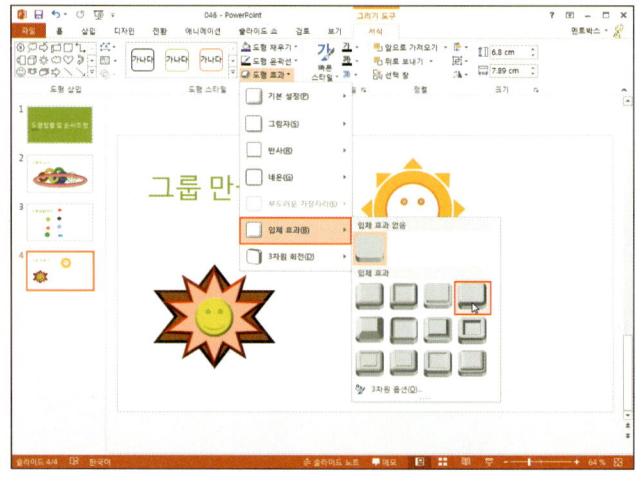

tip ➕ [도형 효과]-[입체 효과] 목록 아래에서 [3차원 옵션]을 클릭하고, 화면 우측에 나타나는 설정 창에서 사용자 마음에 드는 입체 느낌의 선택, 회전 각도 설정 등이 가능하다.

❻ 이번에는 [서식] 탭-[도형 스타일] 그룹에서 [도형 효과]( )-[3차원 회전]-[축 분리 2 왼쪽으로]를 선택한다.

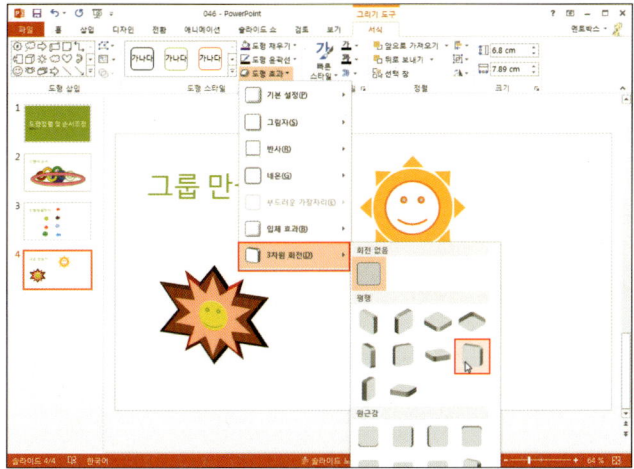

❼ [홈] 탭-[그리기] 그룹에서 [정렬]( )-[그룹 해제]를 선택한다.

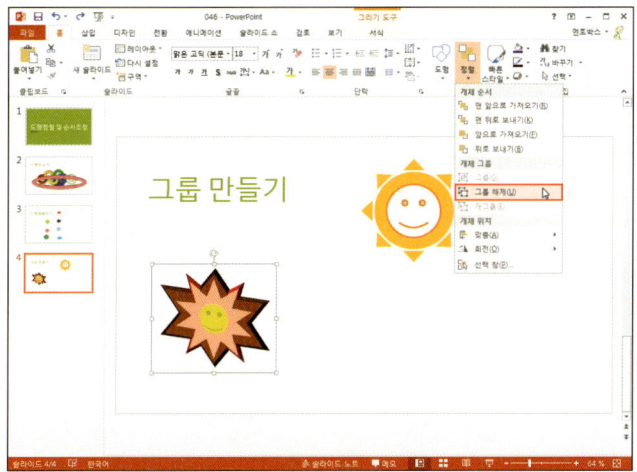

❽ 이전에 적용했던 효과들이 그룹이 해제되면서 개별적으로 적용되어 이전과는 적용 결과가 달라진 것을 볼 수 있다. 그룹이 풀렸으므로 개별적으로 선택해 다른 위치로 재배치할 수도 있다.

> tip
> 그룹의 설정과 해제는 선택한 도형들 위에 마우스 포인터를 위치시키고 마우스 오른쪽 버튼을 클릭하며 나오는 메뉴에서도 선택이 가능하다.

❾ 슬라이드 오른쪽 위의 도형들도 그룹으로 만들고, 여러 가지 효과들을 적용해 보자.

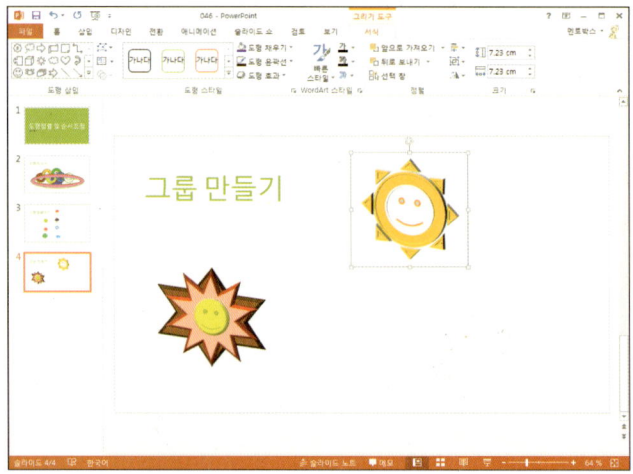

tip ➕ 참고로 예시에서 적용한 [입체 효과]는 [딱딱한 가장자리]이다.

## 01 혼자해보기

**예제 파일을 열고 화살표 도형을 복사한 뒤, 다음과 같이 회전 배치해 보자.**
[작업 준비물 : Ch05\047.pptx]

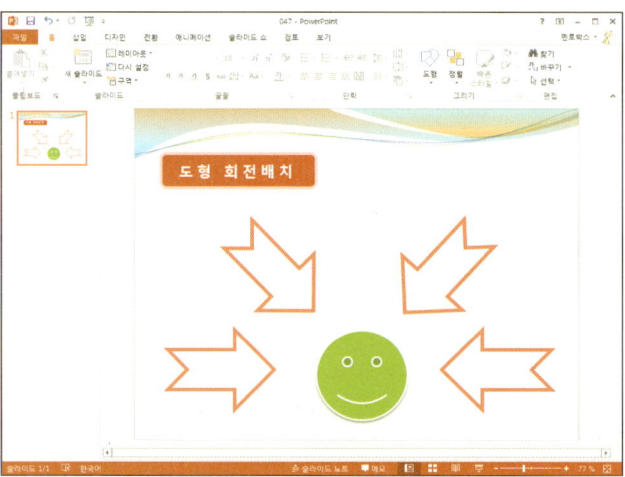

**HINT |**
- 도형이 선택된 상태에서 단축키 Ctrl + D 를 눌러 복사
- 도형이 선택된 상태에서 드래그해 회전 각도 조정

## 02 혼자해보기

예제 파일을 열고 나열된 도형들을 보기 좋게 배치하고, 하나의 개체로 인식되도록 그룹으로 만든다. 이렇게 작성된 그룹 개체에 다음과 같은 효과를 적용해 보자.

[작업 준비물 : Ch05\048.pptx]

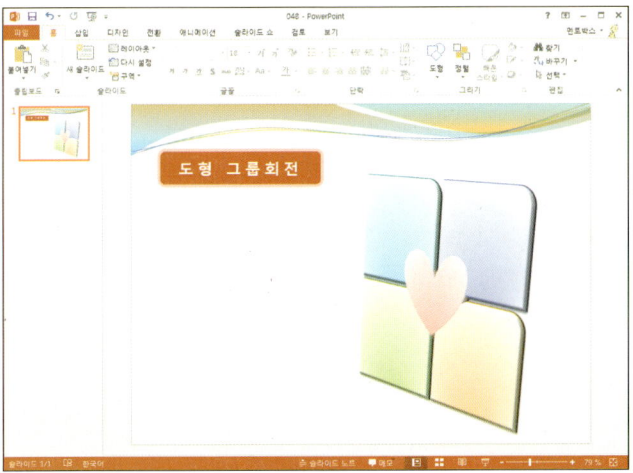

**HINT |**
- [홈] 탭-[그리기] 그룹에서 [정렬]-[그룹] 선택
- [도형 스타일] 그룹에서 [도형 효과]-[입체 효과]-[비스듬하게] 선택
- [도형 스타일] 그룹에서 [도형 효과]-[3차원 회전]-[원근감 대조적으로(왼쪽)] 선택

도형에 적용된 다양한 효과 및 설정들은 슬라이드에 삽입된 그림들에도 비슷한 성격의 메뉴들로 적용이 가능하다. 그림을 삽입하고 관련된 효과들을 설정해 보자.

# Section 4. SmartArt 활용하기

SmartArt는 어려운 개념을 쉽게 전달하기 위해 도형들로 구성한 콘셉트 구조도이다. SmartArt로 추가된 개체는 [SMARTART 도구]-[디자인] 탭을 통해 손쉽게 색상, 스타일, 도형 추가 및 원래대로 변환 작업 등을 수행할 수 있다.

> **○ 알아두기**
> • 슬라이드에 SmartArt를 삽입하고 도형을 추가하며 내용 입력을 할 수 있다.
> • SmartArt 개체에 색 변형과 스타일 설정을 할 수 있다.

## 따라하기 01 SmartArt 삽입하기

SmartArt에서 내용에 알맞은 형식을 골라 슬라이드에 삽입하고 내용을 입력해 보자.
[작업 준비물 : Ch05\049.pptx]

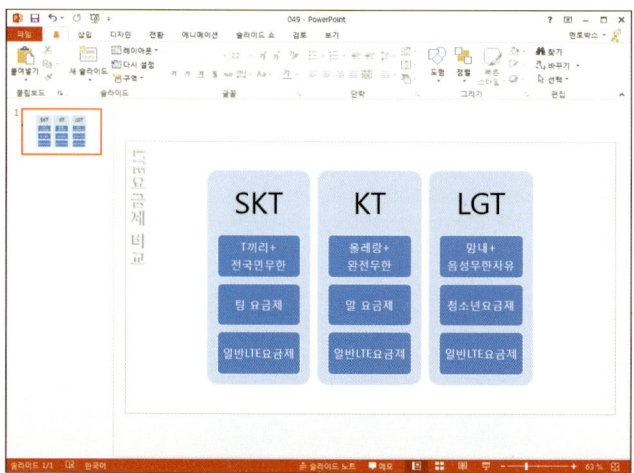

❶ 예제 파일을 열고 [삽입] 탭-[일러스트레이션] 그룹에서 [SmartArt](🔲 SmartArt)를 클릭한다.

❷ [SmartArt 그래픽 선택] 대화상자에서 [모두]-[그룹화된 목록형]을 선택하고 [확인]을 클릭한다.

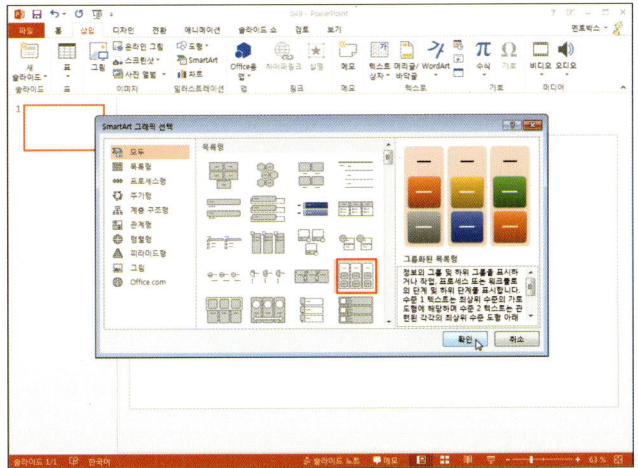

❸ SmartArt가 삽입되면 그림과 같이 문장들을 입력한다. '팅 요금제'가 입력된 도형을 선택한 뒤, 마우스 오른쪽 버튼을 누르고 [도형 추가]-[뒤에 도형 추가]를 선택한다. 추가된 도형에 '일반LTE요금제'를 입력한다. KT/LGT 분류에서 동일하게 도형을 추가하고 같은 문장을 입력한다.

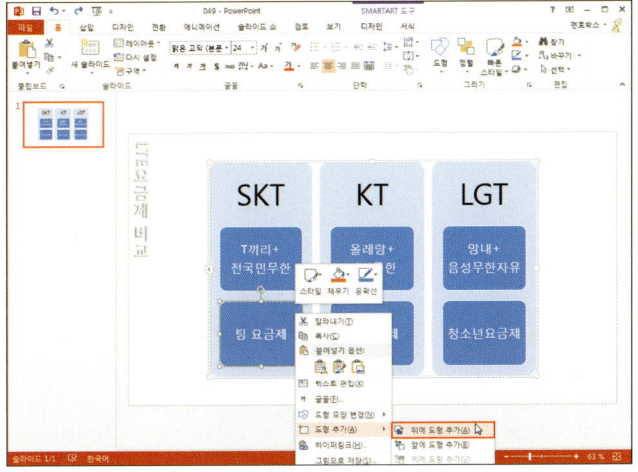

> **tip** ➕
> [SMARTART 도구]-[디자인] 탭-[그래픽 만들기] 그룹에서 [도형 추가](🔲 도형 추가 ▾)-[뒤에 도형 추가]를 선택해도 같은 효과를 낸다.

Section 4. SmartArt 활용하기

❹ 다른 방식으로 문자를 입력해 보자. SmartArt 개체 틀 왼쪽 가운데의 화살표를 클릭하면 [문자 입력] 창이 펼쳐진다. 이곳에서 'KT' - '알요금제' 입력란을 클릭해 커서를 위치시키고, Enter 를 누른다.

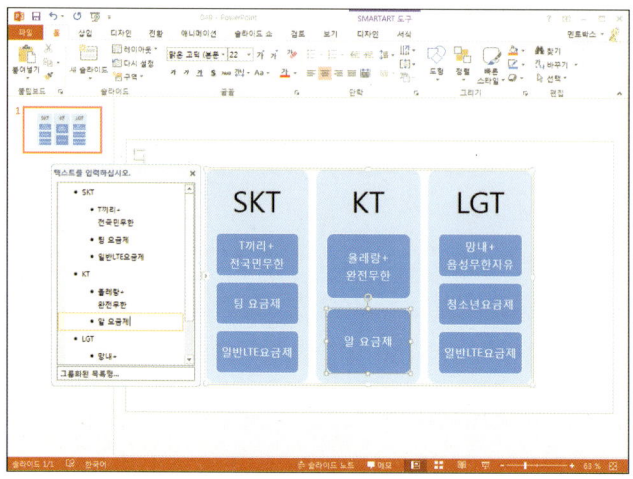

tip ⊕ 다시 화살표를 클릭해 [문자 입력] 창을 닫을 수도 있다.

❺ 새로운 글머리 기호와 함께 KT 분류에 새로운 도형이 추가된다. 이곳에 '일반LTE요금제'를 입력한다.

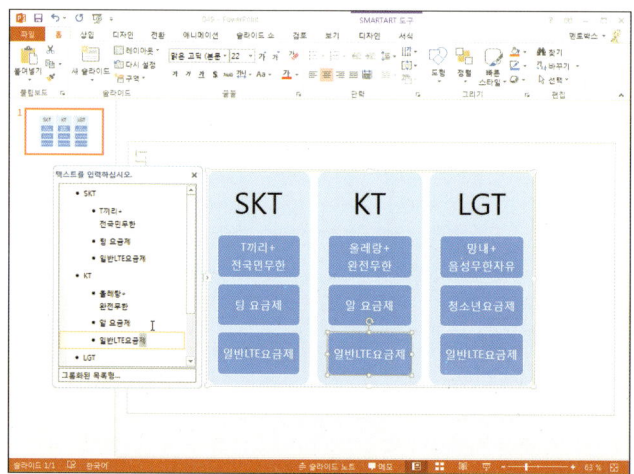

tip ⊕ SmartArt에 포함된 도형을 선택하고 Delete 를 눌러 해당 도형과 내용을 제거할 수 있다.

## 따라하기 02 SmartArt 스타일 설정하기

슬라이드에 삽입된 SmartArt의 색상과 스타일을 다양하게 변경해 보자.

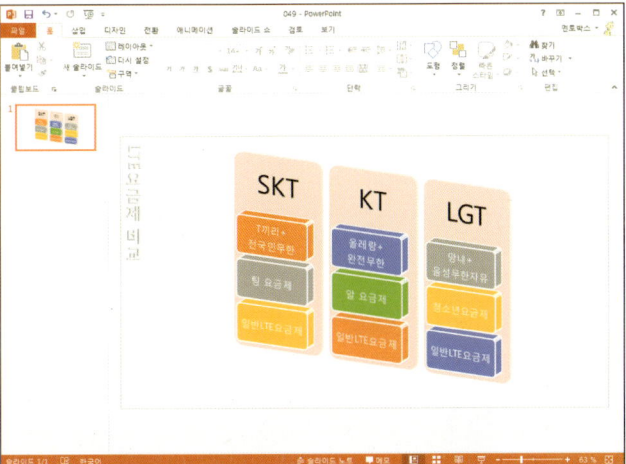

① SmartArt 개체가 선택된 상태에서 [SMARTART 도구]-[디자인] 탭-[SmartArt 스타일] 그룹에서 [색 변경]( )-[색상형 범위 – 강조색 5 또는 6]을 선택한다.

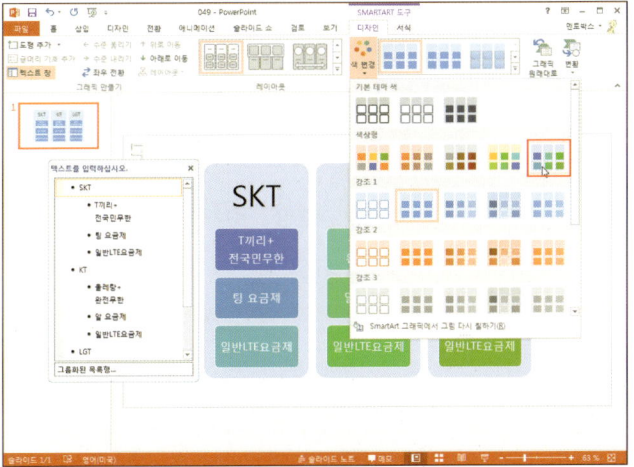

Section 4 . SmartArt 활용하기  197

❷ [SMARTART 도구]-[디자인] 탭-[SmartArt 스타일] 그룹에서 [만화]를 선택한다.

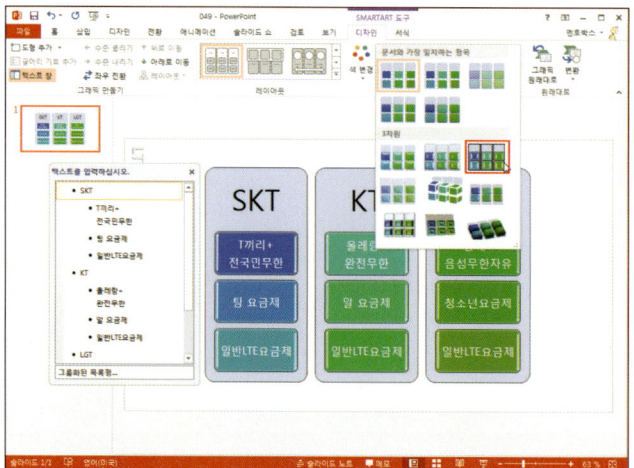

❸ 현재 열려있는 [문자 입력] 창의 오른쪽 위에 [닫기](❌)를 클릭한다.

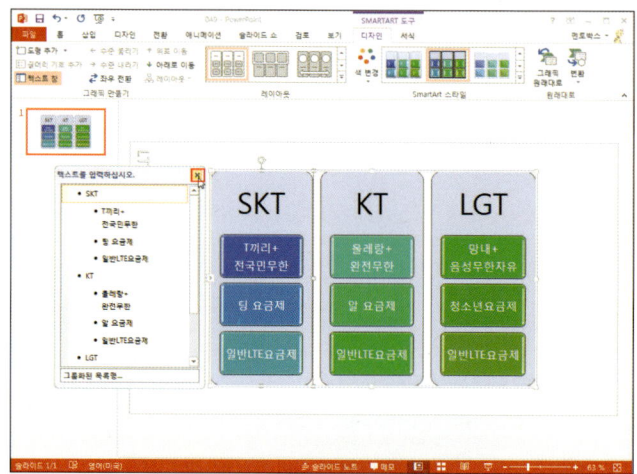

> tip ➕
> 
> [SMARTART 도구]-[디자인] 탭-[그래픽 만들기] 그룹에서 [좌우 전환]을 선택하면, SmartArt 도형 및 내용들의 좌우가 바뀌어 표현된다.

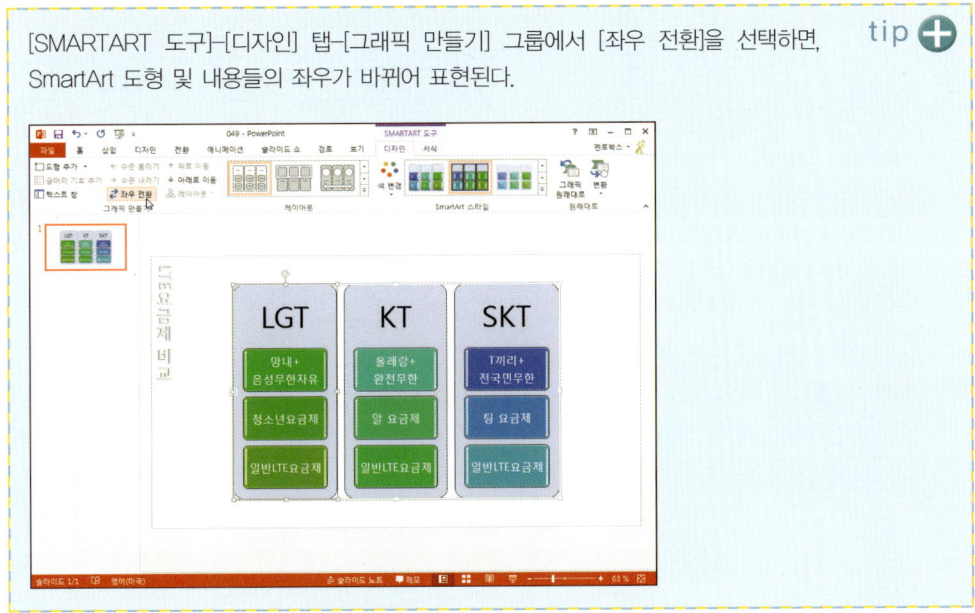

❹ [SMARTART 도구]-[디자인] 탭-[원래대로] 그룹에서 [그래픽 원래대로]( )를 선택한다.

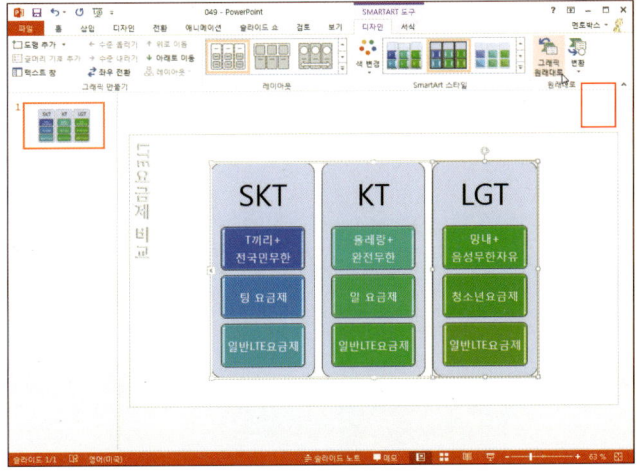

> tip ➕
> 
> 텍스트 창은 [SMARTART 도구]-[디자인] 탭-[그래픽 만들기] 그룹-[텍스트 창]을 클릭해 다시 표시할 수 있다.

Section 4 . SmartArt 활용하기

❺ 이전 작업의 결과 SmartArt에 설정했던 색과 효과들이 모두 처음 상태로 돌아간 것을 확인할 수 있다.

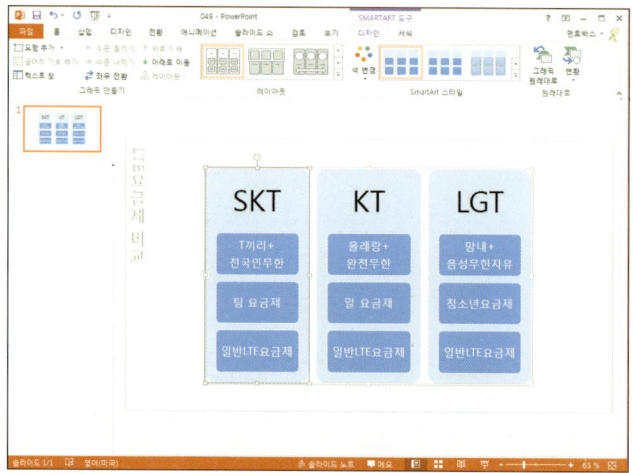

tip ➕ [SMARTART 도구]-[디자인] 탭-[원래대로] 그룹에서 [변환]-[도형으로 변환]을 선택하면 선택된 SmartArt를 구성하는 요소들이 개별 도형으로 분리된다.

❻ [SMARTART 도구]-[디자인] 탭-[SmartArt 스타일] 그룹에서 [색 변경](🎨)-[색상형-강조색]을 선택한다.

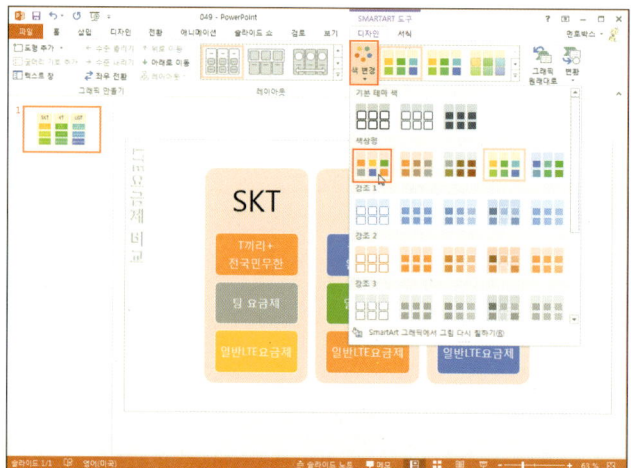

❼ [SMARTART 도구]-[디자인] 탭-[SmartArt 스타일] 그룹에서 [벽돌]을 선택한다.

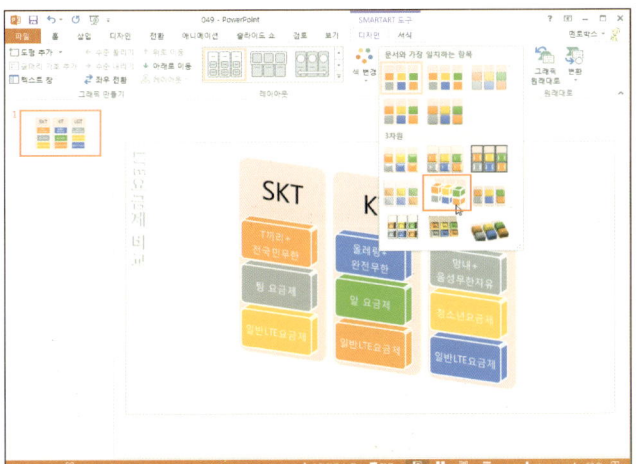

> [SMARTART 도구]-[디자인] 탭-[레이아웃] 그룹에서 현재 선택된 SmartArt의 형태를 다른 것으로 교체할 수 있다.

## [SmartArt 그래픽 선택] 대화상자 살펴보기

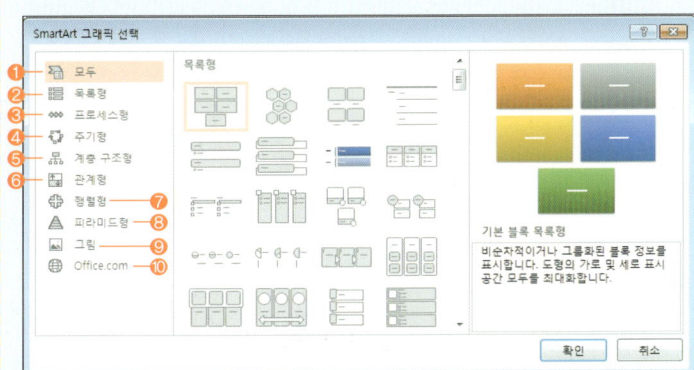

❶ **모두** : 프로그램에서 제공하는 모든 SmartArt 개체들을 한 번에 확인할 수 있다.
❷ **목록형** : 비순차적이거나 그룹화된 동일비중의 내용이나 개념들을 보기 좋게 표기하는 데 사용한다.
❸ **프로세스형** : 주로 작업이나 진행 과정이나 목표의 달성 과정 등을 순서대로 표기하는 데 많이 활용한다.
❹ **주기형** : 주로 작업 과정이 되풀이되는 순환 구조를 가진 내용 배치에 많이 사용한다.
❺ **계층 구조형** : 주로 조직도나 하나의 개념이 퍼져나가는 과정을 표기하는 데 사용한다.
❻ **관계형** : 표기된 개념이나 주제들 간의 비중 및 차이점을 표시하는 데 활용한다.
❼ **행렬형** : 1, 2개의 중심 개념으로 작성된 내용들을 분류하여 표기하는 데 사용한다.
❽ **피라미드형** : 작성된 내용들 간의 비례 관계를 확연하게 보여주기 위해 사용한다.
❾ **그림** : 사용자가 선택한 이미지를 구성 요소로써 삽입할 수 있는 SmartArt 개체 목록이다.
❿ **Office.com** : 인터넷이 연결되어 있는 경우에 나타나며, 이곳에서 추가된 SmartArt 개체를 선택해 사용할 수 있다.

## 01 혼자해보기

예제 파일을 열고 [주기형]-[기본 주기형] SmartArt를 삽입하고 도형을 추가한다. 이어 다음과 같이 내용을 입력한 뒤, 색과 스타일을 적용해 보자.

[작업 준비물 : Ch05\050.pptx]

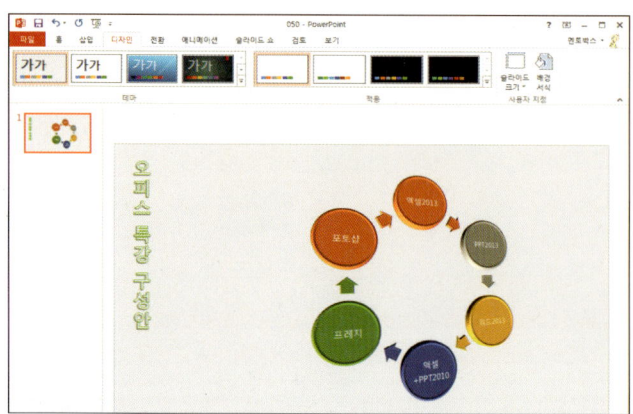

**HINT |**
- [삽입] 탭-[일러스트레이션] 그룹에서 [SmartArt] 선택
- [주기형]-[기본 주기형] 스타일 선택
- [SMARTART 도구]-[디자인] 탭-[색 변경]-[색상형 – 강조색] 선택
- [SMARTART 도구]-[디자인] 탭-[SmartArt 스타일] 그룹에서 [일몰] 선택

## 02 혼자해보기

예제 파일을 열고 [주기형]-[기본 원형] SmartArt를 삽입한 뒤 도형을 추가한다. 이어 다음과 같이 내용을 입력한 뒤, 색과 스타일을 적용해 보자.

[작업 준비물 : Ch05\051.pptx]

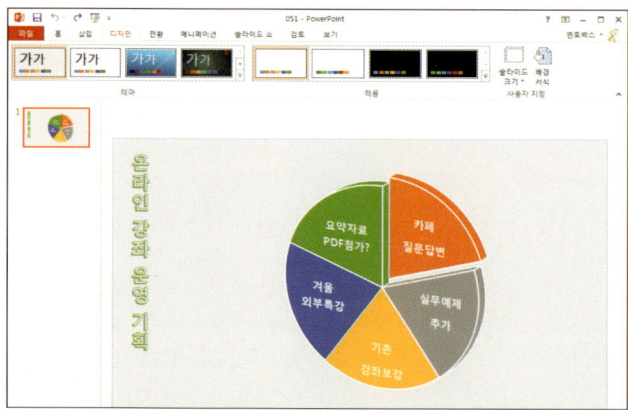

**HINT |**
- [SMARTART 도구]-[디자인] 탭-[색 변경]-[색상형 – 강조색] 선택
- [SMARTART 도구]-[디자인] 탭-[SmartArt 스타일] 그룹에서 [벽돌] 선택

## 1. 도형 삽입하기

- [삽입] 탭-[일러스트레이션] 그룹에서 [도형]을 클릭해 목록에서 필요한 도형을 선택한다.
- 슬라이드 위를 드래그하면 선택한 도형이 커서를 따라 만들어지는 것을 볼 수 있다.
- Shift 와 함께 드래그하면 해당 도형의 가로/세로 비율을 유지한 채 크기만 설정할 수 있다.
- 삽입한 도형은 흰색 조절점을 드래그해 크기 조정할 수 있으며, 노랑 조절점은 도형의 형태 변환, 회전 핸들은 도형의 회전에 관련된 옵션이다.

## 2. 도형의 서식 설정하기

- [서식] 탭-[도형 스타일] 그룹에서 [도형 채우기]( 도형 채우기 ▼ )를 통해 선택한 도형의 채우기 색상, 질감, 그레이디언트 등을 설정할 수 있다.
- [서식] 탭-[도형 스타일] 그룹에서 [도형 효과]( 도형 효과 ▼ )에서 [그림자], [반사], [네온], [부드러운 가장자리], [입체 효과], [3차원 회전] 등의 효과를 적용할 수 있다.
- [도형 스타일] 그룹의 목록에서 미리 설정된 스타일 아이콘들 중 원하는 것을 선택해 적용할 수 있다.

## 3. 도형에 그림 및 문자 입력하기

- [그리기 도구]-[서식] 탭-[도형 스타일] 그룹에서 [도형 채우기]( 도형 채우기 ▼ )-[그림]을 선택한다.
- [그림 삽입] 창에서 [파일에서]-[찾아보기]를 클릭해 내 컴퓨터에 있는 그림을 선택해 채우기를 할 수 있다.
- [그림 삽입] 창-[Office.com 클립 아트]에서 원하는 키워드를 입력한 뒤 Enter 를 누르면 클립 아트를 검색할 수 있고, 검색된 클립 아트를 선택해 채우기 할 수도 있다.
- 도형을 선택하고 문장을 입력하면 도형 안에 문자가 입력된다.
- 도형에 생성된 문장은 일반 문자와 동일한 방식으로 글꼴 및 크기, 색상 변경이 가능하다.
- 도형에 생성된 문장에는 워드아트를 적용해 꾸밀 수도 있다.

## 핵심정리 summary

### 4. 도형 정렬 및 그룹화

- 겹쳐진 도형의 순서를 조정할 수 있다.

- 도형이 선택된 상태에서 [서식] 탭-[정렬] 그룹에서 [뒤로 보내기], [맨 뒤로 보내기], [앞으로 가져오기], [맨 앞으로 가져오기] 등을 이용해 적용할 수 있다.

- 정렬 대상인 도형들을 선택하고 [서식] 탭-[정렬] 그룹에서 [개체 맞춤]( ) 목록의 [왼쪽 맞춤], [오른쪽 맞춤], [위로 맞춤], [아래쪽 맞춤] 등을 이용해 적용할 수 있다.

- 대상 도형들을 선택하고 [홈] 탭-[그리기] 그룹에서 [그룹]( 그룹(G) )을 이용해 하나의 개체로 묶을 수 있다.

- 그룹화된 도형은 하나의 개체로 인식되어 한 번에 이동, 복사, 삭제 및 스타일 변경이 가능하다.

- [홈] 탭-[그리기] 그룹에서 [정렬]( )-[그룹 해제]를 통해 원래의 개별 도형으로 해제가 가능하다.

### 5. SmartArt 활용하기

- 어려운 개념을 쉽게 전달하기 위해 도형들을 배치해 이해하기 쉬운 콘셉트 구조도를 만들 수 있다.

- 많이 활용되는 도형들의 콘셉트 구조도는 파워포인트 2013에서 SmartArt를 통해 선택 적용할 수 있다.

- [삽입] 탭-[일러스트레이션] 그룹에서 [SmartArt]( SmartArt )를 클릭해 [SmartArt 그래픽 선택] 대화상자를 불러낼 수 있다.

- 슬라이드에 생성된 SmartArt 개체는 [SMARTART 도구]-[디자인] 탭을 통해 색상, 스타일, 도형 추가 및 원래대로 변환 작업 등을 수행할 수 있다.

# 종합실습

1. 예제 파일을 열고 도형을 삽입한 후 도형 스타일을 설정하고 내용을 입력해 다음과 같이 만들어 보자.

   [작업 준비물 : Ch05\052.pptx]

   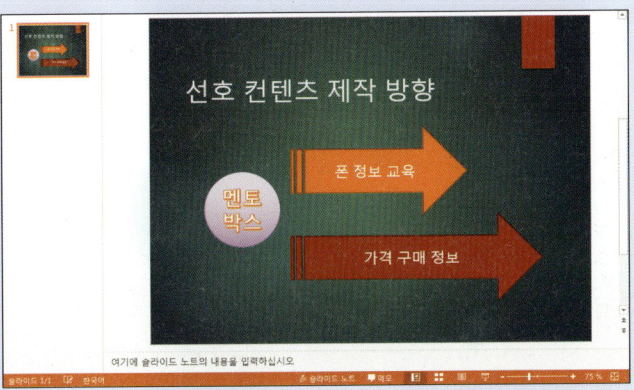

   **HINT** | • [삽입] 탭-[도형]-[줄무늬가 있는 오른쪽 화살표] 선택
   • 위쪽 도형 : [그리기 도구]-[서식] 탭-[도형 스타일] 그룹에서 자세히(▼)를 클릭해 [색 채우기-주황, 강조 2] 선택
   • 아래쪽 도형 : [그리기 도구]-[서식] 탭-[도형 스타일] 그룹의 자세히(▼)를 클릭해 [색 채우기-진한 빨강, 강조 1] 선택

2. 예제 파일을 열고 '화살표' 도형을 복사한 뒤 채우기 색상을 달리 설정한다. 이어 각각의 도형들이 서로 다른 회전각과 위치가 되도록 설정한 뒤, 마우스 오른쪽 버튼을 눌러 바로 가기 메뉴에서 [점 편집]을 선택한다. 검은 조절점을 드래그해 도형의 형태를 변경해 보자.

   [작업 준비물 : Ch05\053.pptx]

   **HINT** | • [점 편집]이 적용된 도형의 모서리마다 검은 조절점이 생김
   • 검은 조절점을 클릭해 생기는 핸들을 드래그해 곡선 변형 가능

## 종합실습 pointup

3. 인터넷 창을 열고 캡처를 원하는 웹페이지 화면을 띄운다. 예제 파일을 열고 스크린샷으로 슬라이드에 인터넷 창 화면을 삽입한 뒤, 그림과 같은 효과를 적용해 보자.

[작업 준비물 : Ch05\054.pptx]

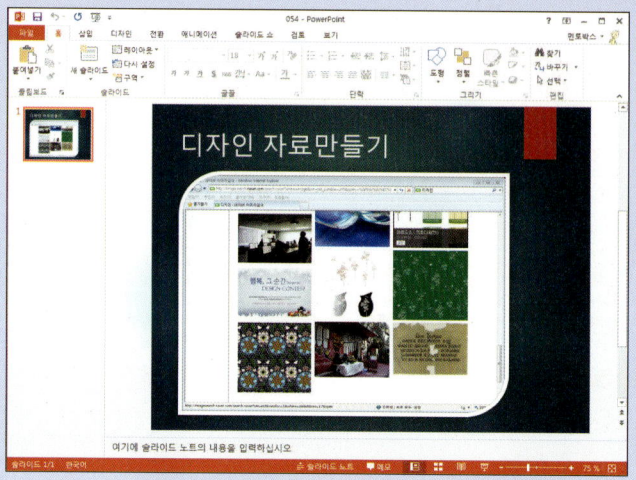

**HINT** | • [서식] 탭–[크기] 그룹에서 [자르기]–[도형에 맞춰 자르기]–[대각선 방향의 모서리가 둥근 사각형] 선택
• [서식] 탭–[도형 스타일] 그룹에서 [도형 테두리])–[두께]–[6pt] 선택

# 종합실습 pointup

4. 예제 파일을 열고 [계층 구조형]-[가로 계층 구조형] SmartArt를 삽입한 뒤 도형을 추가한다. 이어 다음과 같이 내용을 입력한 뒤, 색과 스타일을 적용해 보자.

   [작업 준비물 : Ch05\055.pptx]

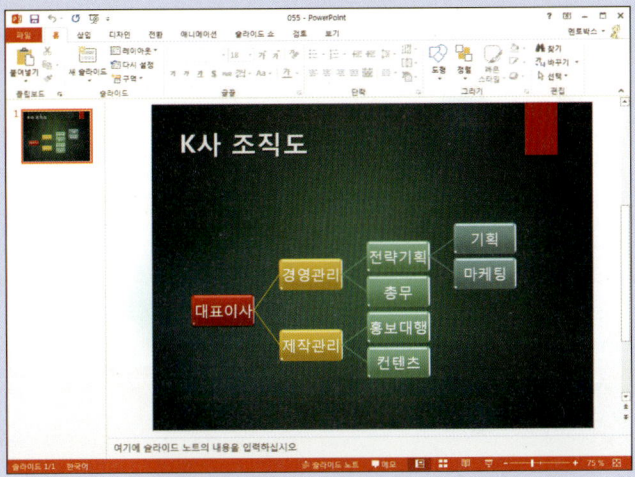

HINT | • [SMARTART 도구]-[디자인] 탭-[색 변경]-[색상형 범위 – 강조색2 또는 3] 선택
 • [SMARTART 도구]-[디자인] 탭-[SmartArt 스타일] 그룹에서 [광택 처리] 선택

# CHAPTER 06

## 표와 차트 활용하기

청중의 이해도를 높이기 위해 어려운 개념이나 복잡한 숫자 데이터들을 표나 차트로 만들어 슬라이드에 삽입할 수 있다. 이를 위해 표와 차트를 생성하는 기본 과정을 알아보고 각각의 서식을 조정해 보자. 한 번 만들어진 표와 차트는 지원되는 리본 메뉴의 옵션을 통해 새로운 스타일과 레이아웃으로 언제든지 변경이 가능하다.

Section 1　표 삽입 및 크기 조정하기
Section 2　표의 레이아웃 변경 및 스타일 설정
Section 3　차트 삽입 및 서식 조정
Section 4　다양한 차트 형태 살펴보기

# 파워포인트 2013의 표와 차트 이해하기

## Chapter 6

표와 차트는 사용자가 의도한 내용이나 숫자 데이터를 청중에게 쉽게 전달하기 위한 그래픽 요소이다. 이들을 슬라이드에 삽입하는 기본 방식과 더불어, 생성된 표와 차트의 레이아웃, 스타일 등을 빠르게 변경하는 과정들에 대해 알아보자.

## 01 표 삽입 및 크기 조정

파워포인트 2013에서 표 개체는 [삽입] 탭-[표] 그룹에서 [표]를 선택하고, 마우스를 드래그해 원하는 열 수와 행 수를 설정하는 것으로 쉽게 만들 수 있다. 이렇게 생성된 표는 테두리 조절점을 드래그해 너비와 높이를 조정할 수 있으며, 표 안의 셀들 역시 셀 경계선을 드래그하는 것으로 폭과 높이 조정이 가능하다. 이러한 표 안쪽에 입력된 문장에는 글꼴 및 단락 명령들을 적용해 보기 좋은 서식이 되도록 할 수 있다.

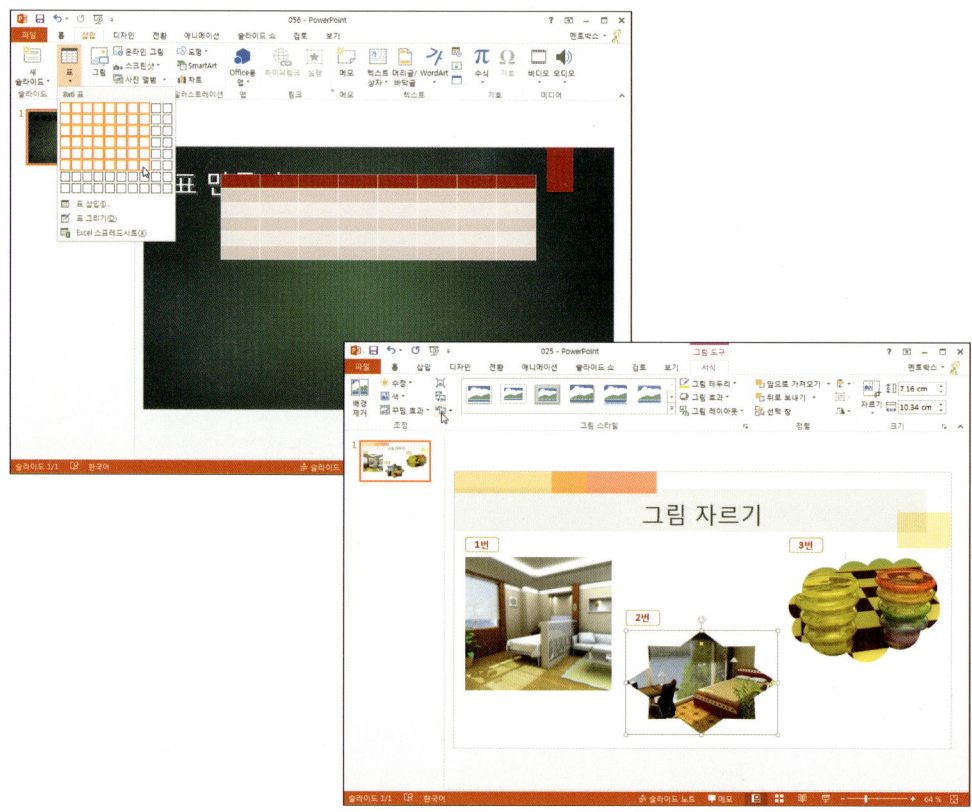

## 02 표의 레이아웃 변경 및 스타일 설정

슬라이드에 삽입된 표는 [표 도구]-[디자인] 탭에서 제공하는 표 스타일들을 선택해 적용할 수 있으며, [표 도구]-[레이아웃] 탭을 활용해 표를 구성하는 셀들의 병합과 분할을 실행할 수 있다. 물론 필요에 따라 표의 행과 열을 늘리거나 삭제하는 것도 가능하며, 이렇게 완성된 표에 다양한 테두리나 채우기, 효과 설정 등을 할 수도 있다.

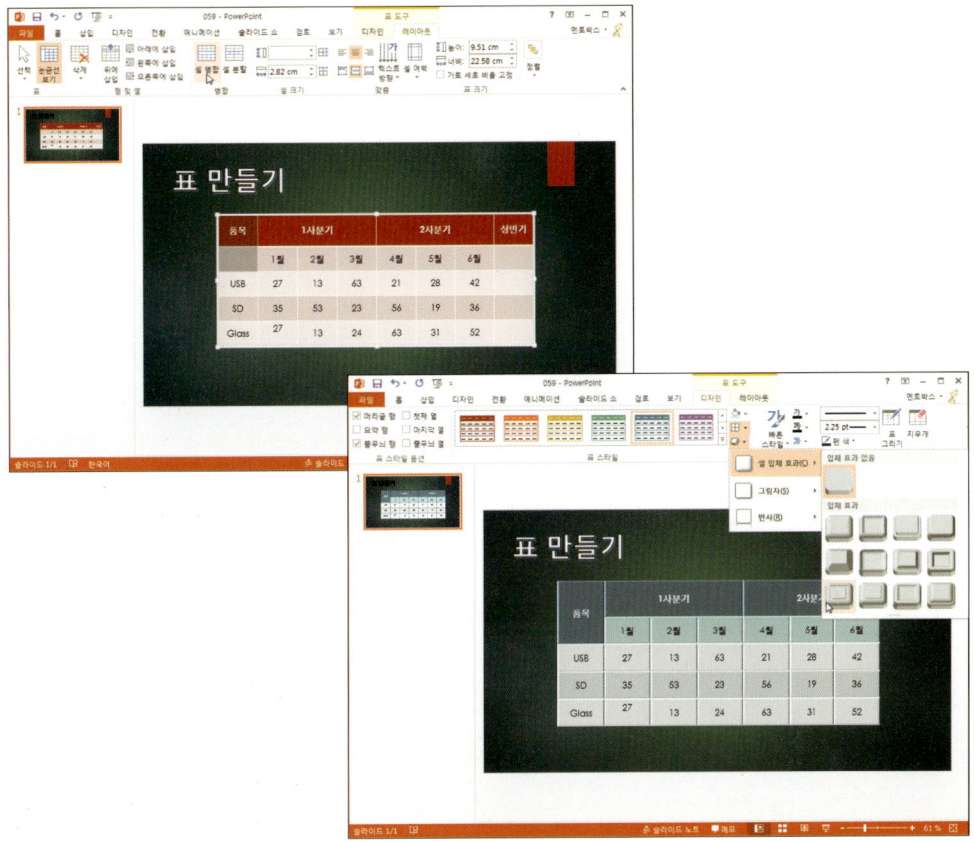

# 03 차트 삽입 및 서식 조정

차트는 입력한 숫자 데이터를 도식화하여 사용자의 의도를 빠르게 전달하는 데 초점을 맞춘다. 때문에 슬라이드에 삽입할 수 있는 차트의 종류는 매우 다양한 분류로 준비되어 있으며, 슬라이드에 추가된 차트는 다양한 스타일과 레이아웃으로 수정할 수 있다. 이렇게 생성된 차트는 데이터 입력 창의 수치를 조정하여 실시간으로 업데이트를 할 수도 있다.

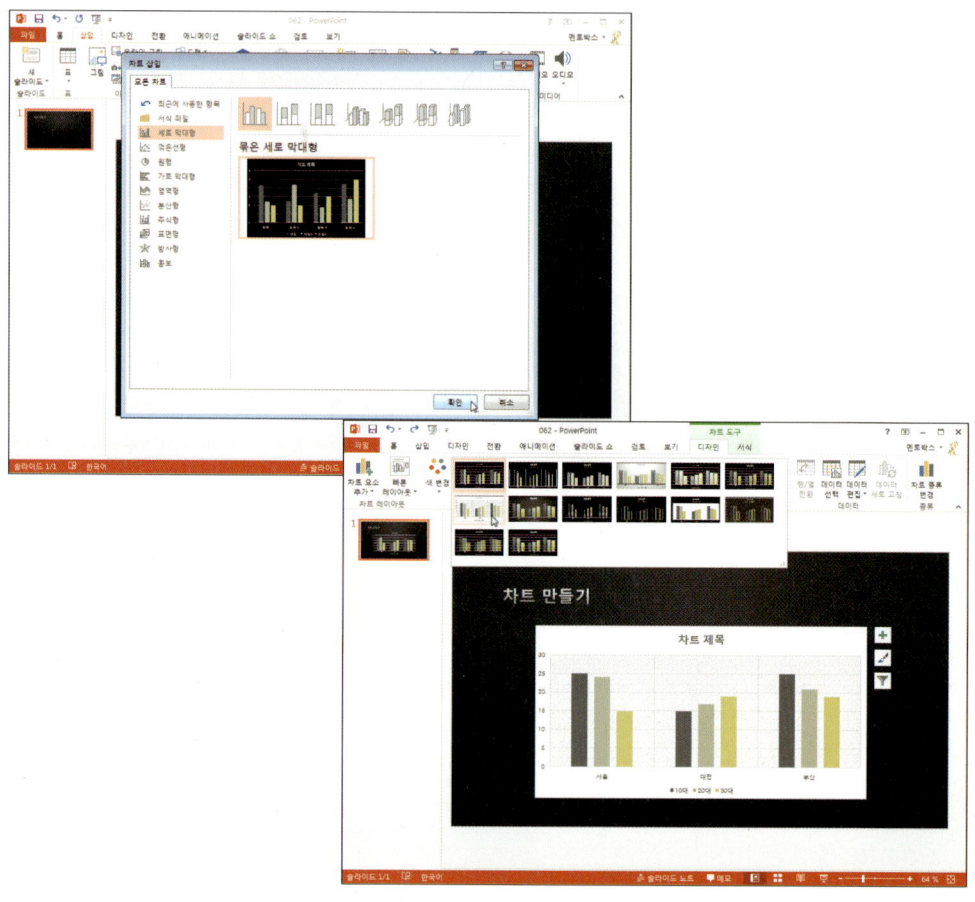

## 04 다양한 차트 형태 살펴보기

사용자의 필요에 따라 슬라이드 삽입할 수 있는 차트의 종류는 세로 막대형, 원형, 주식형, 영역형 등 무수히 많다. 이렇게 생성된 차트는 필요에 따라 다른 종류의 차트 형식으로 변경할 수 있으며, 입체감 있는 3차원 형태로도 수정 가능하다. 특히 2013 버전에 새로 도입된 콤보 차트를 통해 2개 이상의 다른 차트 종류를 하나의 차트 안에서 표현하는 것이 가능해졌다.

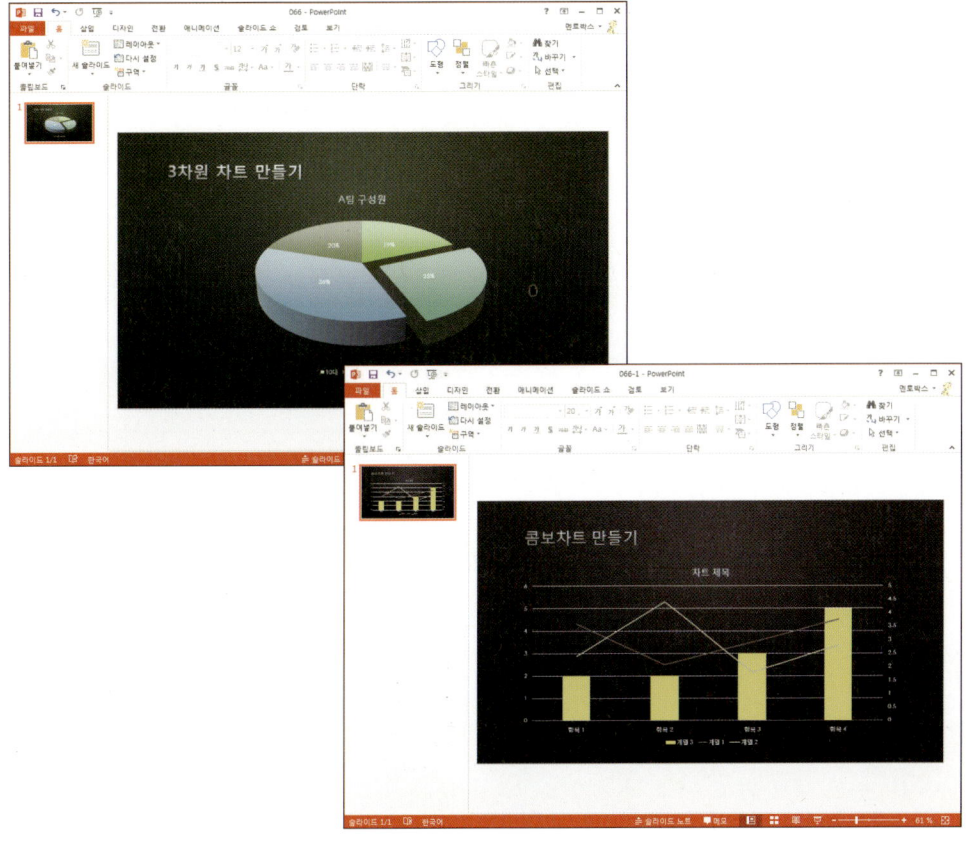

# Section 1. 표 삽입 및 크기 조정하기

행과 열 수를 드래그하는 방식으로 손쉽게 표를 만들 수 있다. 이렇게 생성된 표는 간단한 방식으로 크기 조정 및 배치가 가능하며, 안에 데이터를 입력하고 서식을 조정하는 과정 또한 이전에 배운 도형들과 유사점이 많다.

> **알아두기**
> - 슬라이드에 표를 삽입하고 문장을 입력할 수 있다.
> - 표의 크기를 조절하고 셀을 기준으로 문장의 위치를 조정할 수 있다.

## 따라하기 01 | 표 삽입 및 크기 조정

'8 * 6'의 표를 삽입하고 적당한 크기로 조정한다. 이곳에 내용을 입력한 후, 표에 어울리는 정렬 형태로 조정해 보자.

[작업 준비물 : Ch06\056.pptx]

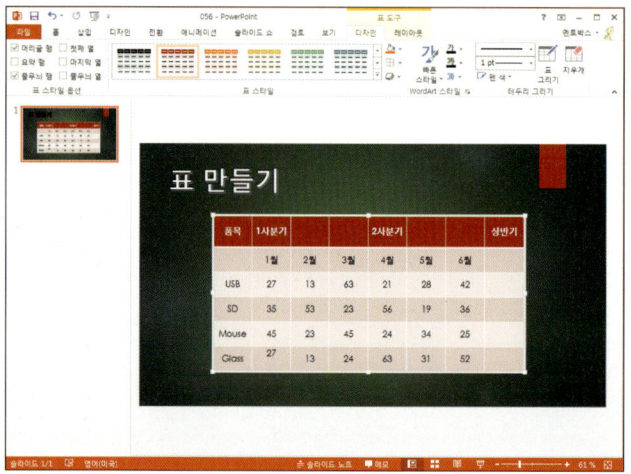

214 Chapter 6 . 표와 차트 활용하기

❶ '슬라이드 1'을 선택하고, [삽입] 탭-[표] 그룹에서 [표](▦)를 드래그해 열과 행 수가 [8*6]이 되면 클릭한다.

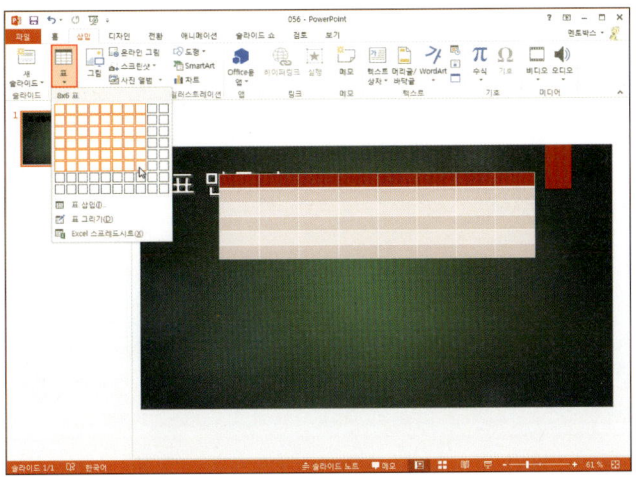

> tip ➕
> [삽입] 탭-[표] 그룹에서 [표](▦)-[표 삽입]을 선택하면, [표 삽입] 대화상자에서 [열 개수], [행 개수]를 입력해 표 삽입이 가능하다.

❷ 생성된 표 가운데 아래의 조절점을 아래쪽으로 드래그해 다음과 같이 높이 조정을 한다.

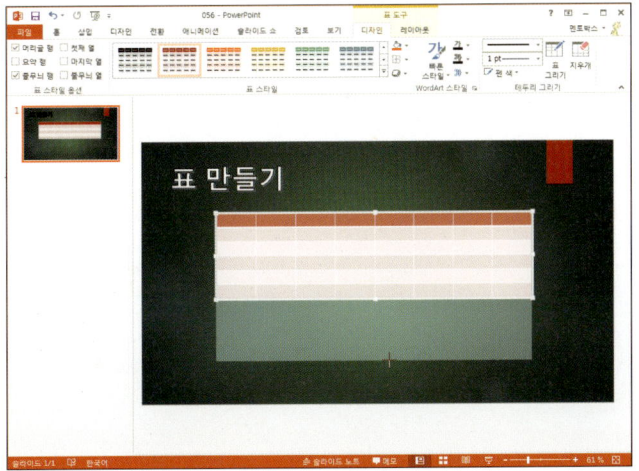

> tip ➕
> 선택한 표의 테두리 조절점들을 드래그해 일반 도형이나 사진과 마찬가지 방식으로 크기 조정이 가능하다.

> tip ➕
> 테두리 부분을 선택하고 드래그해 위치를 조정할 수도 있다.

❸ 표 안쪽을 클릭한 뒤 다음과 같이 내용을 입력한다.

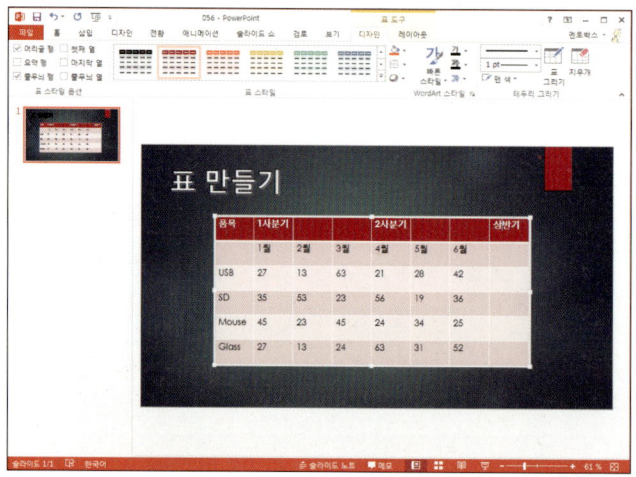

❹ 표의 테두리 부분을 클릭한 뒤, [홈] 탭-[단락] 그룹에서 [가운데 맞춤](≡)을 클릭한다.

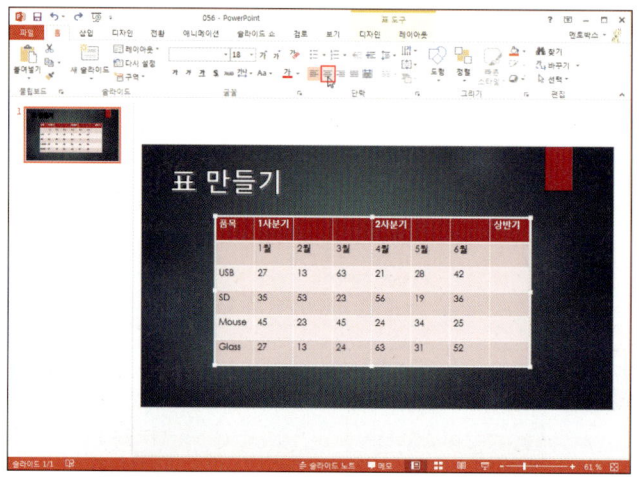

> tip ➕
> [홈] 탭-[글꼴] 그룹의 서식을 적용해, 표에 입력된 글꼴의 색상, 크기, 형태 등을 변경할 수도 있다.

❺ [홈] 탭-[단락] 그룹에서 [텍스트 맞춤](🔲)-[중간]을 선택해, 선택된 표의 문장들이 셀의 중간에 위치하도록 설정한다.

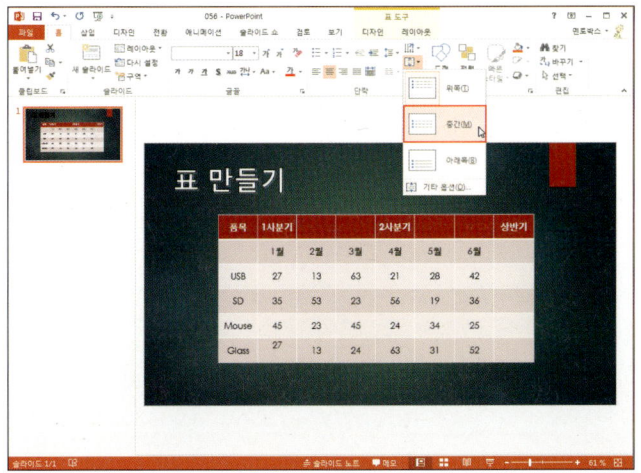

❻ 표 상단의 머리글 행의 높이만 조정하기 위해, 머리글 행의 아래쪽 변을 드래그해 높이를 조정한다.

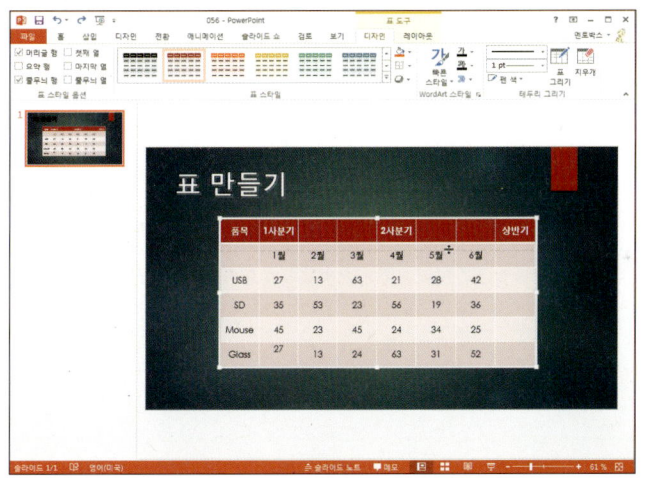

> tip ➕
> 표 안쪽에서 셀들의 높이와 너비를 구획하는 수직, 수평선들을 드래그해 해당 셀의 너비와 높이를 조정할 수 있다.

Section 1. 표 삽입 및 크기 조정하기  217

### 01 혼자해보기

'4 * 6'의 표를 삽입한다. 이곳에 다음과 같은 내용을 입력하고 표의 크기와 정렬 방식을 조정해 보자.

[작업 준비물 : Ch06\057.pptx]

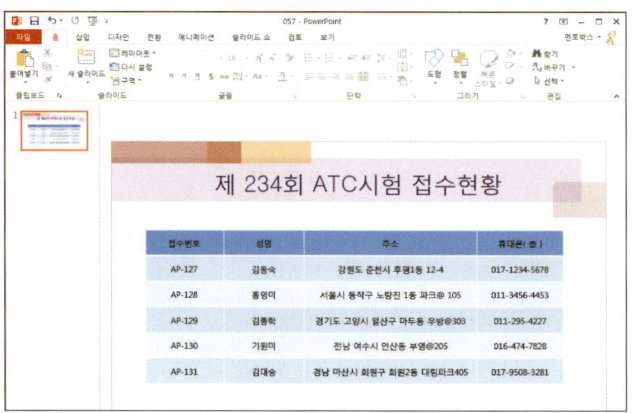

**HINT |**
- 표의 크기를 설정한 뒤, 안쪽 경계선을 드래그해 각 셀들의 너비 조정
- 표의 테두리 틀을 선택한 뒤, [글꼴] 맑은 고딕, [글꼴 크기] 16
- 표의 테두리 틀을 선택한 뒤, [홈] 탭-[단락] 그룹에서 [가운데 맞춤] 클릭

### 02 혼자해보기

'9 * 8'의 표를 삽입한다. 이곳에 다음과 같은 내용을 입력하고 표의 크기와 정렬 방식을 조정해 보자.

[작업 준비물 : Ch6\058.pptx]

**HINT |**
- 표의 테두리 틀을 선택한 뒤, [글꼴] 맑은 고딕, [글꼴 크기] 16
- 표의 테두리 틀을 선택한 뒤, [홈] 탭-[단락] 그룹에서 [가운데 맞춤] 클릭
- [글꼴 색] '영화명' 분류는 '진한 빨강', '상영시각' 분류는 '자주'로 설정

# Section 2 표의 레이아웃 변경 및 스타일 설정

슬라이드에 표를 삽입하고, 원하는 형태로 표를 수정하기 위한 [디자인] 탭/[레이아웃] 탭의 관련 기능들을 살펴본다. 아울러 표에 설정할 수 있는 다양한 테두리나 채우기, 효과 설정 등에 대해서도 알아본다.

## ○ 알아두기
- 드래그하여 선택한 셀들을 하나로 합칠 수 있다.
- 커서가 위치한 행 또는 열을 추가하거나 삭제할 수 있다.
- 표 스타일 목록에 원하는 디자인을 바로 적용할 수 있다.

## 따라하기 01 표의 레이아웃 설정하기

여러 셀을 하나로 병합하거나 특정 행 또는 열을 추가하고 삭제해 표의 레이아웃을 설정하는 방법을 알아보자.

[작업 준비물 : Ch06\059.pptx]

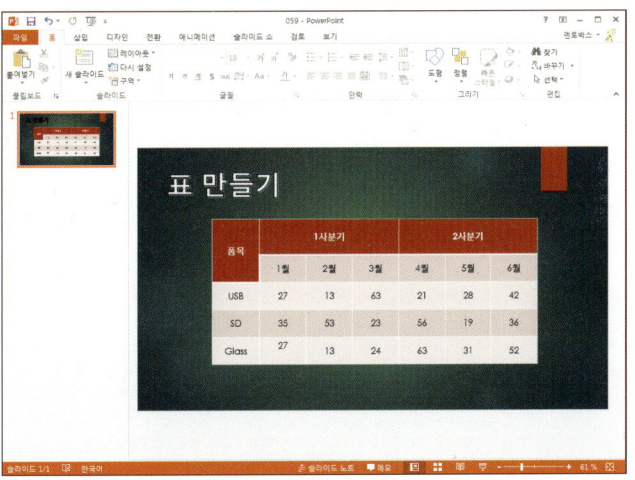

① 예제 파일을 열고 표 안쪽에서 'Mouse'가 입력된 셀을 선택한다.

❷ [표 도구]-[레이아웃] 탭-[행 및 열] 그룹에서 [삭제](📋)-[행 삭제]를 선택한다.

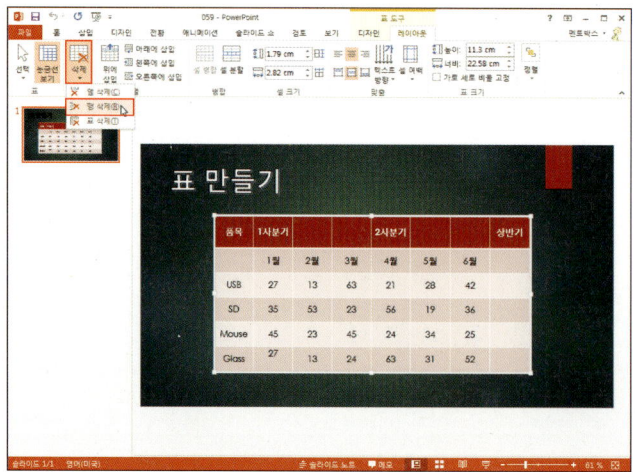

❸ 이번에는 머리글 행의 '1사분기'가 입력된 셀과 오른쪽으로 붙어있는 2개의 셀을 드래그해 선택한 뒤, [표 도구]-[레이아웃] 탭-[병합] 그룹에서 [셀 병합](📋)을 클릭한다.

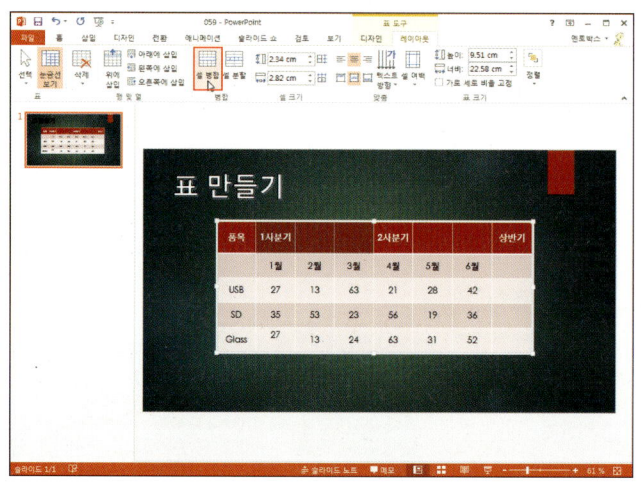

> tip ➕
> [표 도구]-[레이아웃] 탭-[병합] 그룹에서 [셀 분할](📋)을 클릭하면 [셀 분할] 대화상자가 나타난다. 이곳에 분할될 셀의 열과 행 개수를 입력해 셀을 나눌 수 있다.

❹ 위와 같은 방식으로 오른쪽에 있는 '2사분기' 영역과 빈 셀들도 하나의 셀로 병합한다.

❺ 이번에는 '품목'이 입력된 셀과 바로 아래쪽에 인접한 셀을 함께 드래그해 선택하고, [표 도구]-[레이아웃] 탭-[병합] 그룹에서 [셀 병합](　)을 클릭한다.

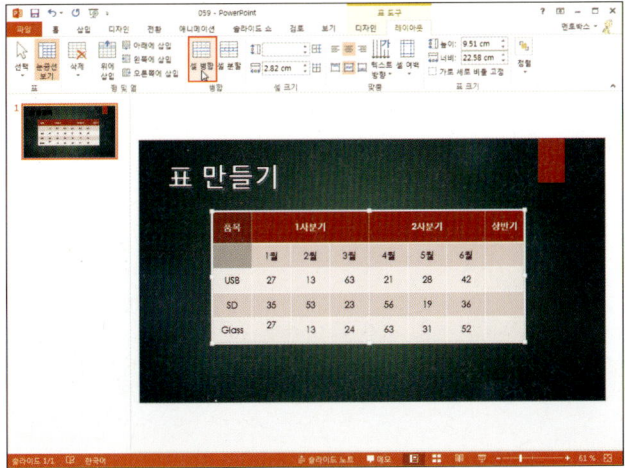

❻ '상반기'가 입력된 셀을 클릭하고, [표 도구]-[레이아웃] 탭-[행 및 열]에서 [삭제]-[열 삭제](　열 삭제(C)　)를 클릭한다.

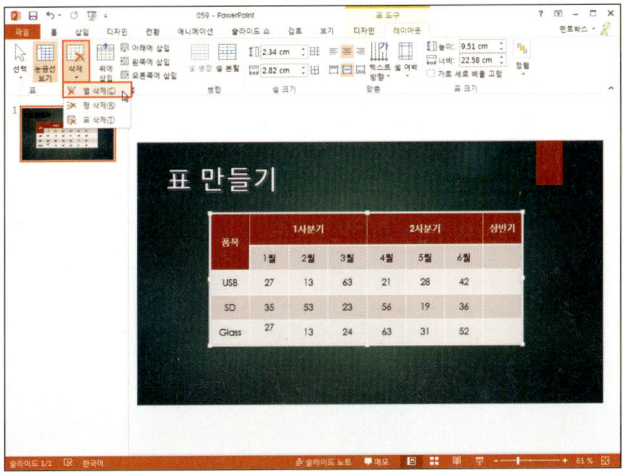

Section 2. 표의 레이아웃 변경 및 스타일 설정

❼ 열이 삭제되어 표의 전체적인 너비가 좁아진다. 테두리 조절점을 드래그해 이전과 비슷한 크기로 너비를 늘려준다.

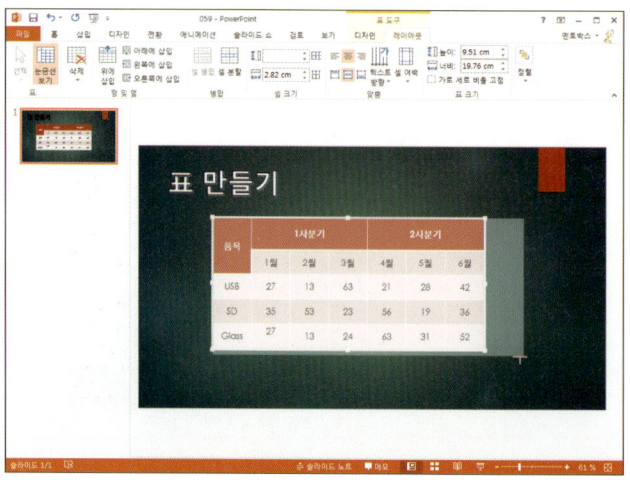

## 따라하기 02 표 스타일 설정하기

[표 도구]-[디자인] 탭-[표 스타일] 그룹을 이용하여 표 스타일을 설정해 보자.

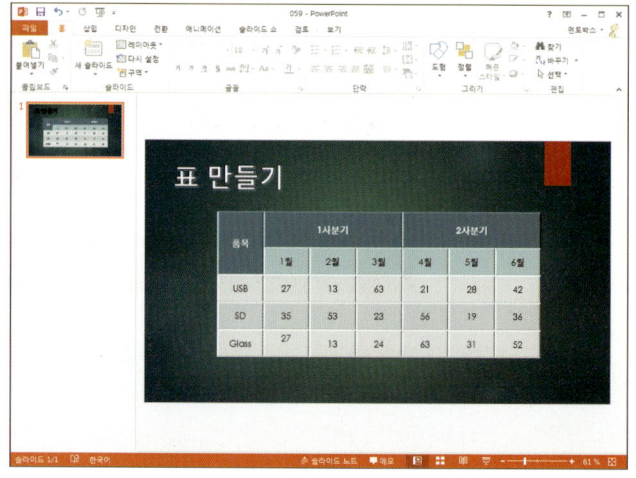

① 표가 선택된 상태에서 [표 도구]-[디자인] 탭-[표 스타일] 그룹에서 자세히(⬇)를 클릭해 [보통 스타일 1, 강조 5]를 선택한다.

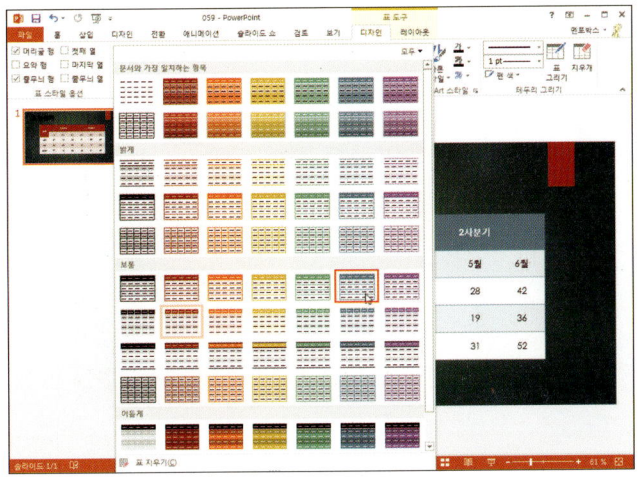

tip ➕

표 스타일을 목록에서 커서가 위치한 곳의 스타일은 실시간 미리 보기로 슬라이드에 영향을 준다. 이를 통해 적용되었을 때의 모습을 확인하고 사용자의 마음에 드는 스타일을 쉽게 선택할 수 있다.

② 표 위쪽의 '1~6월'이 입력된 셀들을 선택한 뒤, [표 도구]-[디자인] 탭-[표 스타일] 그룹에서 [음영]()-[진한 청록, 배경 2, 80% 더 밝게]를 선택한다.

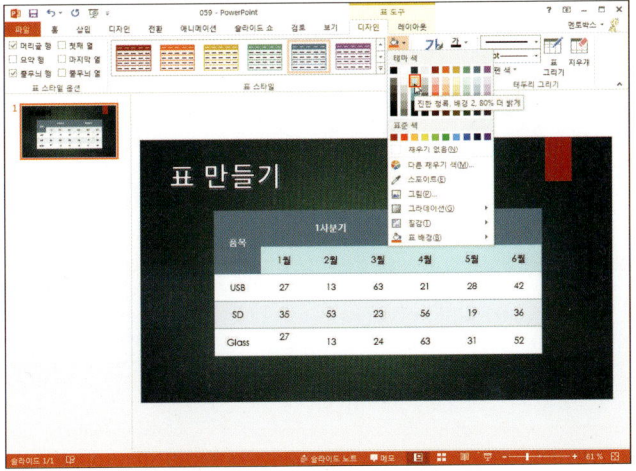

Section 2 . 표의 레이아웃 변경 및 스타일 설정  223

❸ 표 테두리 부분을 클릭한 뒤, [표 도구]-[디자인] 탭-[테두리 그리기] 그룹에서 [펜 두께]의 목록 단추를 클릭해 [2.25pt]를 선택한다.

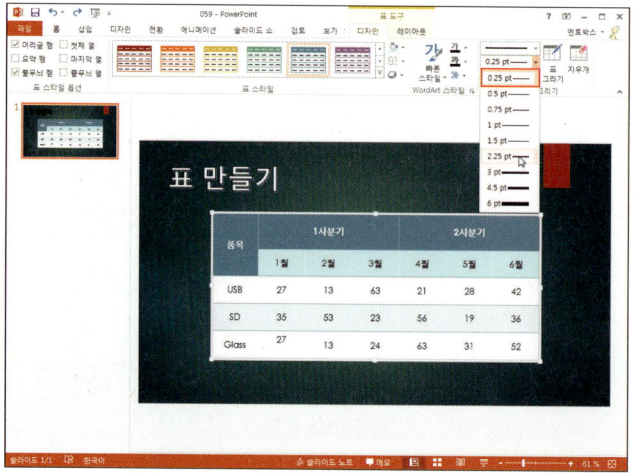

❹ [표 도구]-[디자인] 탭-[테두리 그리기] 그룹에서 [펜 색]을 클릭해 [진한 파랑]을 선택한다.

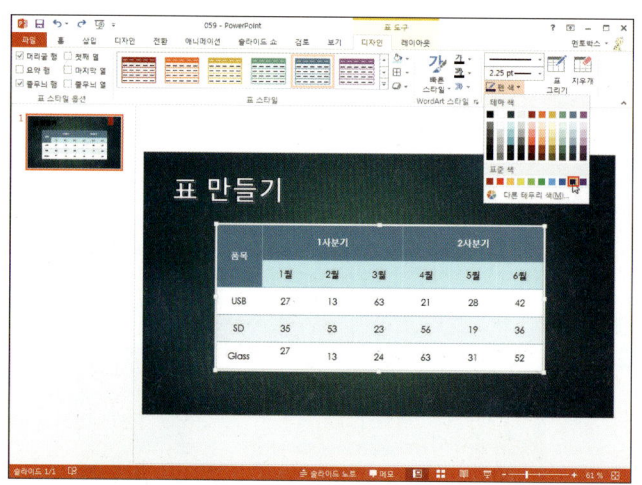

> **tip** ➕
> [표 도구]-[디자인] 탭-[표 스타일 옵션] 그룹에 항목들을 체크하거나, 해제해 설정한 표 디자인을 조정할 수 있다.

❺ [표 도구]-[디자인] 탭-[표 스타일] 그룹에서 [테두리](▦▾)-[모든 테두리]를 선택한다.

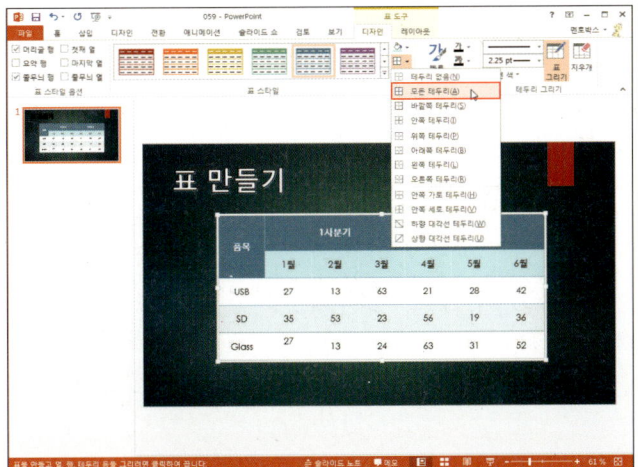

tip ➕ 이전에 설정해둔 테두리의 두께와 색상 그대로 표 전체의 셀 둘레에 테두리 설정이 된다.

❻ [표 도구]-[디자인] 탭-[표 스타일] 그룹에서 [효과](▤▾)-[셀 입체 효과]-[디벗]을 선택한다.

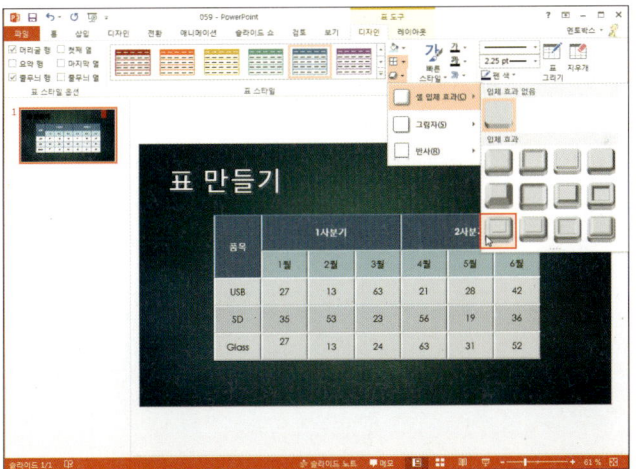

Section 2. 표의 레이아웃 변경 및 스타일 설정

## 01 혼자해보기

'5 * 6'의 표를 삽입한 뒤, 다음과 같은 내용을 입력한다. 이어 표의 크기와 스타일, 레이아웃을 설정해 보자.

[작업 준비물 : Ch06\060.pptx]

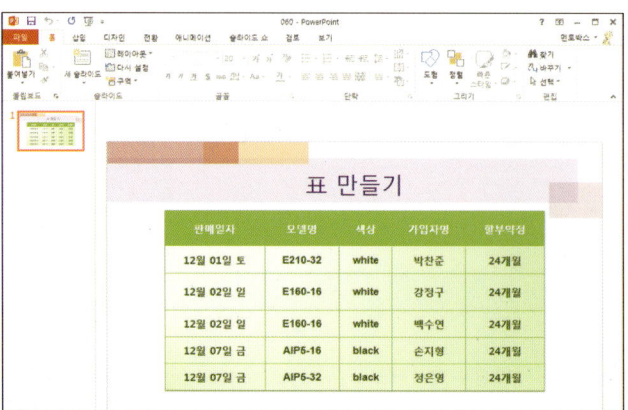

**HINT**
- [표 도구]-[디자인] 탭-[표 스타일] 그룹에서 자세히(▾)를 클릭해 [테마 스타일 1 – 강조 3] 선택
- [글꼴 색] 황록색, 강조3, 50% 더 어둡게, [글꼴] 맑은 고딕, [굵게], [글꼴 크기] 20
- [홈] 탭-[단락] 그룹에서 [가운데 맞춤] 클릭

## 02 혼자해보기

예제 파일을 열고 '4 * 7'의 표를 삽입한 뒤, 다음과 같은 내용을 입력한다. 이어 표의 크기와 스타일, 레이아웃을 설정해 보자.

[작업 준비물 : Ch06\061.pptx]

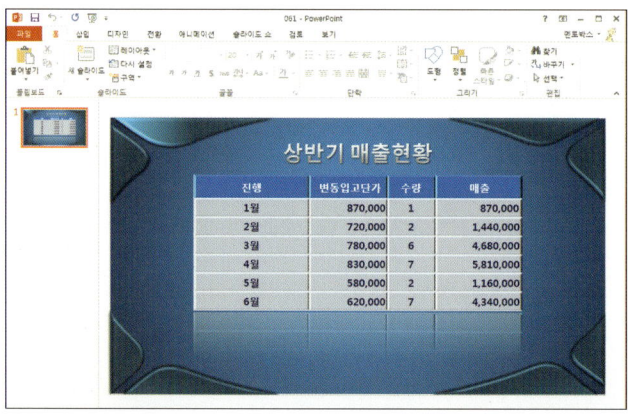

**HINT**
- [표 도구]-[디자인] 탭-[표 스타일] 그룹에서 자세히(▾)를 클릭해 [보통 스타일 2 – 강조 1] 선택
- [글꼴 색] 진한 파랑, [글꼴] 맑은 고딕, [굵게], [글꼴 크기] 20
- [표 스타일] 그룹에서 [효과]-[셀 입체 효과]-[비스듬하게] 선택
- [표 스타일] 그룹에서 [효과]-[반사]-[근접 반사, 터치] 선택

# Section 3. 차트 삽입 및 서식 조정

문장만으로 전하긴 어려운 개념을 SmartArt를 활용해 쉽게 전달할 수 있듯이, 숫자로 된 데이터를 도식화하여 전달하는 수단으로써 차트는 매우 폭넓게 활용되고 있는 형식이다. 이러한 차트 중 가장 널리 사용하는 세로 막대형 차트를 만들고 간단하게 서식 조정을 해 보자.

> **○ 알아두기**
> • 차트를 삽입하고 크기와 위치를 조절할 수 있다.
> • 차트의 스타일과 레이아웃을 설정할 수 있다.

## 따라하기 01 차트 삽입 및 서식 조정

슬라이드에 차트를 삽입하고 크기 조정 및 스타일 변경을 해 보자.
[작업 준비물 : Ch06\062.pptx]

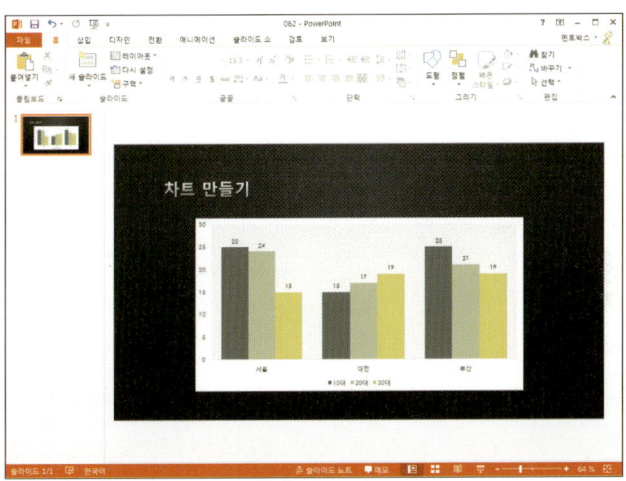

❶ 예제 파일을 열고 [삽입] 탭-[일러스트레이션] 그룹에서 [차트](ㅣㅣ차트)를 클릭한다.

❷ [차트 삽입] 대화상자에서 [세로 막대형]-[묶은 세로 막대형]을 선택한 뒤, [확인]을 선택한다.

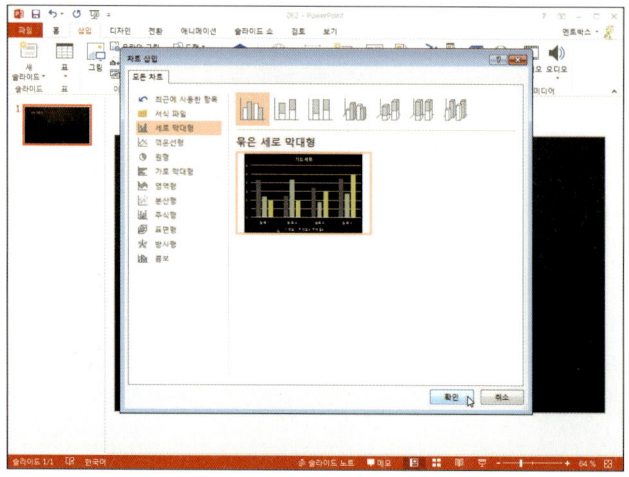

❸ 차트를 구성하는 데이터 입력 창이 나타난다. 이곳에 다음과 같이 내용을 채운다. 입력된 항목 개수가 기본 설정보다 작으므로 테두리를 드래그해 다음과 같이 영역 조정을 한다.

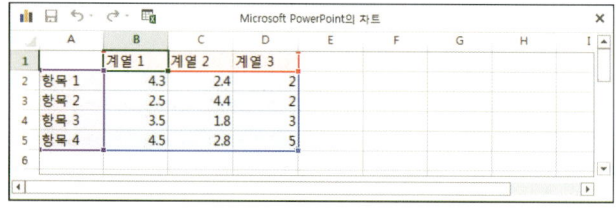

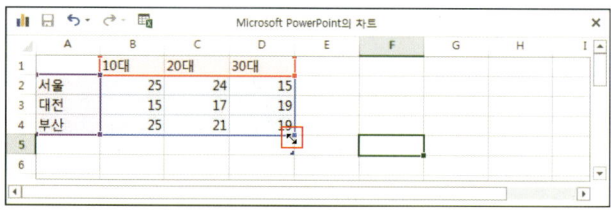

> tip ➕
> 차트와 데이터는 연결되어 있으므로 데이터를 수정하면 해당 내용이 차트에 바로 적용된다.

❹ 작성이 완료되면 오른쪽 위의 [닫기](❌)를 클릭한다.

❺ 생성된 차트의 테두리 조절점을 드래그해 적당한 크기가 되도록 조정한다.

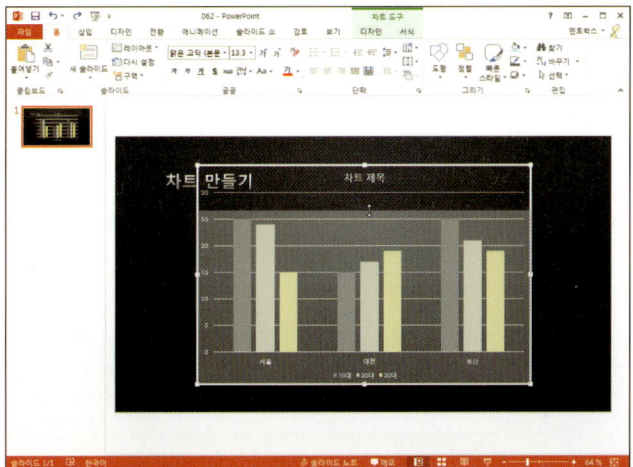

❻ [차트 도구]-[디자인] 탭-[차트 스타일] 그룹에서 자세히(￼)를 클릭하고 [스타일 7]을 선택해 적용한다.

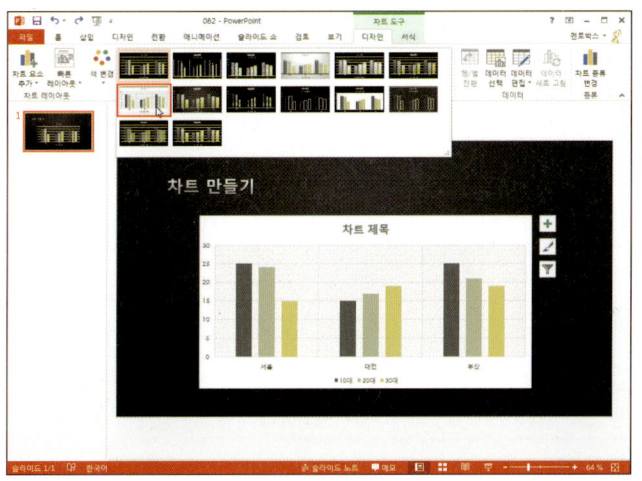

tip ➕
Shift 를 누른 상태로 표의 테두리 모서리 부근을 드래그하면, 기존 표의 가로/세로 비율을 유지한 상태로 크기 조정을 할 수 있다.

❼ [차트 도구]-[디자인] 탭-[차트 레이아웃] 그룹에서 [빠른 레이아웃](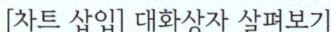)-[레이아웃 4]를 선택한다.

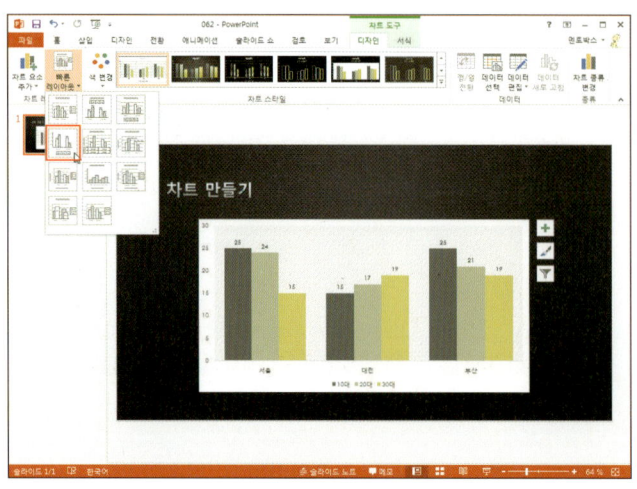

> **[차트 삽입] 대화상자 살펴보기** — tip ➕
>
>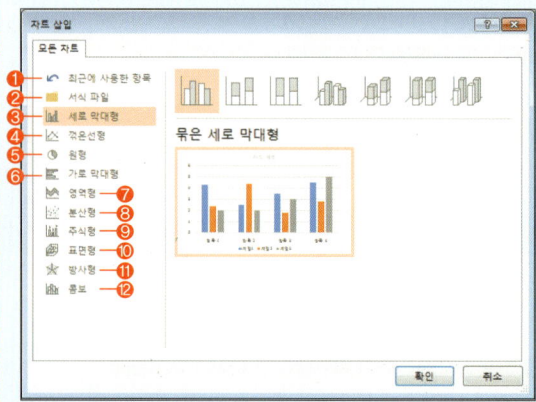
>
> ❶ **최근에 사용한 항목** : 최근에 사용한 차트 서식이 대화상자 상단에 표기된다.
> ❷ **서식 파일** : 이전에 저장해둔 차트 서식 파일을 선택해 불러올 수 있다.
> ❸ **세로 막대형** : 항목별 비교나 시간 경과에 따른 데이터 값의 변화를 표기한다.
> ❹ **꺾은선형** : 주로 일정 시간에 따라 데이터 값의 변동 추이를 나타내는 데 사용된다.
> ❺ **원형** : 한 가지 주제로 나열된 항목 데이터들의 구성 비율을 비교하는 데 유용하다.
> ❻ **가로 막대형** : 세로 막대형 차트와 비슷한 용도로 사용되며, 항목별 비교에 많이 활용된다.
> ❼ **영역형** : 시간에 따른 데이터 값의 변동을 표기하며, 데이터 값에 따른 항목간의 크기비교에 초점이 맞추어진다.
> ❽ **분산형** : 통계나 과학이나 공학 분야에 활용되는 데이터와 숫자 값을 비교하는데 활용된다.
> ❾ **주식형** : 주로 주가 변동이나 과학 데이터 등을 표기하는 데 사용된다.
> ❿ **표면형** : 데이터 집합 간의 최적 조합을 찾을 때 유용하다.
> ⓫ **방사형** : 다양한 데이터 계열을 비교할 때 많이 활용된다.
> ⓬ **콤보** : 각각의 데이터 계열을 다른 차트 형식으로 설정할 수 있다.

## 01 혼자해보기

예제 파일을 열고 [누적 세로 막대형] 차트를 삽입한 후 차트 디자인과 레이아웃을 지정해 다음과 같이 만들어 보자.

[작업 준비물 : Ch06\063.pptx]

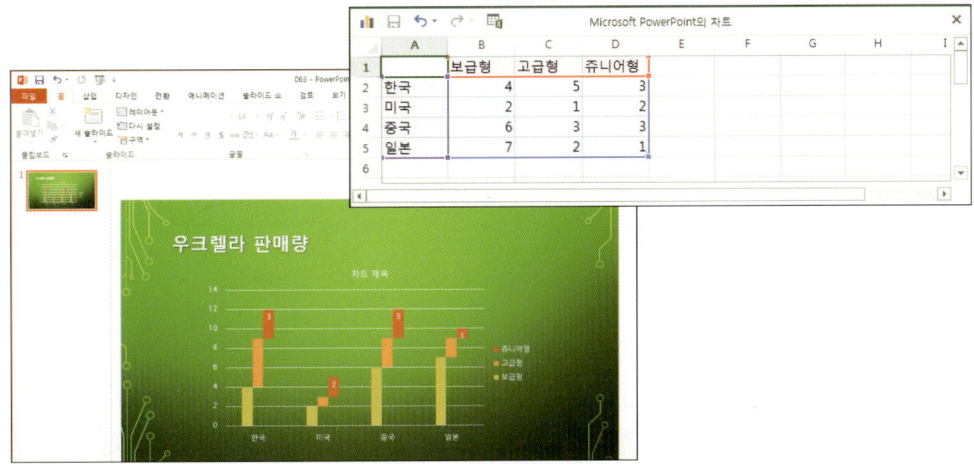

**HINT** | • [차트 도구]-[디자인] 탭-[차트 레이아웃] 그룹에서 [빠른 레이아웃]-[레이아웃 9] 선택
 • 차트의 테두리를 선택한 뒤, [홈] 탭-[글꼴] 그룹에서 [글꼴 크기]를 '14'로 설정

## 02 혼자해보기

예제 파일을 열고 슬라이드에 배치된 차트를 누적 영역형 차트로 변경한 뒤, 세로 눈금선을 추가해 다음과 같이 만들어 보자.

[작업 준비물 : Ch06\064.pptx]

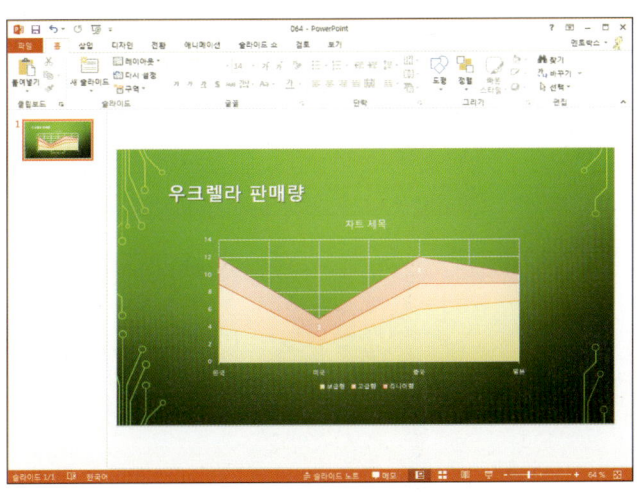

**HINT** | • [차트 도구]-[디자인] 탭-[종류] 그룹에서 [차트 종류 변경]-[영역형]-[누적 영역형] 선택
 • [차트 도구]-[디자인] 탭-[차트 레이아웃] 그룹에서 [차트 요소 추가]-[눈금선]-[기본 보조 세로] 선택

# Section 4. 다양한 차트 형태 살펴보기

이전 과정에서 다루었던 세로 막대형 차트와 함께 널리 쓰이는 원형 차트를 만들고 서식을 조정해 보자. 특히 원근감, 입체감이 느껴지도록 3차원 차트를 만들어보고, 2013 버전에서 새로 도입된 콤보 차트의 제작 과정도 함께 알아보자.

## ◎ 알아두기
- 슬라이드에 원형 차트를 만들 수 있다.
- 작성된 차트를 다른 종류나 서식으로 변경할 수 있다.
- 2가지 이상의 다른 종류를 하나의 차트에 중복 적용할 수 있다.

### 따라하기 01 원형 차트 만들기

입력한 데이터 간의 비율을 한 눈에 보여주는 원형 차트를 만들어 보자.
[작업 준비물 : Ch06\065.pptx]

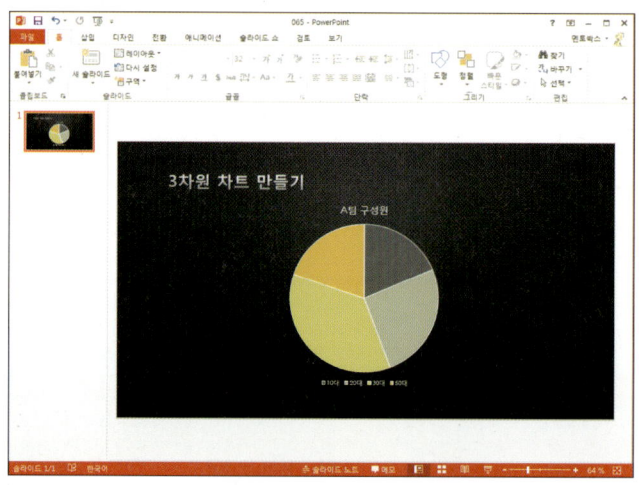

❶ 예제 파일을 열고 [삽입] 탭-[일러스트레이션] 그룹에서 [차트]를 클릭한다.

❷ [차트 삽입] 대화상자에서 [원형]-[원형]을 선택한 뒤, [확인]을 선택한다.

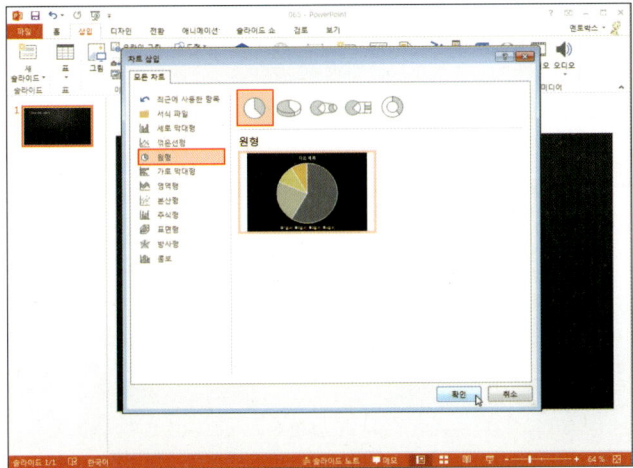

❸ 차트를 구성하는 데이터 입력 창이 나타나면, 다음과 같이 데이터를 수정해준다.

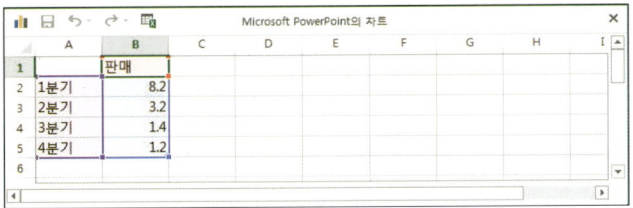

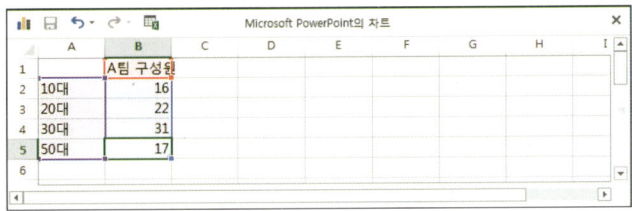

tip ➕ 기본 설정보다 많은 항목 값이 입력되어야 한다면, 영역 모서리를 드래그해 입력 영역을 늘리면 된다.

❹ 생성된 차트의 테두리 조절점을 드래그해 슬라이드에 어울리는 적당한 크기로 조정한다.

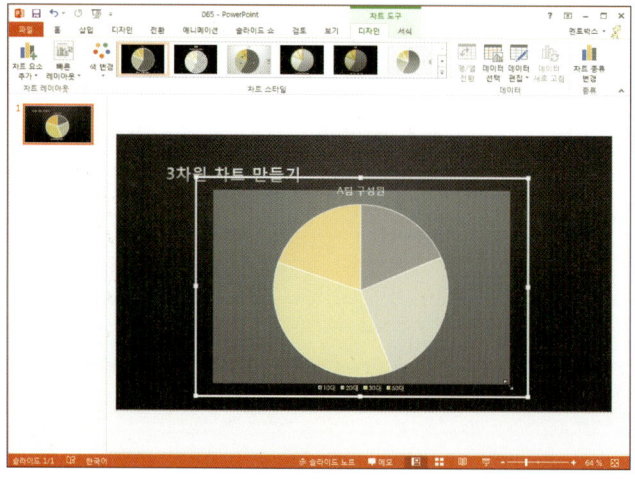

## 따라하기 02 3차원 변형 및 설정하기

작성된 차트를 3차원 느낌의 차트 형식으로 변경해 보고, 입체감이나 원근감을 강화시켜 보자.

[작업 준비물 : Ch06\066.pptx]

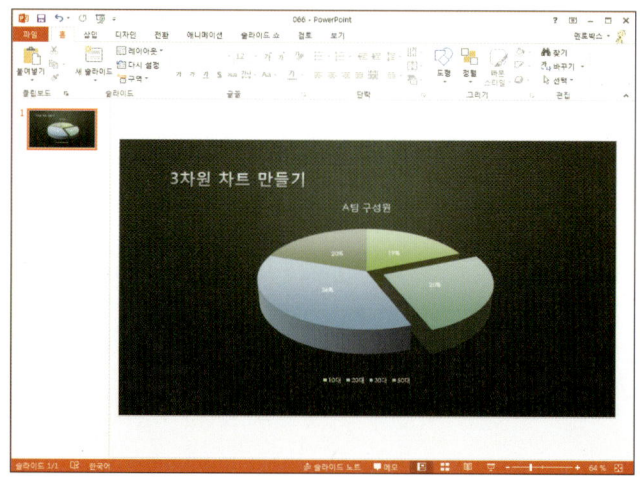

❶ 예제 파일을 열고 차트를 선택한 뒤, [차트 도구]-[디자인] 탭-[차트 스타일] 그룹에서 [색 변경](🎨)-[색3]을 선택한다.

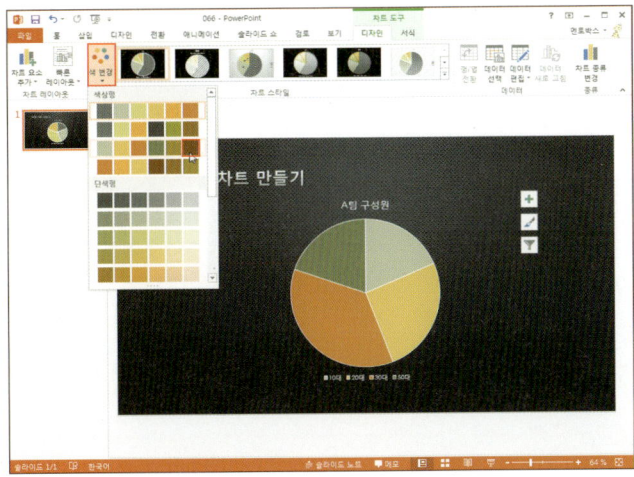

tip ➕ 현재 슬라이드에 적용된 디자인 서식을 기준으로 [색 변경] 목록이 나타난다. 다른 느낌의 색상 배합으로 슬라이드 디자인 서식을 변경하고 싶다면, [디자인] 탭-[적용] 그룹에서 [색]에서 새로운 테마 색 구성을 설정해주어야 한다.

❷ [디자인] 탭-[적용] 그룹에서 [색]-[녹색]을 선택한다.

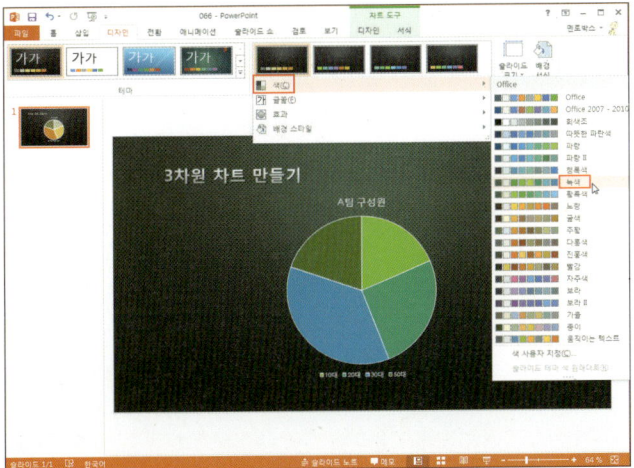

Section 4 . 다양한 차트 형태 살펴보기

❸ [차트 도구]-[디자인] 탭-[차트 스타일] 그룹에서 자세히()를 클릭해 [스타일 3]을 선택한다.

> tip ➕
> 차트 스타일을 설정하는 과정에서 커서가 위치한 곳이 적용된 느낌을 실시간 미리 보기로 확인할 수 있다.

❹ [차트 도구]-[디자인] 탭-[종류] 그룹에서 [차트 종류 변경]을 클릭한다.
❺ [차트 종류 변경] 대화상자에서 [원형]-[3차원 원형]을 선택하고, [확인]을 클릭한다.
❻ 차트 위에서 마우스 오른쪽 버튼을 누른 뒤, 바로 가기 메뉴의 [3차원 회전]을 선택한다.
❼ 화면 오른쪽에 [차트 영역 서식]-3차원 회전] 목록이 펼쳐진다.
❽ [Y 회전]을 '27' 도로 입력한다.

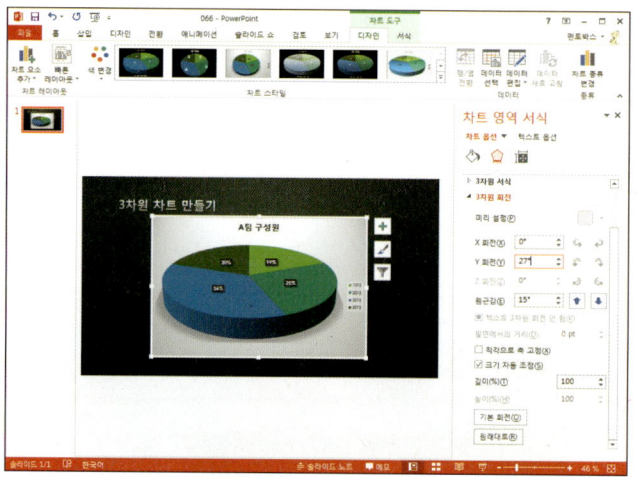

> tip ➕
> 차트 영역 서식 제목 오른쪽의 [닫기](✖) 단추를 클릭해 창을 닫을 수 있다.

❾ 3차원 원형 차트에서 '25%'가 입력된 데이터 계열만 선택되도록 마우스를 두세 번 클릭한 뒤, 드래그해 오른쪽으로 약간 이동한다.

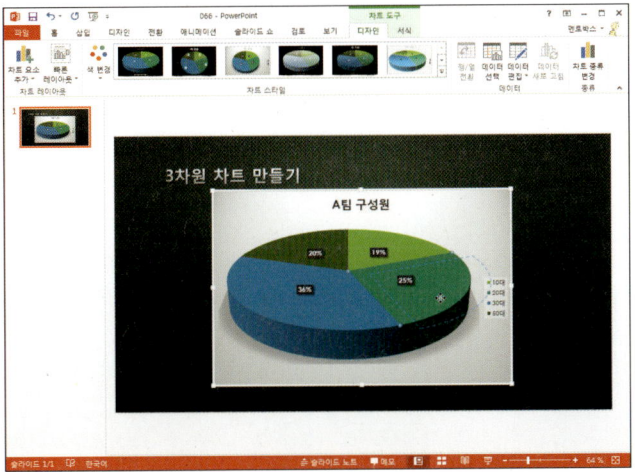

❿ 이전 작업의 결과 다음과 같이 해당 데이터 계열이 분리되어 보이는 것을 확인할 수 있다.

⓫ [차트 도구]-[디자인] 탭-[차트 스타일] 그룹에서 자세히 버튼을 클릭해 [스타일 4]를 선택한다.

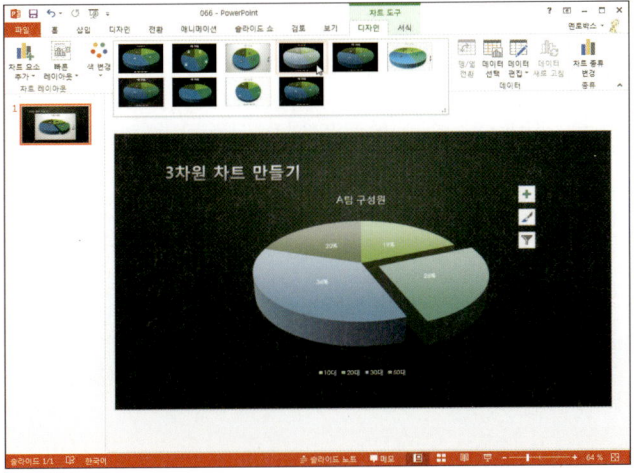

따라하기 **03 콤보 차트 만들기**

차트를 구성하는 데이터 중 주목해야 하는 항목을 다른 차트 형식으로 만들 수 있다.
[작업 준비물 : Ch06\066-1.pptx]

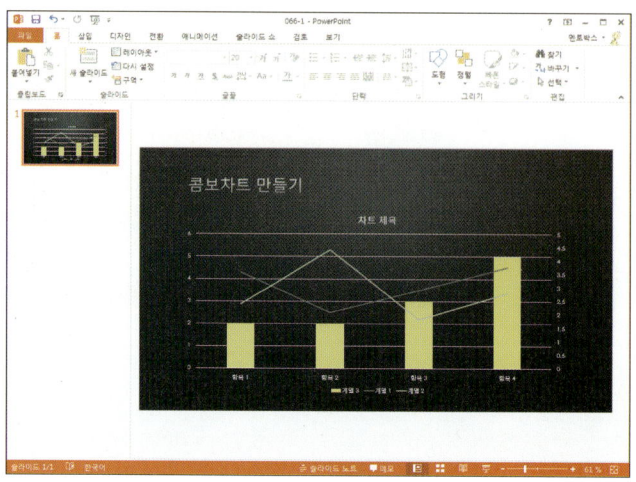

❶ 예제 파일을 열고, 텍스트 상자 안쪽의 차트 아이콘(📊)을 클릭한다.

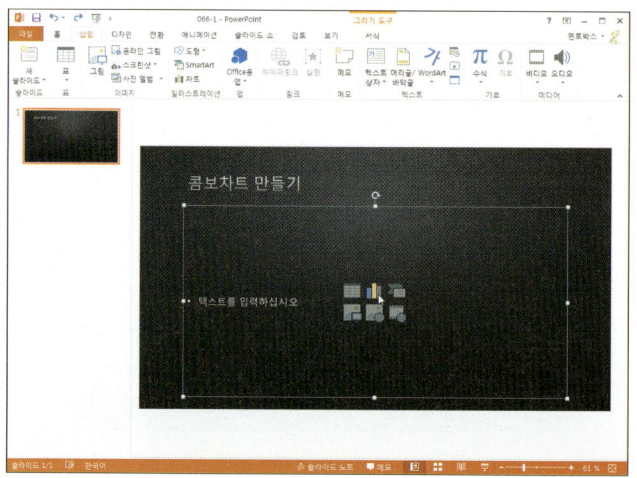

> [삽입] 탭-[일러스트레이션] 그룹에서 [차트]를 클릭해도 차트 삽입이 가능하다.  tip ➕

❷ [차트 삽입] 대화상자에서 [콤보]-[묶은 세로 막대형-꺾은선형]을 선택한 뒤, [확인]을 클릭한다.

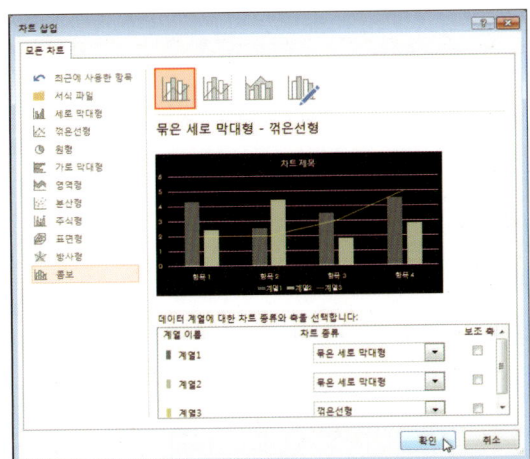

❸ [차트 도구]-[디자인] 탭-[종류] 그룹에서 [차트 종류 변경]()을 클릭한다.

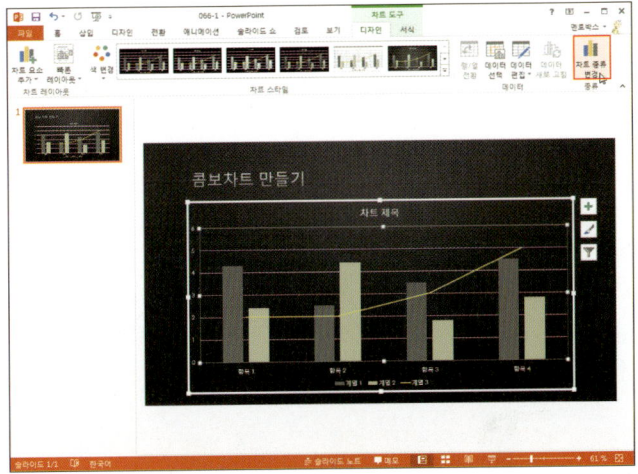

> tip ➕
> [차트 삽입]-[콤보]가 선택된 상태에서 상단에 표시된 목록 아이콘을 클릭해 기본으로 제시되는 다른 콤보 차트 스타일들을 확인할 수 있다.

Section 4 . 다양한 차트 형태 살펴보기

❹ 이전과 다른 콤보 차트를 위해 [차트 종류 변경] 대화상자에서 [콤보]-[사용자 지정 조합]의 계열1, 2를 '꺾은선형' 으로 계열 3을 '묶은 세로 막대형' 으로 설정한다.

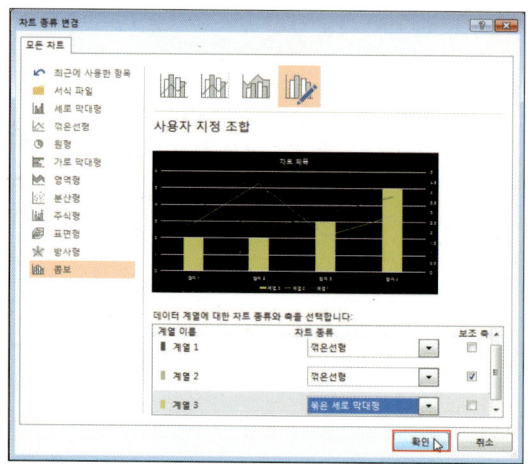

### 01 혼자해보기

예제 파일을 열고 '3차원 묶은 세로 막대형' 차트를 삽입한다. 사진을 참조해 데이터를 입력한 뒤, 차트 스타일을 지정해 보자.

[작업 준비물 : Ch06\067.pptx]

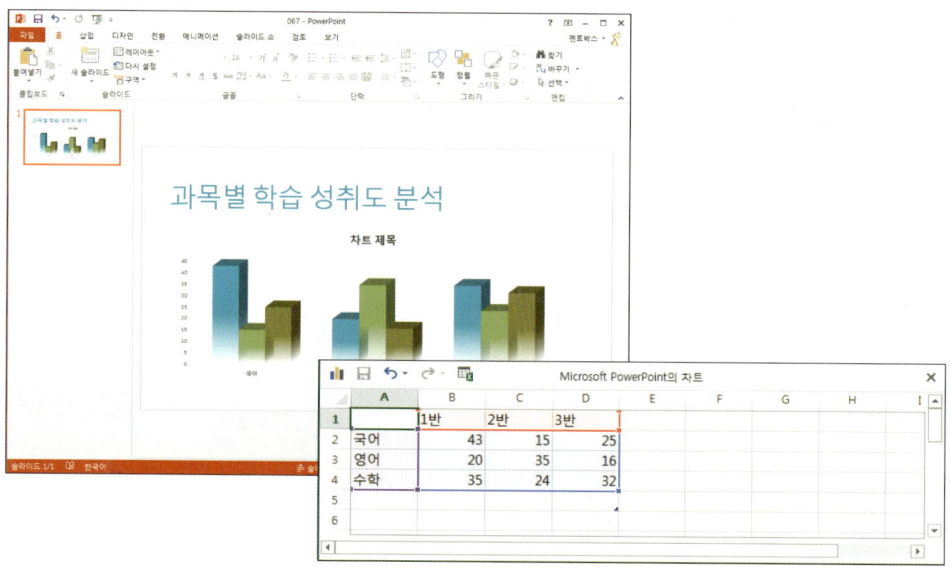

**HINT |**
- [삽입] 탭-[일러스트레이션] 그룹에서 [차트]-[3차원 묶은 세로 막대형] 선택
- [차트 도구]-[디자인] 탭-[차트 스타일] 그룹에서 자세히(▼)를 클릭해 [스타일 8] 선택

## 핵심정리 summary

### 1. 표 삽입 및 크기 조정

- [삽입] 탭-[표] 그룹에서 [표](⊞)를 클릭한 뒤, 마우스를 드래그해 원하는 열 수와 행 수를 설정할 수 있다.
- [삽입] 탭-[표] 그룹에서 [표](⊞)-[표 삽입] 대화상자에서 [열 개수], [행 개수]를 설정해 표를 삽입할 수도 있다.
- 생성한 표의 테두리 조절점을 드래그해 표의 높이와 너비를 조정할 수 있다.
- 표 안쪽의 셀을 선택해 커서가 표시되면 내용을 입력한다.
- 표 안의 셀 경계선을 드래그해 셀의 너비와 높이를 조정할 수 있다.
- 표의 테두리를 클릭하고 [홈] 탭-[글꼴] 그룹의 글꼴 서식 명령이나 [단락] 그룹의 정렬 명령들을 설정하면, 표에 담긴 모든 문장에 동일한 서식 적용이 가능해진다.

### 2. 표의 레이아웃 설정하기

- 2개 이상의 셀을 범위 설정한 후 [표 도구]-[레이아웃] 탭-[병합] 그룹에서 [셀 병합](⊞)을 클릭하면 선택된 영역이 하나의 셀로 병합된다.
- 셀이 선택된 상태에서 [표 도구]-[레이아웃] 탭-[병합] 그룹에서 [셀 분할](⊞)을 클릭하면 선택한 영역이 지정된 열과 행 수만큼 분할된다.
- [표 도구]-[레이아웃] 탭-[행 및 열] 그룹에서 [위에 삽입], [아래에 삽입], [왼쪽에 삽입], [오른쪽에 삽입]을 클릭해 행 또는 열을 삽입할 수 있다.
- [표 도구]-[레이아웃] 탭-[행 및 열] 그룹에서 [삭제](⊞) 목록에서 [행 삭제], [열 삭제], [표 삭제]를 클릭해 행 또는 열을 삭제할 수 있다.

### 3. 표 스타일 설정하기

- [표 도구]-[디자인] 탭-[표 스타일] 그룹에서 적용할 표 스타일을 쉽게 선택할 수 있다.
- 표 안쪽을 드래그해 범위 설정한 뒤, 해당 영역에만 [표 도구]-[디자인] 탭-[표 스타일] 그룹에서 [음영], [효과] 등을 적용할 수 있다.
- [표 도구]-[디자인] 탭-[테두리 그리기] 그룹에서 [펜 두께], [펜 색] 등을 설정할 수 있다.
- [표 도구]-[디자인] 탭-[표 스타일] 그룹에서 [테두리]-[모든 테두리]를 선택해 테두리 설정을 할 수 있다.

## 핵심정리 summary

### 4. 차트 삽입하기
- [삽입] 탭-[일러스트레이션] 그룹에서 [차트]를 클릭하고, [차트 삽입] 대화상자에서 사용자가 원하는 차트 스타일을 선택한다.
- 차트 삽입과 함께 나타나는 데이터 입력창에 사용자 의도하는 항목 및 숫자 데이터를 입력한다.
- 데이터 입력 창과 슬라이드에 생성된 차트는 데이터 변동에 따라 실시간으로 반응한다.
- 차트의 테두리 조절점을 드래그해 크기를 조정할 수 있다.

### 5. 차트의 서식 조정
- [차트 도구]-[디자인] 탭-[차트 스타일] 그룹에서 세팅된 차트 스타일들을 선택해 적용할 수 있다.
- [차트 도구]-[디자인] 탭-[차트 레이아웃] 그룹에서 현재의 차트 레이아웃을 변경할 수 있다.
- [차트 도구]-[디자인] 탭-[종류]-[차트 종류 변경]을 통해 선택한 차트를 다른 종류로 변경할 수 있다.
- 3차원 차트의 경우, 차트 위에서 마우스 오른쪽 버튼을 누르고 바로 가기 메뉴에서 [3차원 회전]을 선택한다.
- [차트 영역 서식] 창의 '회전' 옵션들이 나타나면, 이곳의 원근감, X 회전, Y 회전, Z 회전 옵션들을 조정해 3차원 차트의 원근감, 입체감을 새롭게 조정할 수 있다.

# 종합실습 pointup

1. 예제 파일을 열고 '3 * 5' 표를 삽입한 뒤, 표의 크기와 스타일을 설정해 다음과 같이 만들어보자.

   [작업 준비물 : Ch06\068.pptx]

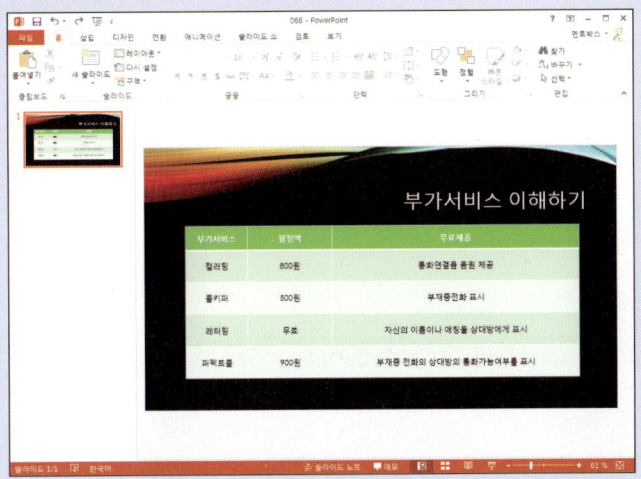

**HINT** | • 표의 크기를 설정한 뒤, 안쪽 경계선을 드래그해 각 셀들의 너비 조정
• 표의 테두리 틀을 선택한 뒤, [글꼴] 맑은 고딕, [글꼴 크기] 14 설정
• 표의 테두리 틀을 선택한 뒤, [홈] 탭-[단락] 그룹에서 [가운데 맞춤](≡) 클릭

## 종합실습 pointup

2. 예제 파일을 열고 표를 선택한 뒤, 표의 스타일, 레이아웃을 변경해 보자.
   [작업 준비물 : Ch06\069.pptx]

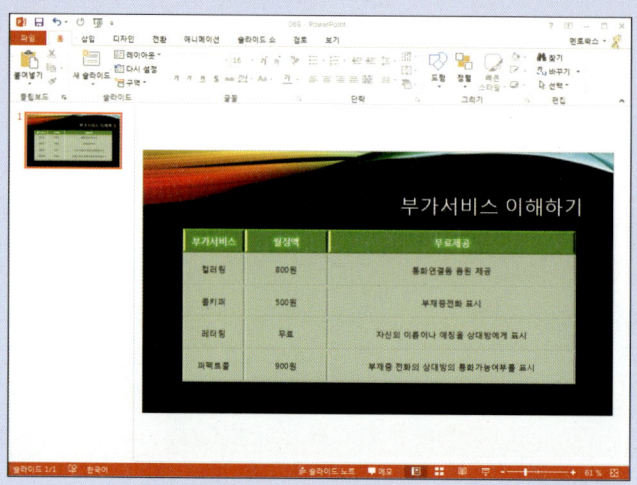

**HINT | ・머리글 행**
[글꼴 크기] 18pt
[표 도구]–[디자인] 탭–[표 스타일] 그룹에서 [효과]–[입체 효과]–[볼록하게] 선택
[표 도구]–[디자인] 탭–[WordArt 스타일] 그룹에서 [텍스트 효과]–[라임, 18pt 네온, 강조색4] 선택

**・표의 본문 부분**
[표 도구]–[디자인] 탭–[표 스타일] 그룹에서 [효과]–[입체 효과]–[십자형으로] 선택
[표 도구]–[디자인] 탭–[WordArt 스타일] 그룹에서 [빠른 스타일]–[채우기 – 회색–80%, 배경 2, 안쪽 그림자] 선택

## 종합실습 pointup

3. 예제 파일을 열고 [영역형]-[3차원 영역형] 차트를 생성한 뒤, 다음과 같이 데이터를 입력하고 스타일을 설정해 보자.

[작업 준비물 : Ch06\071.pptx]

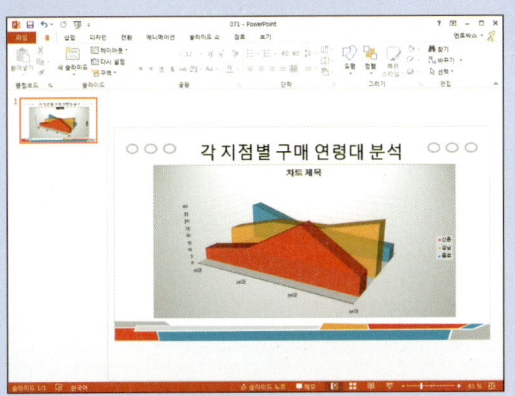

**HINT** | 
- [차트 도구]-[디자인] 탭-[차트 스타일] 그룹에서 [스타일 4] 선택
- [차트 도구]-[디자인] 탭-[차트 레이아웃] 그룹에서 [빠른 레이아웃]-[레이아웃 7] 선택
- 차트 영역에서 마우스 오른쪽 버튼 누르고 바로 가기 메뉴에서 [3차원 회전] 선택
- [X 회전] 30, [Y 회전] 20, [원근감] 20 설정

4. 예제 파일을 열고 배치된 차트의 종료를 다음과 같이 변경한 뒤, 스타일을 설정해 보자.

[작업 준비물 : Ch06\072.pptx]

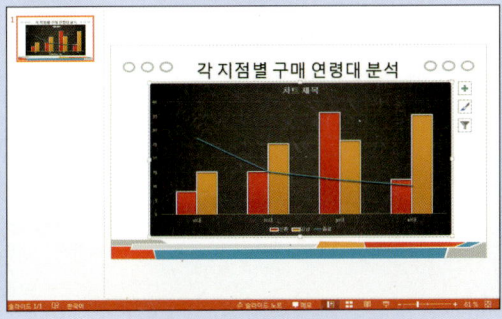

**HINT** | 
- [차트 도구]-[디자인] 탭-[종류] 그룹에서 [차트 종류 변경](圖)-[콤보형]-[묶은 세로 막대형 – 꺾은선형] 선택
- [차트 도구]-[디자인] 탭-[차트 스타일] 그룹에서 자세히(▼)를 클릭해 [스타일 6] 선택

## CHAPTER 07
### 시선을 잡아끄는 슬라이드 제작하기

단순히 텍스트로만 구성된 슬라이드로 프레젠테이션이 진행되면, 청중의 주목성이나 집중력이 저하될 수 있다. 때문에 파워포인트에서는 좀 더 역동감 있는 프레젠테이션을 만들고 청중의 시선을 환기시키기 위한 다양한 효과들이 준비되어 있다. 대표적으로 슬라이드나 웹 페이지를 연결하는 하이퍼링크 기능, 슬라이드나 슬라이드에 포함된 개체 단위로 애니메이션 효과를 적용하는 기능들이 있으며, 슬라이드 마스터를 통해서는 자신의 발표 목적에 맞는 디자인 서식을 직접 제작해 활용할 수도 있다. 이들에 대해 함께 살펴보도록 한다.

Section 1   하이퍼링크로 이동하기
Section 2   화면 전환 효과 설정하기
Section 3   애니메이션 효과 활용하기
Section 4   디자인 테마 제작 및 활용하기

# 파워포인트 2013의 고급 기능 이해하기

Chapter 7

좀 더 역동감 있는 프레젠테이션을 위해 슬라이드나 웹 페이지를 연결하는 하이퍼링크 기능, 슬라이드나 슬라이드에 포함된 개체 단위로 애니메이션 효과를 적용해 보자. 또 발표 목적에 맞는 슬라이드 디자인 서식을 직접 제작해 사용하는 과정을 따라해 보자.

## 01 하이퍼링크로 이동하기

하이퍼링크는 슬라이드에 포함된 특정 도형이나 텍스트, 기타 개체 등에 문서 내 다른 슬라이드나 외부 웹 페이지를 링크 설정한다. 도형이나 대상 텍스트를 범위 설정하고 [삽입] 탭에서 [하이퍼링크] 명령을 실행할 수 있다. 이를 통해 프레젠테이션 도중 간단한 클릭으로 설정해둔 슬라이드 위치나 외부 웹 페이지 링크로 바로 이동하게 된다.

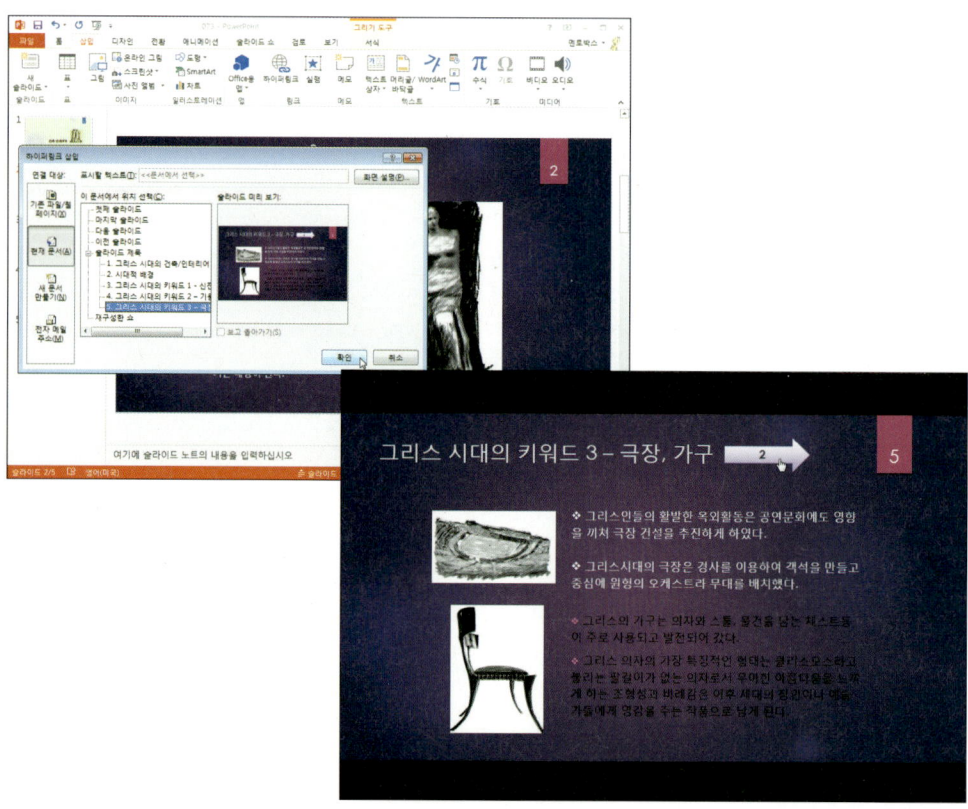

## 02 화면 전환 효과 설정하기

- 슬라이드 쇼 상태에서 다음 슬라이드로 넘어갈 때, 청중의 시선을 사로잡는 화면 전환 애니메이션을 적용할 수 있다. [슬라이드 화면 전환] 그룹의 목록에서 전환 효과를 선택할 수 있으며, [미리 보기]를 통해 적용된 전환 효과를 재생할 수 있다.

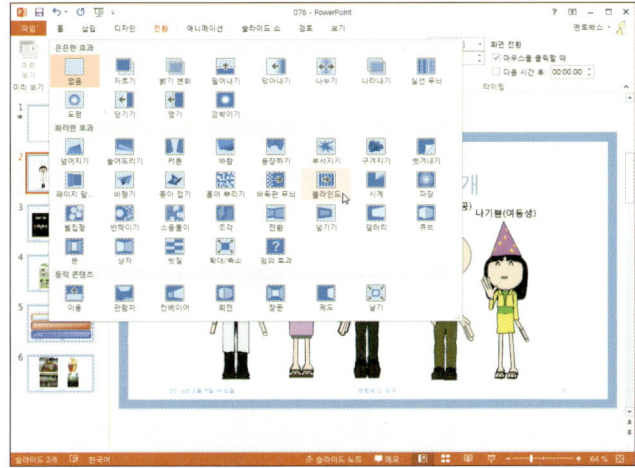

- [전환] 탭-[슬라이드 화면 전환] 그룹에서 [효과 옵션]을 클릭해 적용된 전환 효과의 옵션을 변경할 수 있으며, 설정된 전환 효과는 [모두 적용]을 클릭해 전체 슬라이드에 적용할 수도 있다.

## 03 애니메이션 효과 활용하기

애니메이션 효과는 슬라이드에 삽입된 텍스트나 표, 그림과 같은 개체들 각각에 다양한 움직임과 시각적인 즐거움을 준다. 이를 적용하기 위해 대상 개체를 선택한 뒤, [애니메이션] 탭-[애니메이션] 그룹에서 사용자가 원하는 애니메이션 효과를 선택할 수 있다. 애니메이션이 설정된 개체들에 배치되는 숫자는 애니메이션 효과의 진행 순서를 나타내며 [효과 옵션]을 통해, 이미 지정된 효과의 적용 방향 및 세부 설정을 변경할 수도 있다. 또 [타이밍] 그룹에서는 적용된 애니메이션의 재생 시간, 지연 시간 등을 조정할 수 있다.

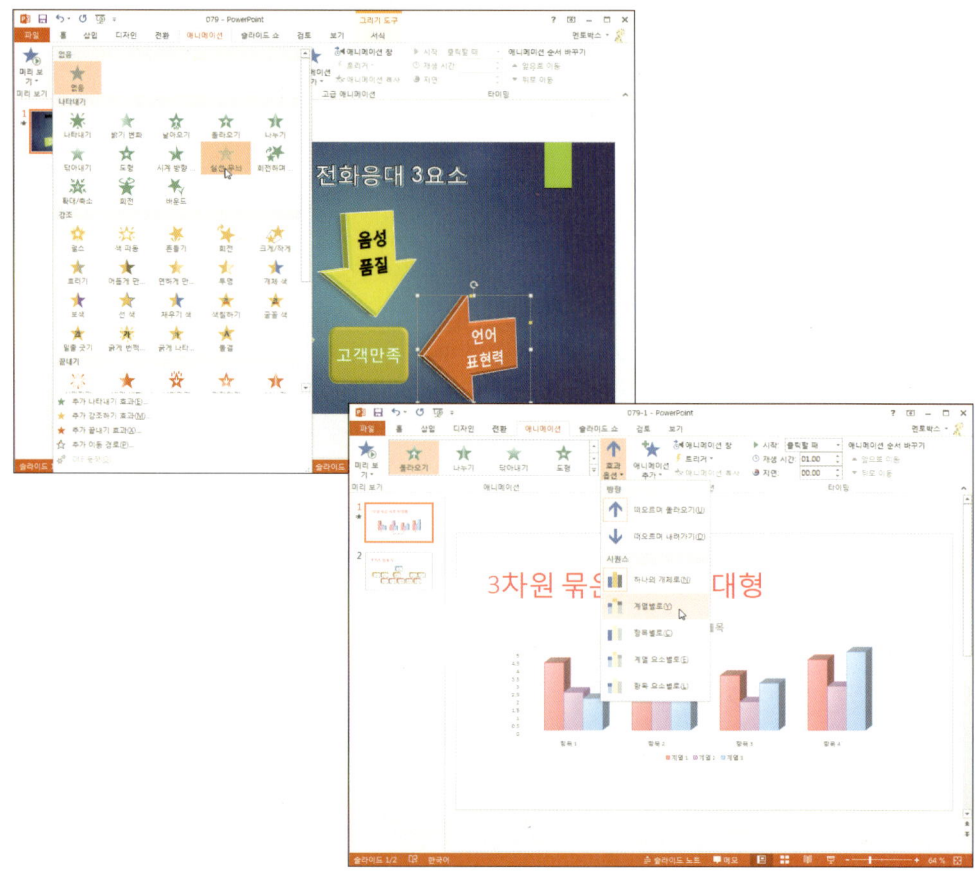

# 04 디자인 테마 제작 및 활용하기

- 슬라이드 마스터를 활용하면 파워포인트에서 제공하는 디자인 테마들처럼 사용자가 직접 '제목' 레이아웃, '제목 및 내용' 레이아웃 등의 서식을 제작한 뒤, 언제든지 불러와 활용할 수 있다. 이를 위해 [보기] 탭-[마스터 보기] 그룹에서 [슬라이드 마스터 보기]를 눌러 슬라이드 마스터 편집 화면으로 들어갈 수 있으며, 디자인 서식 수정이 끝나면 [슬라이드 마스터] 탭-[닫기] 그룹에서 [마스터 보기 닫기]를 클릭해 종료할 수 있다.

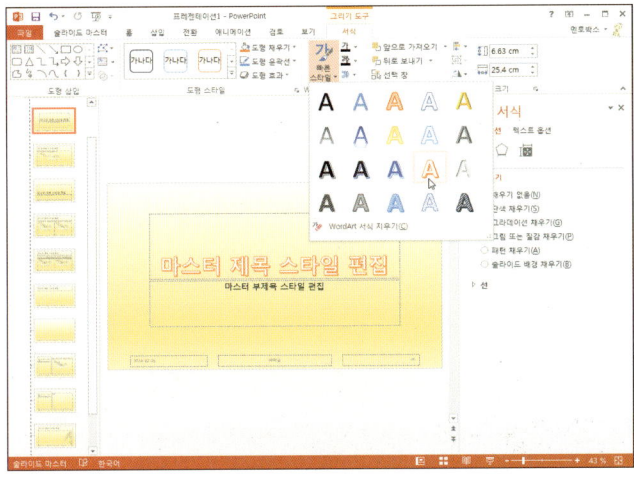

- 이렇게 제작된 디자인 서식은 [디자인] 탭-[테마] 그룹에서 [현재 테마 저장]을 클릭해 저장할 수 있으며, 이를 통해 [디자인] 탭-[테마] 그룹의 목록에 추가된다.

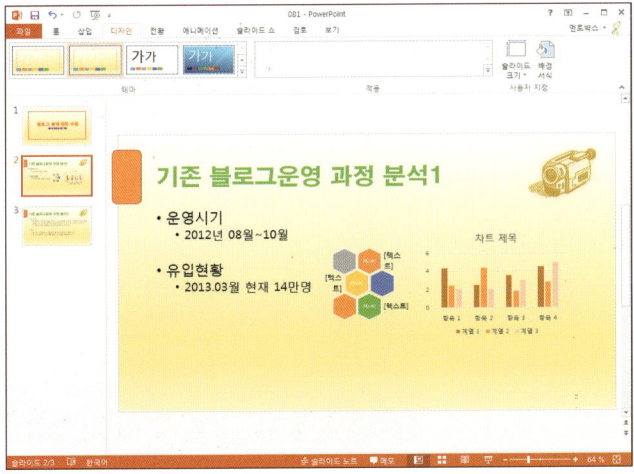

# 하이퍼링크로 이동하기

하이퍼링크는 슬라이드에 삽입된 도형이나 텍스트에 웹 페이지나 문서 내 다른 슬라이드로 이동할 수 있는 링크 설정을 할 수 있다. 이를 통해 프레젠테이션 도중 설정된 링크로 빠르게 이동할 수 있다.

> **알아두기**
> - 슬라이드에 삽입된 도형에 하이퍼링크를 설정할 수 있다.
> - 입력된 텍스트 일부에 하이퍼링크를 설정할 수 있다.

## 따라하기 01 도형에 하이퍼링크 설정하기

슬라이드에 삽입된 도형에 링크를 걸어 다른 슬라이드로 이동하도록 설정해 보자.

[작업 준비물 : Ch07\073.pptx]

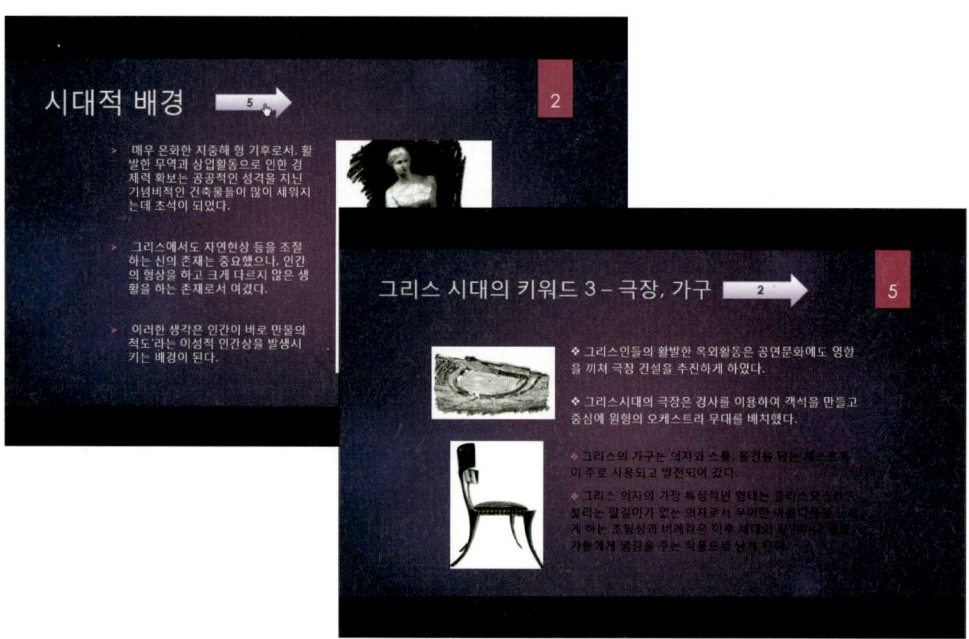

❶ 예제 파일을 열고 '슬라이드 2'로 이동한다.

❷ 슬라이드 위쪽의 [오른쪽 화살표] 도형을 선택한 뒤, [삽입] 탭-[링크] 그룹에서 [하이퍼링크]()를 클릭한다.

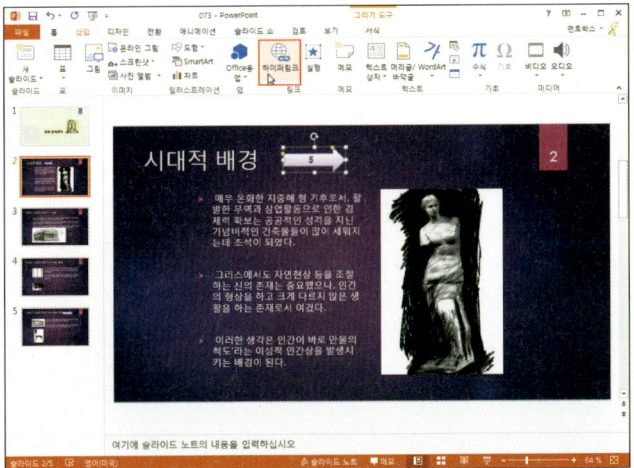

❸ [하이퍼링크 삽입] 대화상자의 [연결 대상]을 '현재 문서'로 선택한 뒤, [이 문서에서 위치 선택]을 '슬라이드 5'로 설정한다. 이어 [확인]을 클릭한다.

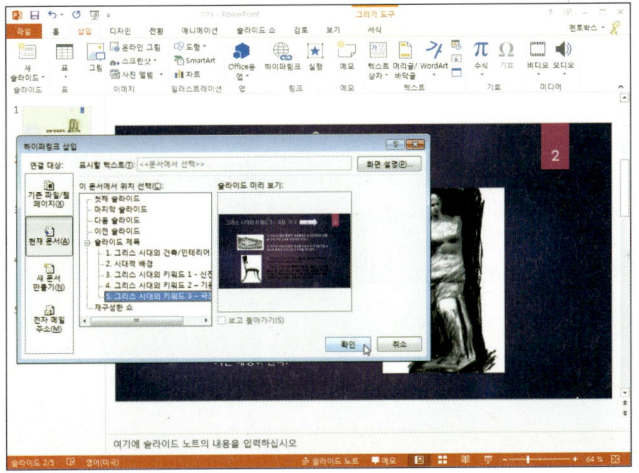

> tip ➕
> [연결 대상]에서 '기존 파일/웹 페이지'를 선택하면 연결된 웹 페이지의 링크를 입력하거나, PC에 저장된 문서 파일을 설정할 수 있다.

Section 1. 하이퍼링크로 이동하기

❹ '슬라이드 5'를 선택한 뒤, 슬라이드 위쪽의 [오른쪽 화살표] 도형을 클릭한다. 이어 [삽입] 탭-[링크] 그룹에서 [하이퍼링크]( )를 클릭한다.

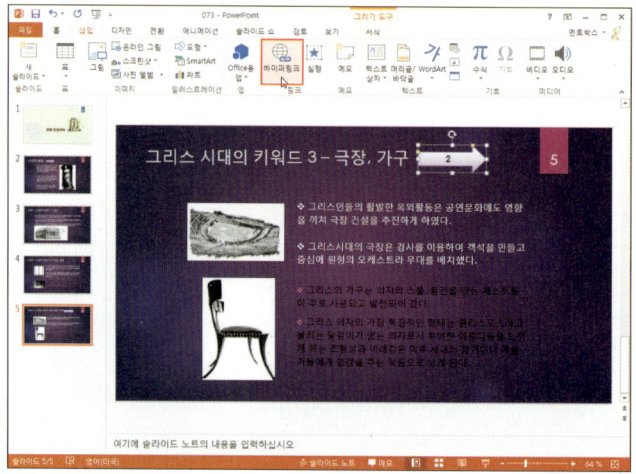

❺ [하이퍼링크 삽입] 대화상자의 [연결 대상]을 '현재 문서'로 선택한 뒤, [이 문서에서 위치 선택]을 '슬라이드 2'로 설정한다. 이어 [확인]을 클릭한다.

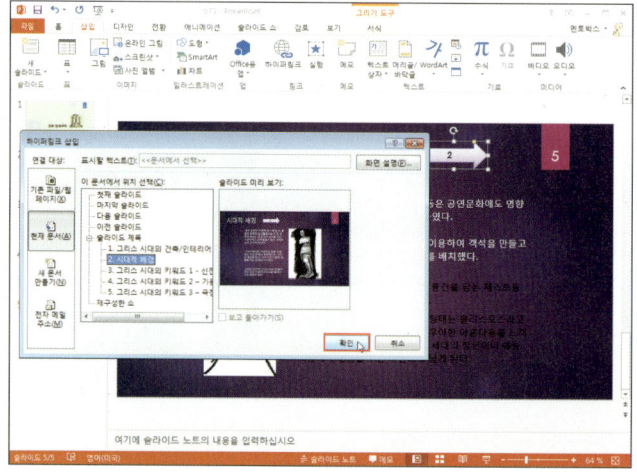

❻ 하이퍼링크 결과를 확인하기 위해 화면 오른쪽 아래의 [슬라이드 쇼]( )를 클릭한다.

❼ 슬라이드 쇼가 시작되면 '슬라이드 2' 화면에서 [오른쪽 화살표] 도형을 클릭한다. 참고로 화살표 도형 위에 커서가 위치하면 손 모양으로 변하는 것을 확인할 수 있다.

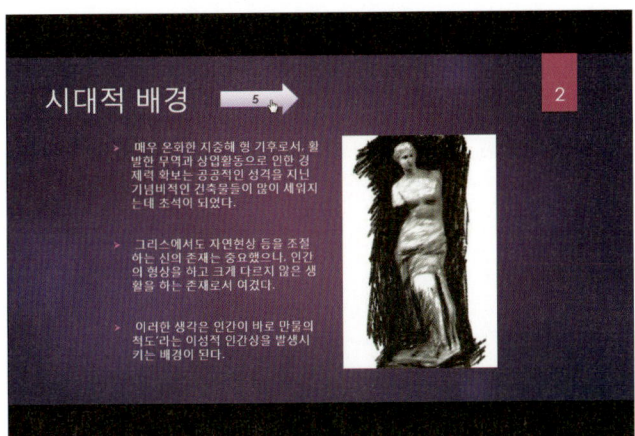

❽ '슬라이드 5' 화면으로 순식간에 넘어온 것을 확인할 수 있다.

❾ '슬라이드 5'의 [오른쪽 화살표] 도형을 클릭해 보자.

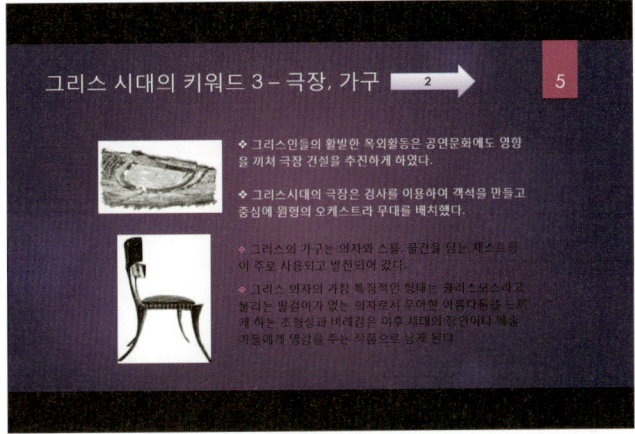

❿ '슬라이드 2' 화면으로 순식간에 넘어온 것을 확인할 수 있다.

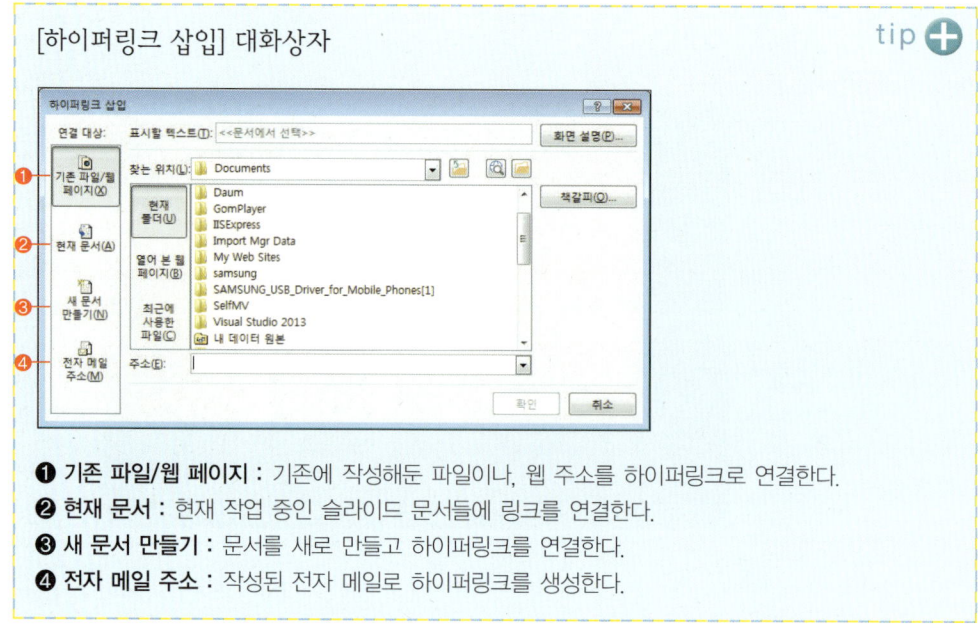

[하이퍼링크 삽입] 대화상자

❶ 기존 파일/웹 페이지 : 기존에 작성해둔 파일이나, 웹 주소를 하이퍼링크로 연결한다.
❷ 현재 문서 : 현재 작업 중인 슬라이드 문서들에 링크를 연결한다.
❸ 새 문서 만들기 : 문서를 새로 만들고 하이퍼링크를 연결한다.
❹ 전자 메일 주소 : 작성된 전자 메일로 하이퍼링크를 생성한다.

## 따라하기 02 텍스트에 하이퍼링크 설정하기

슬라이드에 입력한 특정 텍스트 범위를 선택한 뒤, 다른 슬라이드로 하이퍼링크를 설정해 보자.

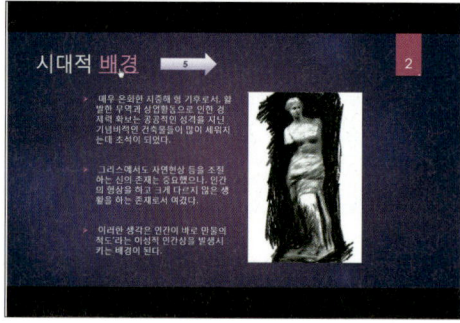
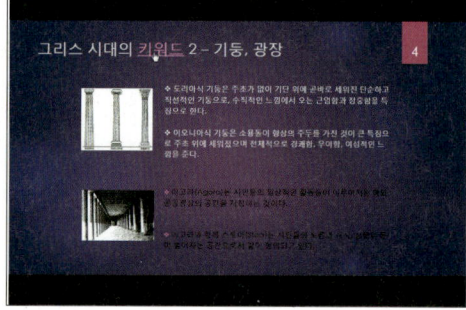

❶ '슬라이드 2'에서 제목 텍스트 상자 안쪽의 '배경'이라는 단어를 범위 설정한다. 이어 [삽입] 탭-[링크] 그룹에서 [하이퍼링크]()를 클릭한다.

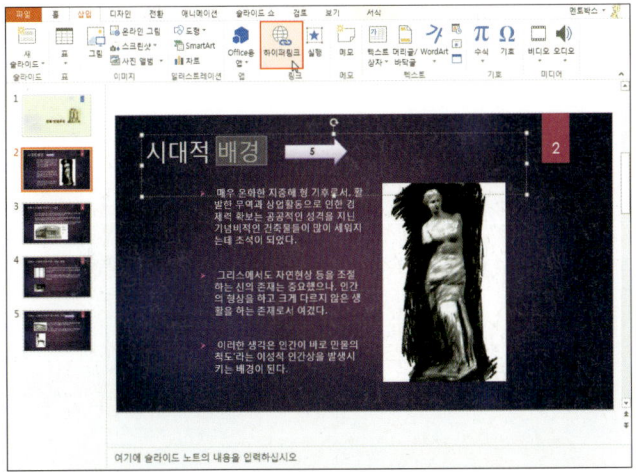

❷ [하이퍼링크 삽입] 대화상자가 나타나면 [연결 대상]을 '현재 문서'로 선택한 뒤, [이 문서에서 위치 선택]을 '슬라이드 4'로 설정하고 [확인]을 클릭한다.

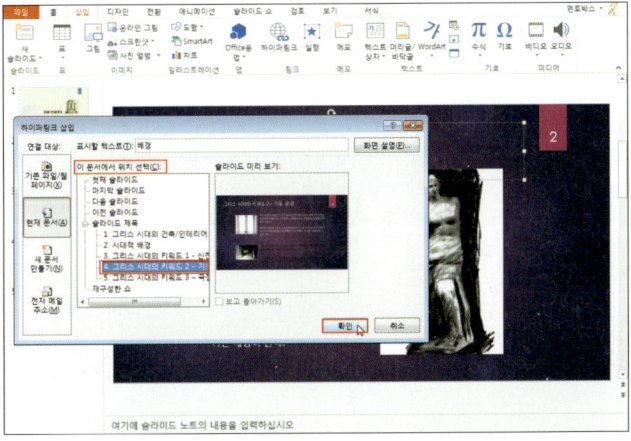

❸ 이번에는 '슬라이드 4'에서 제목 텍스트 상자 안쪽의 '키워드'라는 단어를 범위 설정한다. 이어 [삽입] 탭-[링크] 그룹에서 [하이퍼링크]( )를 클릭한다.

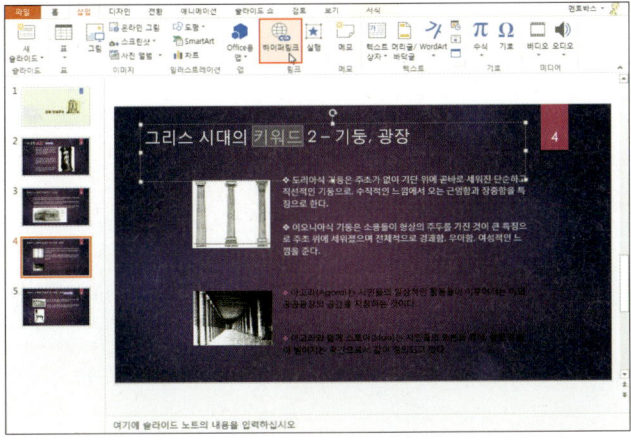

❹ [하이퍼링크] 대화상자가 나타나면 [연결 대상]을 '현재 문서'로 선택한 뒤, [이 문서에서 위치 선택]을 '슬라이드 5'로 설정하고 [확인]을 클릭한다.

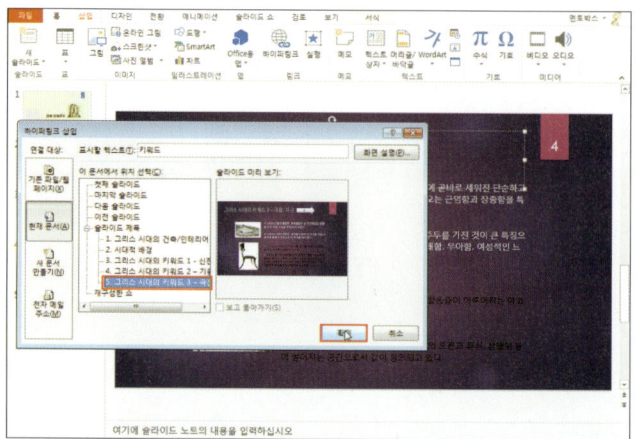

❺ 설정된 하이퍼링크를 확인하기 위해 슬라이드 쇼 단축키인 F5 를 누른다.

❻ 슬라이드 쇼가 시작되면 '슬라이드 2' 화면에서 '배경' 부근에 마우스 포인터를 가져간다. 마우스 포인터가 손 모양으로 변하면 클릭한다.

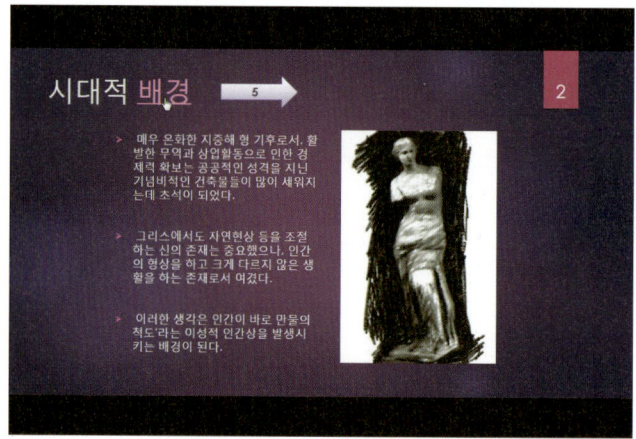

❼ 이전에 설정한 대로 '슬라이드 4'로 이동한다. 이번에는 '키워드' 부분을 클릭해 '슬라이드 5'로 이동해 보자.

## 01 혼자해보기

'슬라이드 3'으로 이동해 [Home] 도형을 '슬라이드 1'에 하이퍼링크로 연결해 보자.

[작업 준비물 : Ch07\074.pptx]

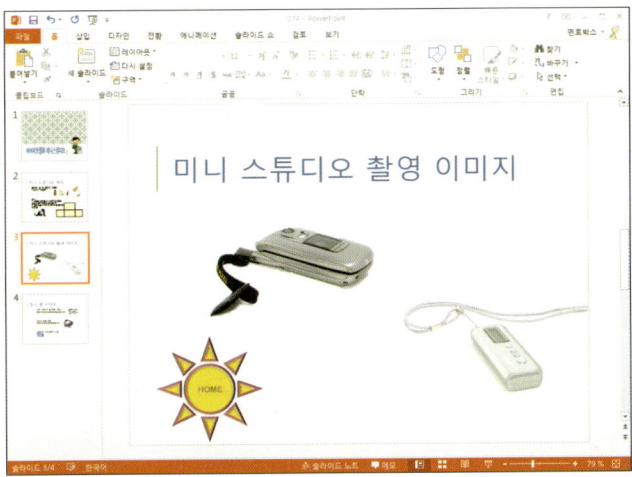

**HINT |**
- '슬라이드 3'의 [Home] 도형을 선택한 후 [삽입] 탭–[링크] 그룹에서 [하이퍼링크] 클릭
- [연결 대상]에서 '현재 문서'를 선택하고 [슬라이드 1]을 선택

## 02 혼자해보기

'슬라이드 4'로 이동한 뒤, [피아노] 클립 아트를 선택한다. 이곳에 'www.pianobada.net'를 하이퍼링크로 연결해 보자.

[작업 준비물 : Ch07\075.pptx]

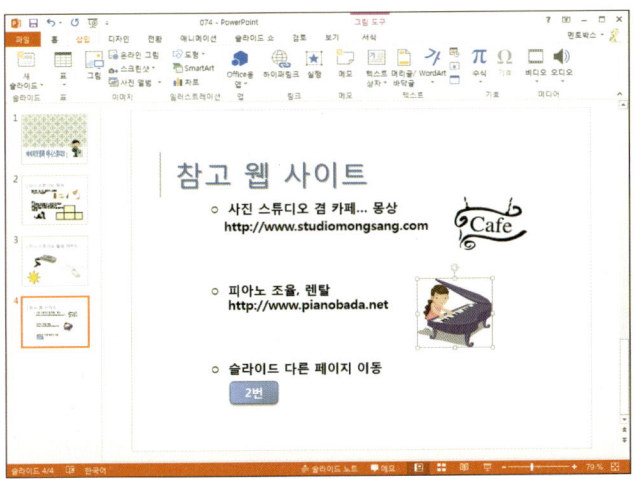

**HINT |**
- '슬라이드 4'의 [피아노] 클립 아트를 선택한 후 [삽입] 탭–[링크] 그룹에서 [하이퍼링크] 클릭
- [연결 대상]에서 '기존 파일/웹 페이지'를 선택하고 주소란에 'www.pianobada.net'을 적용

Section 1. 하이퍼링크로 이동하기

# Section 2. 화면 전환 효과 설정하기

슬라이드 쇼 상태에서 다음 슬라이드로 넘어갈 때, 청중의 시선을 사로잡는 화면 전환 애니메이션을 적용할 수 있다. 이를 통해 새로 나타나는 슬라이드에 대한 청중의 관심을 드높일 수 있다.

> **◐ 알아두기**
> • 슬라이드를 화면 전환 효과를 설정할 수 있다.
> • 적용된 전환 효과의 옵션을 변경해 보자.

## 따라하기 01 | 화면 전환 효과 적용하기

선택된 슬라이드에 화면 전환 효과를 적용하고, 미리 보기로 확인해 보자.
[작업 준비물 : Ch07\076.pptx]

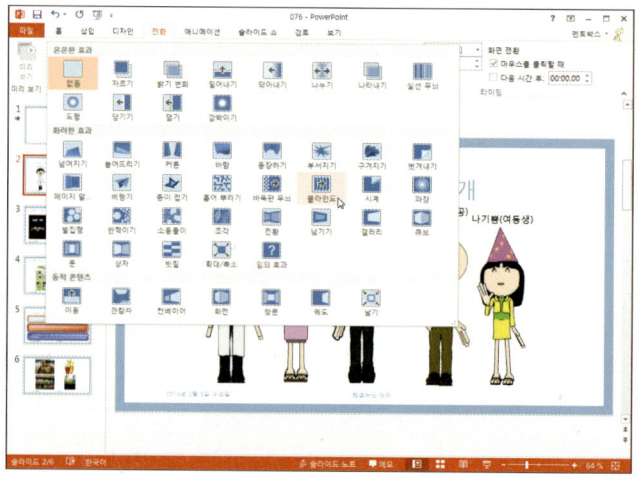

❶ 예제 파일을 열고 '슬라이드 1'을 선택한 뒤 [전환] 탭을 클릭한다.

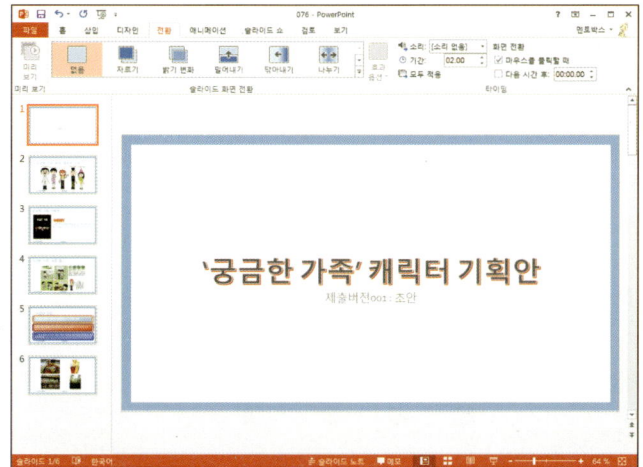

> tip ➕
> 기본 설정으로 [전환] 탭-[슬라이드 화면 전환] 그룹에서 [없음]이 선택되어 있기에, 현재는 전환 효과가 적용되지 않은 상태이다.

❷ [전환] 탭-[슬라이드 화면 전환] 그룹에서 [나누기]( )를 클릭한다. 해당 효과가 적용되자 마자 설정된 효과가 미리 보기 된다.

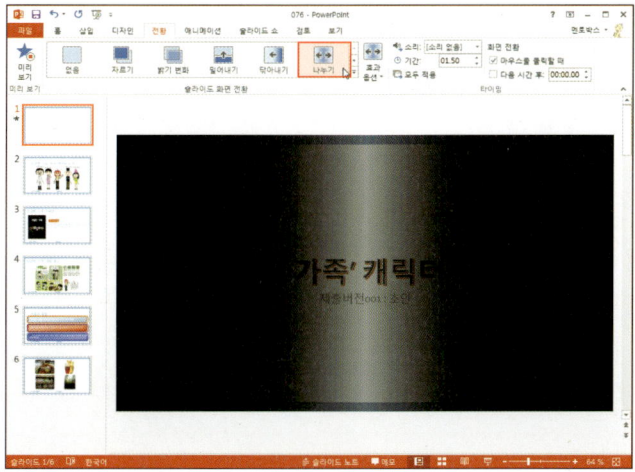

❸ 이번에는 '슬라이드 2'를 선택한 뒤, [전환] 탭-[슬라이드 화면 전환] 그룹에서 자세히
(▼)를 클릭해 [블라인드]를 선택한다.

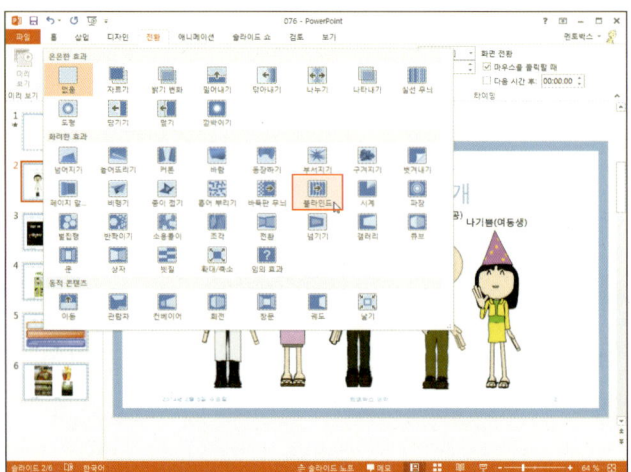

❹ 설정한 블라인드 효과가 미리 보기 된다.

> [전환] 탭-[미리 보기] 그룹에서 [미리 보기]를 클릭해, 설정된 전환 효과를 다시 확인   tip ➕
> 할 수도 있다.

### 따라하기 02 효과 옵션 변경 및 타이밍 설정

슬라이드에 적용된 화면 전환 효과의 옵션을 변경하고, 전환 효과가 재생되는 타이밍을 조정해 보자.

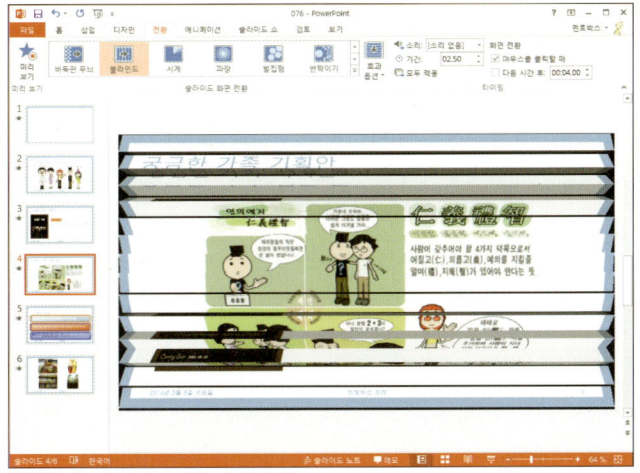

❶ '슬라이드 2'가 선택된 상태에서 [전환] 탭-[슬라이드 화면 전환] 그룹에서 [효과 옵션]()-[가로]를 선택한다.

> **tip ➕** 이전 과정에서 블라인드 효과를 적용했을 때에는 기본 효과 옵션인 [세로]가 설정된 상태였다.

Section 2. 화면 전환 효과 설정하기

❷ [전환] 탭-[미리 보기] 그룹에서 [미리 보기]를 클릭해, 변경된 전환 효과를 확인해 보자.

❸ [전환] 탭-[타이밍] 그룹에서 [기간]을 '02.50'으로 입력해 전환 시간을 약간 늘려준다. 이어 [전환] 탭-[타이밍] 그룹에서 [모두 적용]( 모두 적용 )을 클릭한다.

④ '슬라이드 4'를 선택하고, [전환] 탭-[미리 보기] 그룹에서 [미리 보기](圖)를 클릭해 모든 슬라이드에 적용된 블라인드 효과를 확인한다.

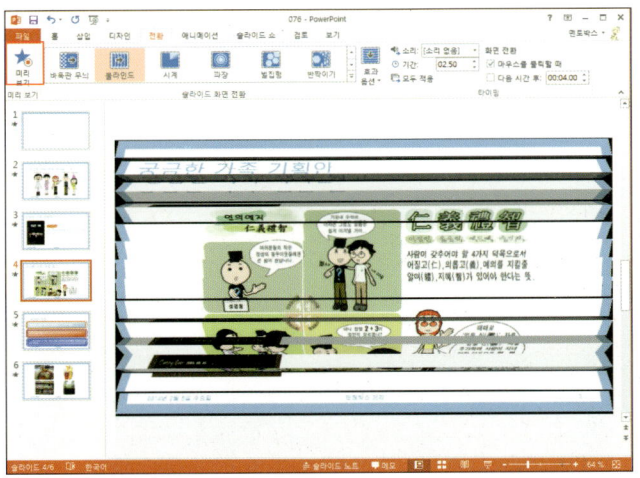

### 01 혼자해보기

예제 파일을 열고 [슬라이드 2]에 '큐브' 전환 효과를 설정한 뒤, [효과 옵션]을 '아래에서'로 선택한다. 전환 효과가 설정될 때 [소리]는 '클릭'으로 설정한 뒤, 결과를 확인해 보자.

[작업 준비물 : Ch07\077.pptx]

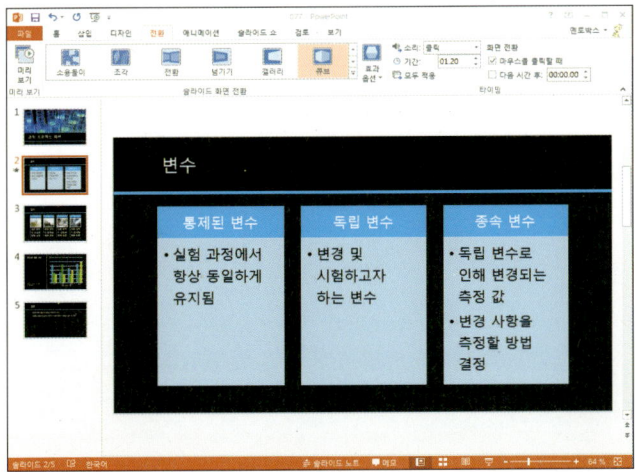

**HINT |**
- [전환] 탭-[슬라이드 화면 전환] 그룹에서 [큐브]를 선택한 뒤, [효과 옵션]-[아래에서] 선택
- [전환] 탭-[타이밍] 그룹에서 [소리]-[클릭]선택
- [전환] 탭-[미리 보기] 그룹에서 [미리 보기] 클릭

## 02 혼자해보기

예제 파일을 열고 [슬라이드 3]에 '갤러리' 전환 효과를 설정한 뒤, [소리]는 '카메라'로, [타이밍]은 '02:00'으로 입력하고 결과를 확인해 보자.

[작업 준비물 : Ch07\078.pptx]

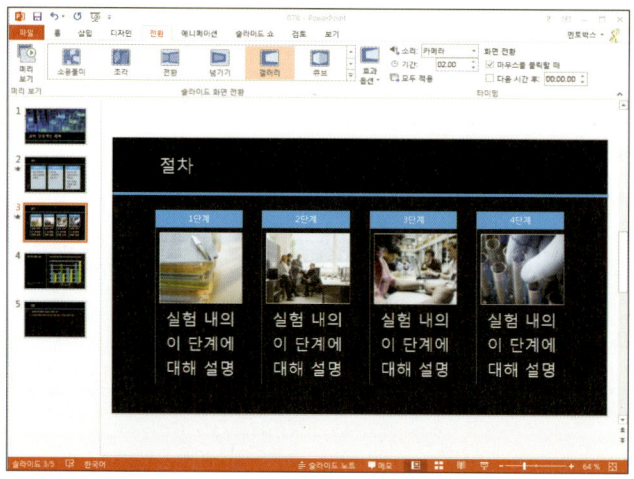

**HINT |**
- [전환] 탭-[슬라이드 화면 전환] 그룹에서 [갤러리] 클릭
- [전환] 탭-[타이밍] 그룹에서 [소리]는 '카메라', [기간]은 '02:00' 입력

> tip ➕
> 대부분의 프레젠테이션 발표에서는 화면 전환에 소리 사용을 자제하는 편이다. 또한 너무 다양한 화면 전환 효과도 청중에게 어지러움을 줄 수 있으므로, 한두 가지의 효과를 일관성 있게 사용하는 것이 좋다.

# Section 3 애니메이션 효과 활용하기

슬라이드에 삽입된 텍스트 상자나 표, 그림과 같은 개체들 각각에 다양한 애니메이션 설정을 할 수 있다. 이를 통해 청중의 시선을 집중시키고, 프레젠테이션에 생동감을 주는 요소로써 활용할 수 있다.

## ◯ 알아두기
- 선택된 개체마다 개별적으로 애니메이션을 적용할 수 있다.
- 애니메이션의 순서와 적용 타이밍을 변경할 수 있다.
- 차트나 스마트아트 개체에 개체별로 효과를 적용할 수 있다.

### 따라하기 01 개체 단위로 애니메이션 설정하기

슬라이드에 작성된 개체들에 [날아오기] 애니메이션을 적용한 뒤, [효과 옵션]을 변경해 보자.

[작업 준비물 : Ch07\079.pptx]

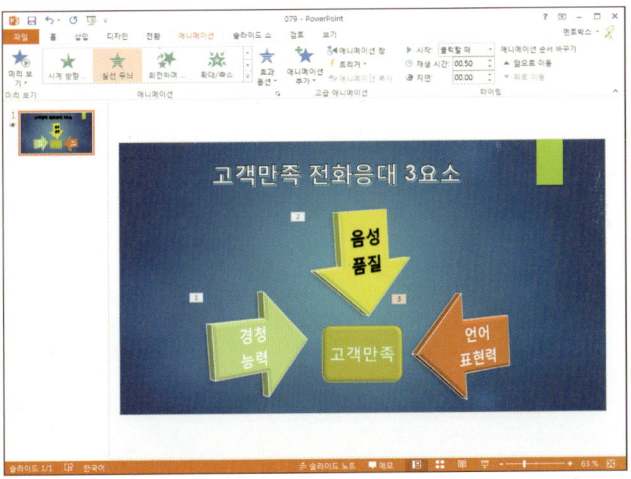

① 예제 파일을 열고 슬라이드에서 [오른쪽 화살표] 도형을 선택한다.

❷ [애니메이션] 탭-[애니메이션] 그룹에서 자세히(▼)를 클릭해 [날아오기]를 클릭한다.

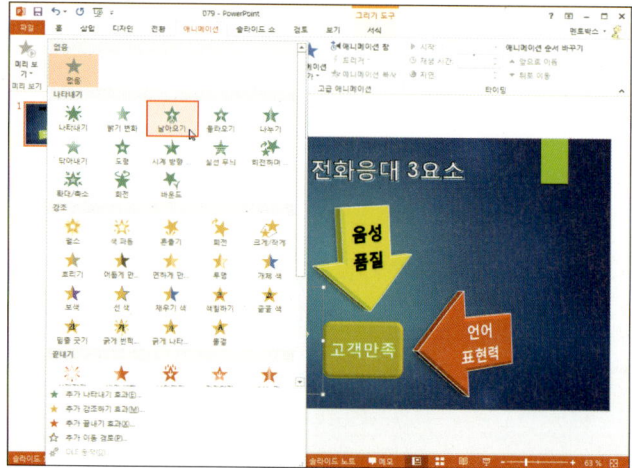

> tip ➕
> 이전 과정에서 배운 전환 효과가 슬라이드 단위로 적용되는 애니메이션이라면, [애니메이션] 탭-애니메이션들은 선택된 개체 단위로 효과가 적용된다.

❸ [애니메이션] 탭-[애니메이션] 그룹에서 [효과 옵션](↑)-[왼쪽에서]를 선택한다.

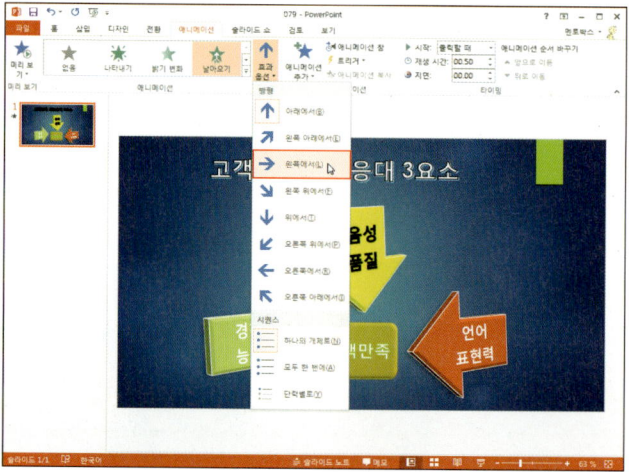

❹ [애니메이션] 탭-[미리 보기] 그룹에서 [미리 보기](★)를 클릭해, 설정된 효과를 재생할 수 있다.

❺ [아래쪽 화살표] 도형을 선택한 뒤, [애니메이션] 탭-[애니메이션] 그룹에서 자세히( )를 클릭해 [날아오기]를 클릭한다.

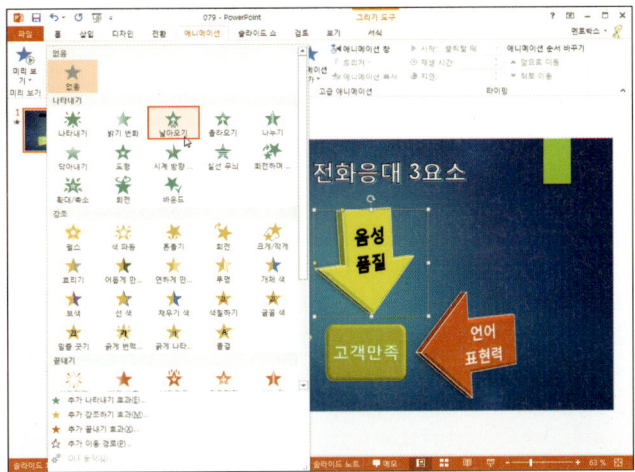

❻ [애니메이션] 탭-[애니메이션] 그룹에서 [효과 옵션]( )-[위에서]를 선택한다.

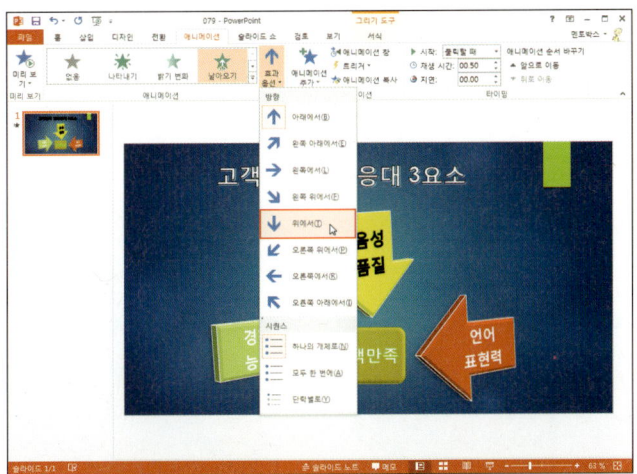

이곳에서는 방향만이 옵션으로 나타난다. 하지만 설정된 효과에 따라 [효과 옵션]의 선택 옵션은 달라질 수 있다.

❼ [왼쪽 화살표] 도형을 선택한 뒤, [애니메이션] 탭-[애니메이션] 그룹에서 자세히(▼)를 클릭해 [실선 무늬]를 선택한다.

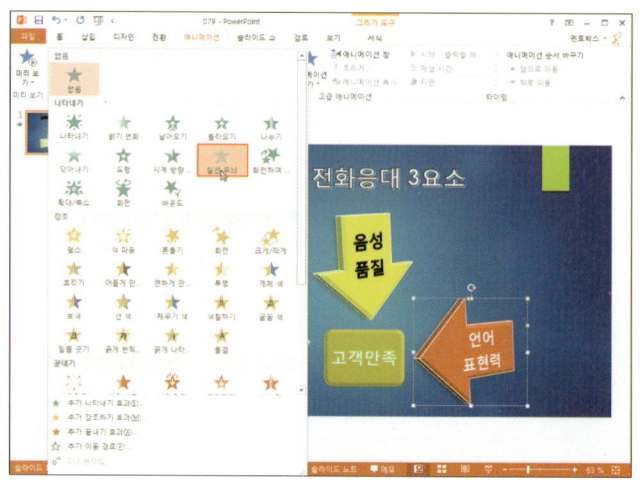

## 따라하기 02 애니메이션 옵션 이해하기

슬라이드에 삽입된 개체에 여러 애니메이션을 적용한 뒤, 설정된 개체 애니메이션의 적용 순서를 변경해 보자.

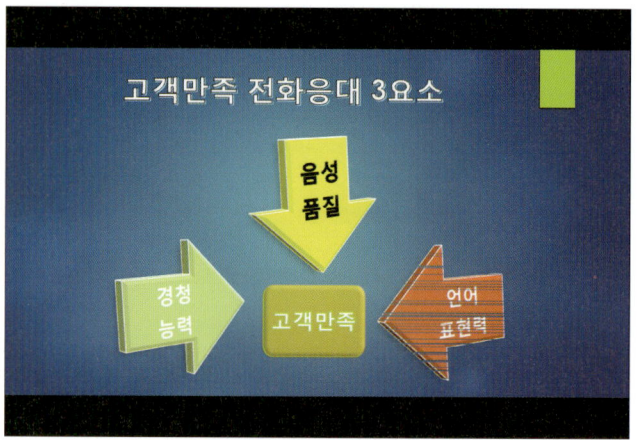

① 제목 텍스트 상자 테두리를 선택한 뒤, [애니메이션] 탭-[애니메이션] 그룹에서 자세히()를 클릭해 [강조]-[물결]을 선택한다.

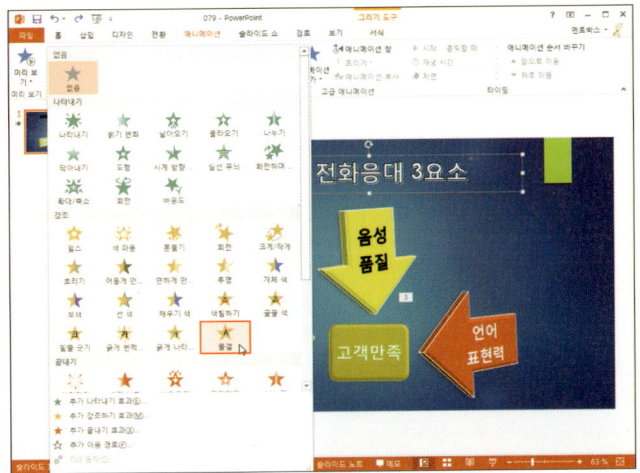

tip ➕
애니메이션 설정 후 나타나는 숫자는 애니메이션 진행 순서를 의미한다.

② [애니메이션] 탭-[고급 애니메이션] 그룹에서 [애니메이션 창]()을 클릭한다. 슬라이드에 적용된 애니메이션 개체명과 순서 등이 [애니메이션 창]에 펼쳐져 보인다.

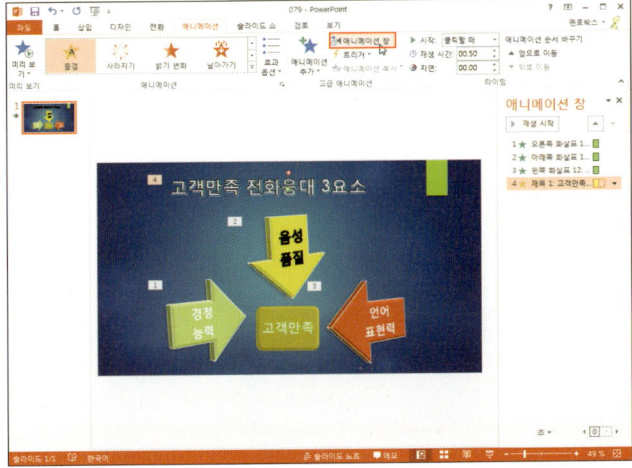

Section 3 . 애니메이션 효과 활용하기

❸ [애니메이션 창] 목록에서 [왼쪽 화살표] 목록 단추를 클릭하고, [이전 효과 다음에 시작]을 선택한다.

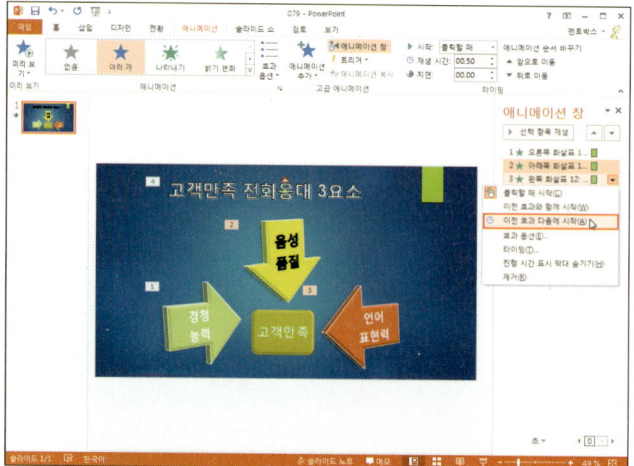

❹ [애니메이션 창] 목록에서 [아래쪽 화살표] 목록 단추를 클릭하고, [이전 효과 다음에 시작]을 선택한다.

❺ 이전 작업의 결과 변경된 애니메이션의 순번이 '1'로 함께 변경된 것을 슬라이드와 [애니메이션 창] 목록에서 확인할 수 있다. [오른쪽 화살표] 도형이 나타나고 나서 자동으로 [아래쪽 화살표], [왼쪽 화살표] 도형의 애니메이션이 실행되도록 설정한 것이다.

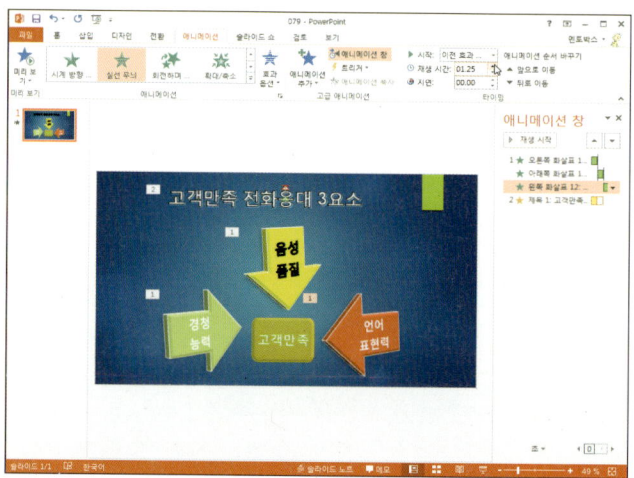

[애니메이션 창]에서 같은 순번의 효과들은 목록 맨 위에 한번만 번호가 표시된다.

❻ [애니메이션 창]에서 2번째 클릭 애니메이션으로 설정된 [제목1] 부분을 드래그해 제일 위쪽으로 위치를 변경한다.

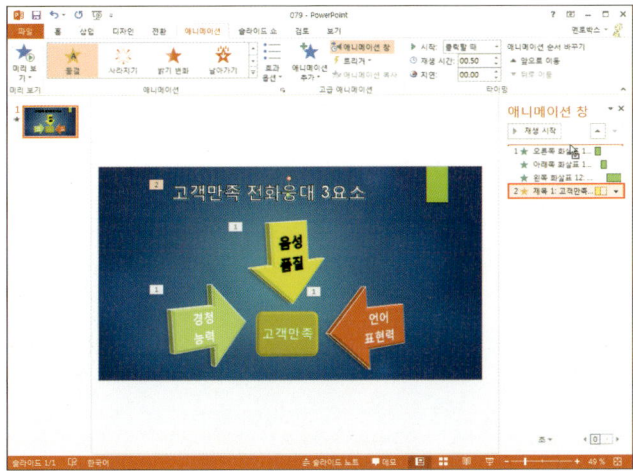

❼ [애니메이션 창]에서 위치 변경된 [제목1] 텍스트 상자의 순번이 바뀌어 '1'로 변경된 것을 확인할 수 있다. [애니메이션] 탭-[미리 보기] 그룹에서 [미리 보기](🖈)를 클릭해, 설정된 애니메이션의 순서와 효과를 확인해 보자.

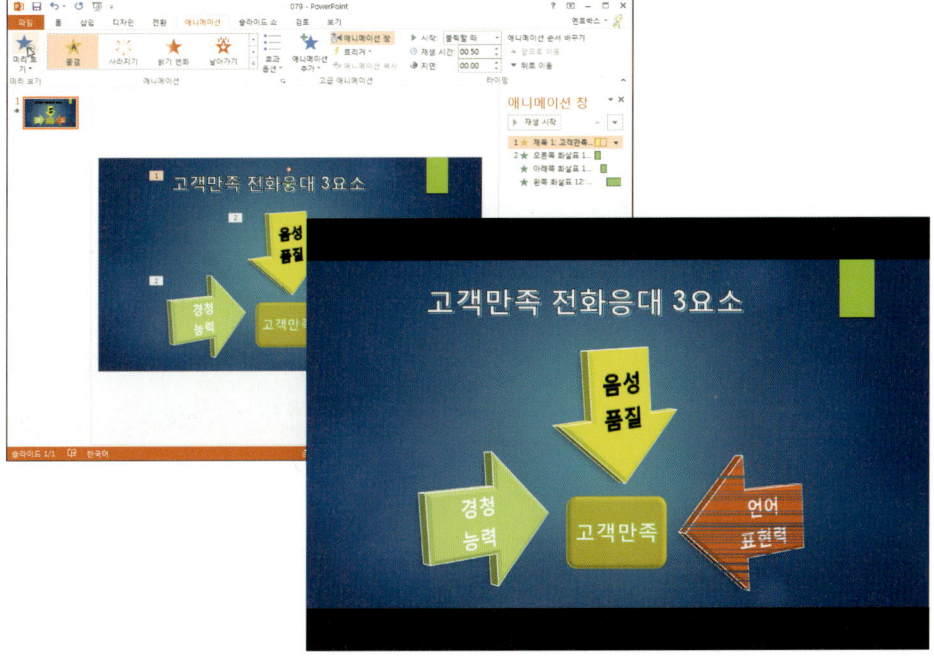

| 따라하기 | **03 차트 및 SmartArt 애니메이션** |

차트나 SmartArt 개체에 애니메이션을 적용하고, 효과 옵션 조정으로 세부 요소마다 독립적으로 효과 재생이 되도록 한다.

[작업 준비물 : Ch07\079-1.pptx]

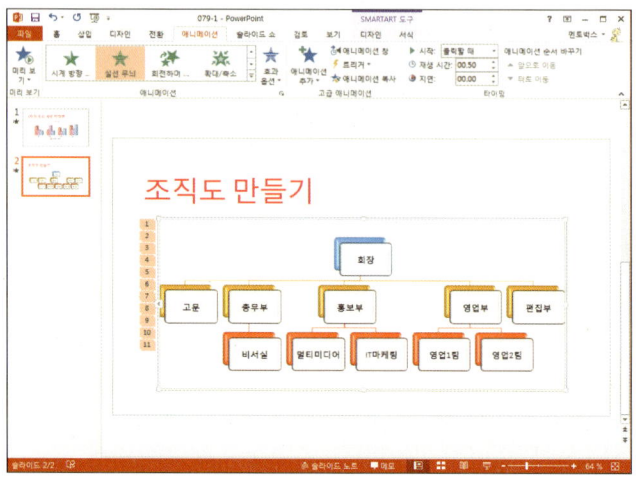

❶ 예제 파일을 열고 차트를 선택한 뒤, [애니메이션] 탭-[애니메이션] 그룹에서 자세히( )를 클릭해 [올라오기]를 선택한다.

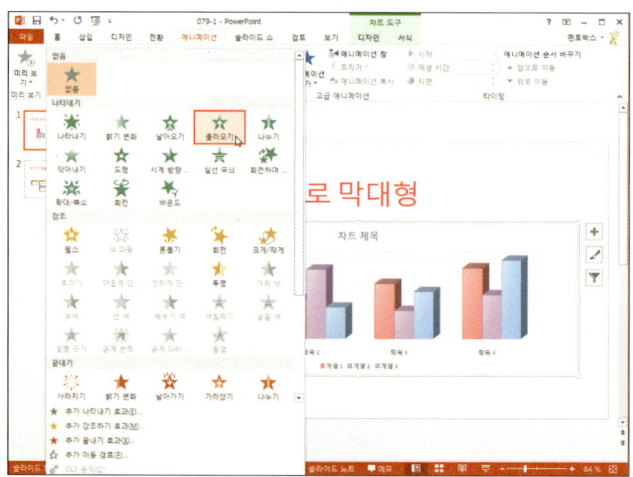

> **tip** 차트 자체를 하나의 개체로 인식하기 때문에 기본 설정으로는 차트 전체가 아래에서 올라오는 애니메이션이 된다.

❷ [애니메이션] 탭-[애니메이션] 그룹에서 [효과 옵션](🗒)-[계열별로]를 선택한다.

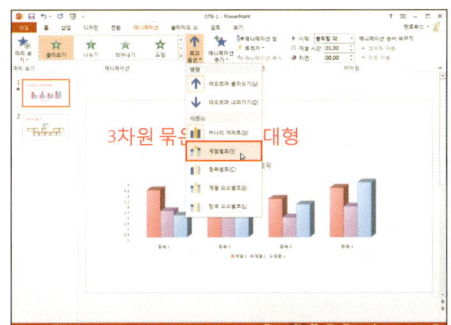 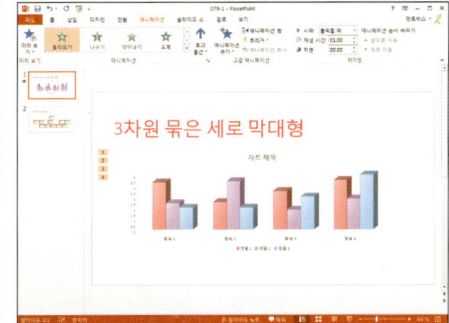

❸ '슬라이드 2'를 선택한 뒤, [애니메이션] 탭-[애니메이션] 그룹에서 자세히(🔽)를 클릭해 [실선 무늬]를 선택한다.

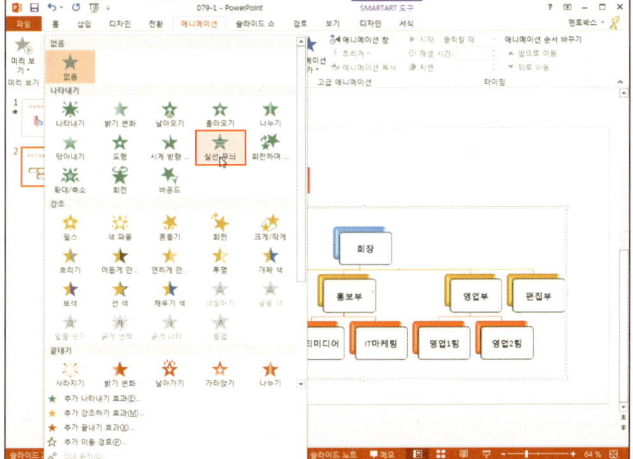

❹ [애니메이션] 탭-[애니메이션] 그룹에서 [효과 옵션](🗒)-[개별적으로]를 선택한다.

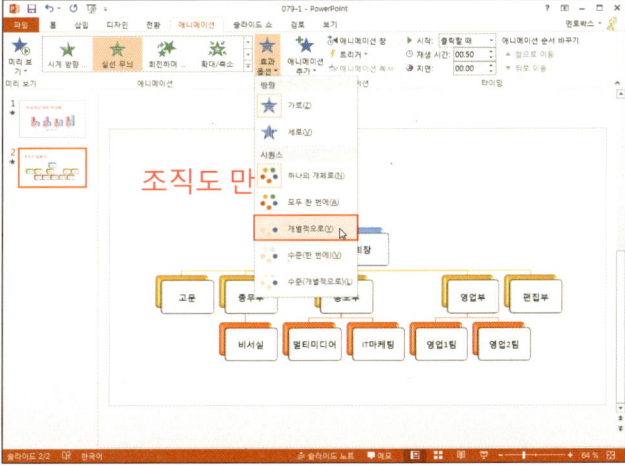

Section 3 . 애니메이션 효과 활용하기   275

## 01 혼자해보기

[하트], [해] 도형과 텍스트 개체 등에 다양한 애니메이션 효과를 적용해 보자.

[작업 준비물 : Ch07\080.pptx]

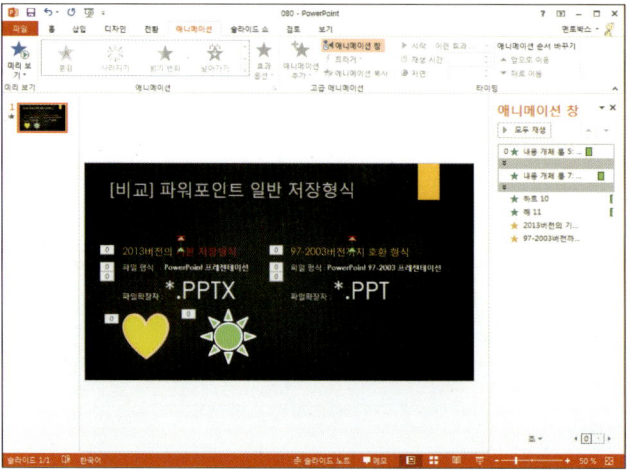

**HINT |**
- '파일 형식', '파일 확장자'가 입력된 텍스트 상자들, [하트] 도형, [해] 도형을 다중 선택
- [애니메이션] 탭-[애니메이션] 그룹에서 [날아오기]를 선택
- [애니메이션] 탭-[고급 애니메이션] 그룹-[애니메이션 창]을 클릭
- '파일 형식', '파일 확장자'가 입력된 텍스트 상자들은 [타이밍]은 '이전 효과 다음에'로 설정
- [하트] 도형 [해] 도형의 '타이밍'은 '이전 효과와 함께'로 설정
- 상단의 부제목 텍스트 상자들에는 [강조]-[물결] 효과 적용
- 상단의 부제목 텍스트 상자의 [타이밍]은 '이전 효과 다음에'로 설정
- [애니메이션] 탭-[미리 보기] 그룹-[미리 보기]를 클릭해 결과를 확인

# 디자인 테마 제작 및 활용하기

파워포인트 2013에서 제공하는 디자인 테마는 '제목' 레이아웃, '제목 및 내용' 레이아웃 등 자주 사용되는 슬라이드 레이아웃들에 미리 디자인 서식을 적용해두고 활용하는 기능이다. 이러한 디자인 테마를 사용자가 직접 제작할 수 있으며, 이곳에서는 자주 사용되는 '제목', '제목 및 내용' 레이아웃들을 만들고 활용해 보자.

## ○ 알아두기

- 슬라이드 마스터 상태에서 '제목 슬라이드 레이아웃'을 작성할 수 있다.
- 문서에 많이 사용되는 '제목 및 내용 레이아웃'을 작성할 수 있다.
- 제작된 디자인 테마를 저장하고 불러와 활용할 수 있다.

## 따라하기 01 제목 슬라이드 레이아웃 작성하기

슬라이드 문서의 오프닝을 담당하는 '제목 슬라이드 레이아웃'을 슬라이드 마스터 상태에서 제작해 보자.

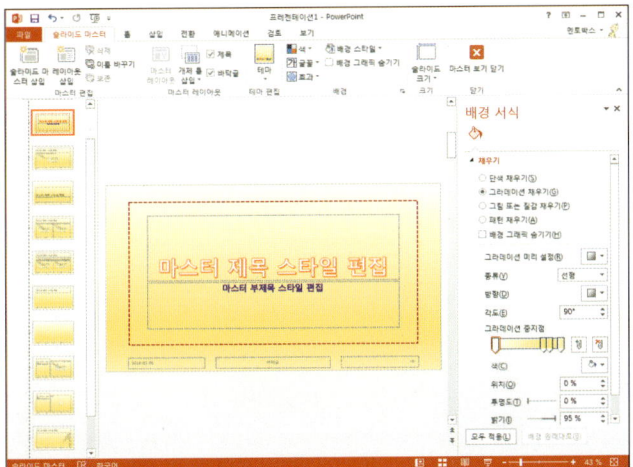

❶ 새 프레젠테이션 문서를 열고, [보기] 탭-[마스터 보기] 그룹에서 [슬라이드 마스터](📄)를 클릭한다.

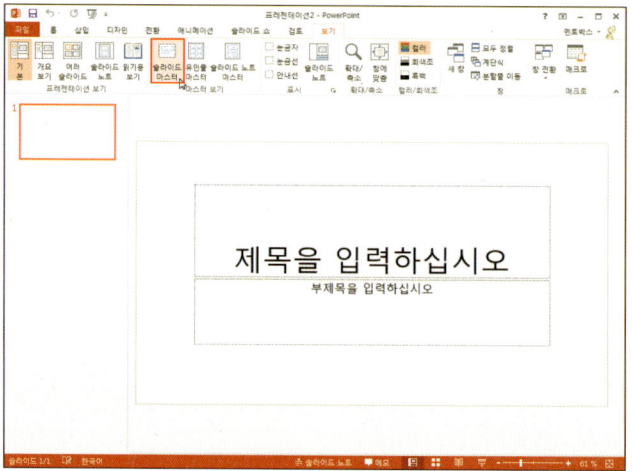

❷ 슬라이드 위에서 마우스 오른쪽 버튼을 누르고 바로 가기 메뉴에서 [배경 서식]을 선택한다.

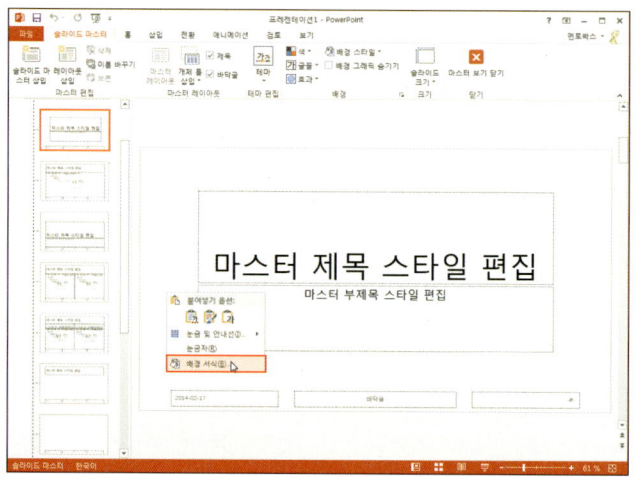

❸ [배경 서식] 창의 [채우기]에서 [그라데이션 채우기]를 선택한 뒤, [그라데이션 미리 설정]을 클릭하고 [밝은 그라데이션 - 강조 4]를 선택한다.

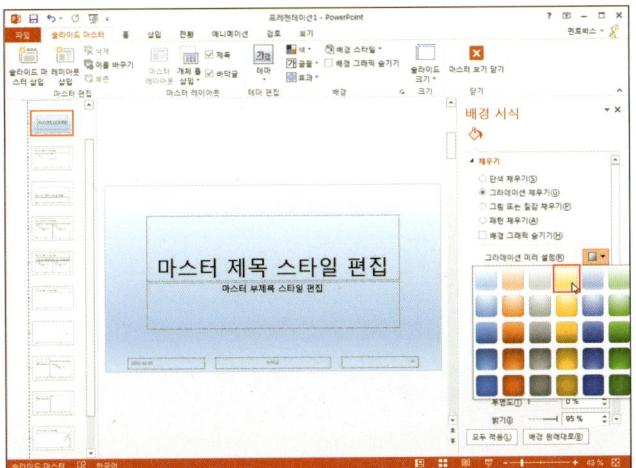

❹ [배경 서식] 창에서 [모두 적용]을 선택한다. 그 결과 다른 슬라이드 레이아웃들에도 동일한 배경 서식이 적용된다.

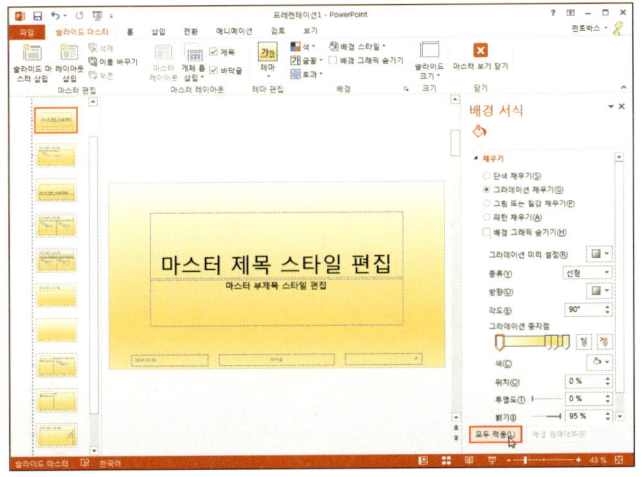

[배경 서식] 창에서는 그러데이션 이외에도 [단색 채우기], [그림 또는 질감 채우기], [패턴 채우기]를 적용해 서식 적용을 할 수도 있다.

Section 4. 디자인 테마 제작 및 활용하기

❺ '마스터 제목 스타일' 텍스트 상자를 선택한 뒤, [서식] 탭-[WordArt스타일] 그룹에서 [빠른 스타일](🔲)-[채우기-흰색, 윤곽선-강조2, 진한 그림자-강조2]를 선택해 적용한다.

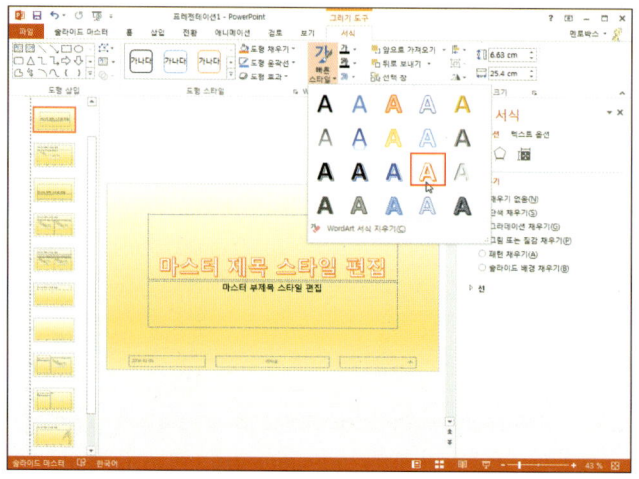

❻ '마스터 부제목 스타일' 텍스트 상자를 선택한 뒤, [서식] 탭-[WordArt 스타일] 그룹에서 [텍스트 윤곽선](🔲)-[자주]를 선택한다.

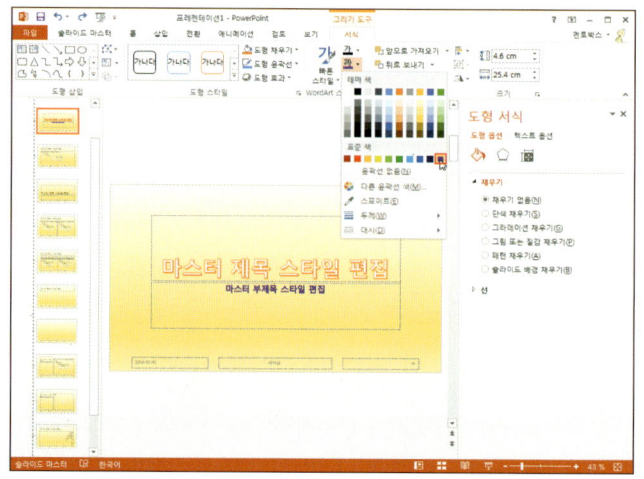

tip ➕ [서식] 탭-[WordArt 스타일] 그룹에 있는 옵션들을 활용해 더욱 색다른 느낌의 문장 서식을 만들 수도 있다.

❼ [삽입] 탭-[일러스트레이션] 그룹에서 [도형]( )-[직사각형]을 선택한 뒤, 슬라이드 위를 드래그해 다음과 같은 크기의 도형을 만든다.

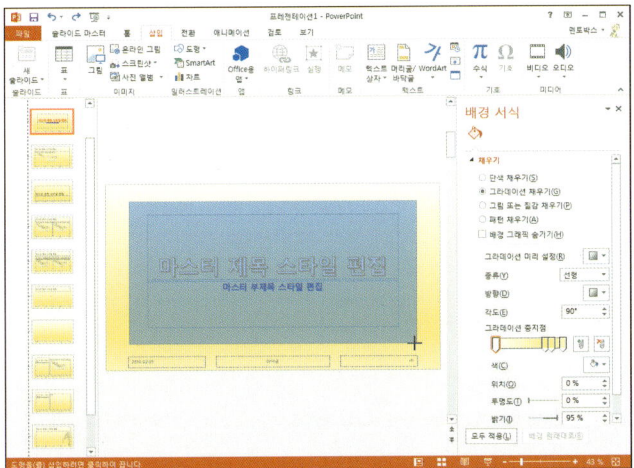

❽ [도형 서식] 창의 [채우기]에서 [채우기 없음]을 체크한다.
❾ [서식] 탭-[도형 스타일] 그룹에서 [도형 윤곽선]( )-[진한 빨강]을 선택한다.
❿ [서식] 탭-[도형 스타일] 그룹에서 [도형 윤곽선]( )-[두께]-[3pt]를 선택한다.

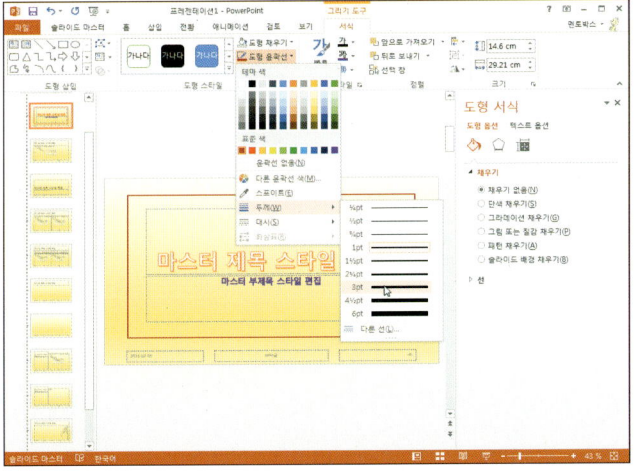

Section 4. 디자인 테마 제작 및 활용하기

⓫ [서식] 탭-[도형 스타일] 그룹에서 [도형 윤곽선]( )-[대시]-[사각 점선]을 선택한다.

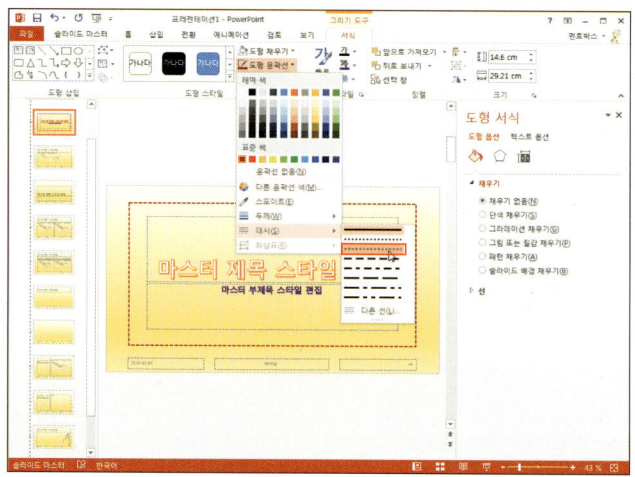

## 따라하기 02 '제목 및 내용 레이아웃' 제작하기

글꼴 서식 및 도형, 클립 아트 등을 활용해 '제목 및 내용 레이아웃'을 제작한다.

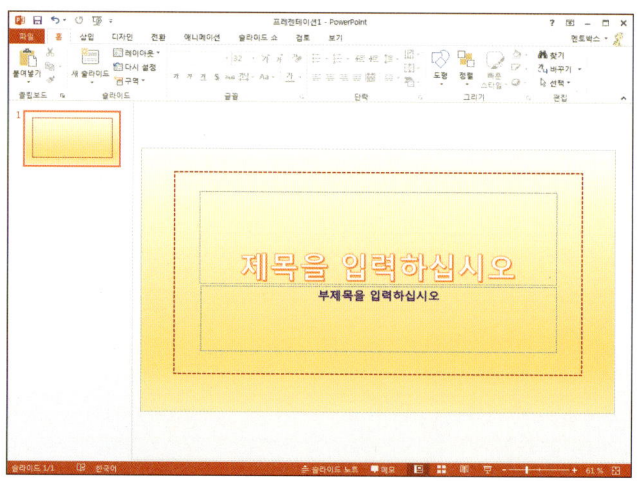

❶ 슬라이드 미리 보기 창에서 '제목 및 내용 레이아웃'을 선택한다.

❷ '제목' 텍스트 상자를 선택한 뒤, [서식] 탭-[글꼴] 그룹에서 [글꼴 색](가▼) 목록 단추를 클릭해 [녹색, 강조6]을 선택한다.

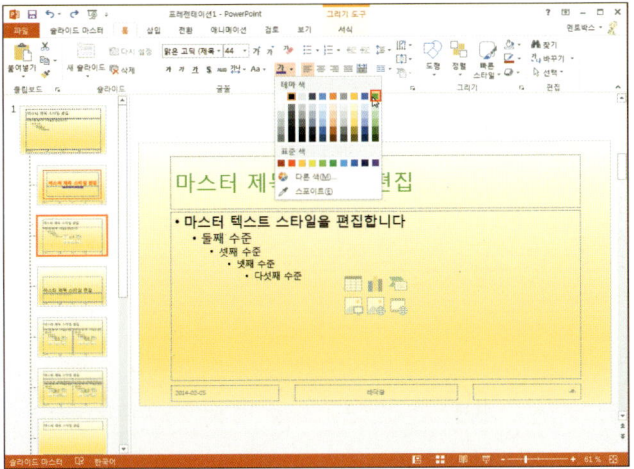

❸ '제목' 텍스트 상자를 선택한 뒤, [서식] 탭-[글꼴] 그룹에서 [글꼴] 목록 단추를 클릭해 [HY견고딕]을 선택한다.

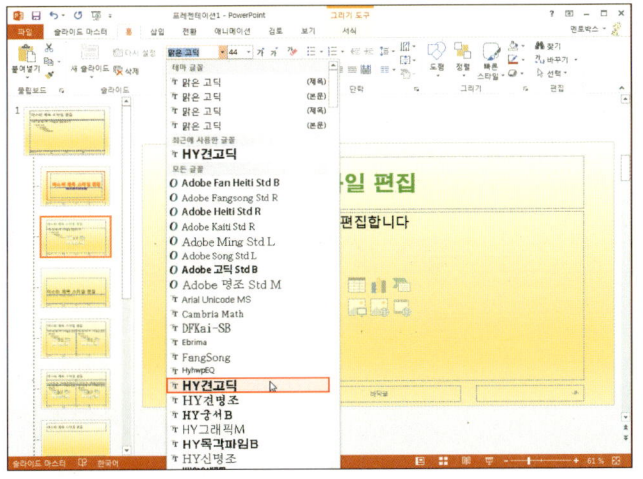

tip ➕ 사용자 PC 환경에 따라 예시하는 폰트가 없을 수도 있다. 이런 경우 사용자 컴퓨터에 있는 다른 폰트를 사용해도 된다.

Section 4. 디자인 테마 제작 및 활용하기

④ [삽입] 탭-[이미지] 그룹에서 [온라인 그림]( )을 클릭한다.

⑤ [그림 삽입] 창의 [Office.com 클립 아트] 검색란에 '카메라'를 입력한 뒤 Enter 를 누른다.

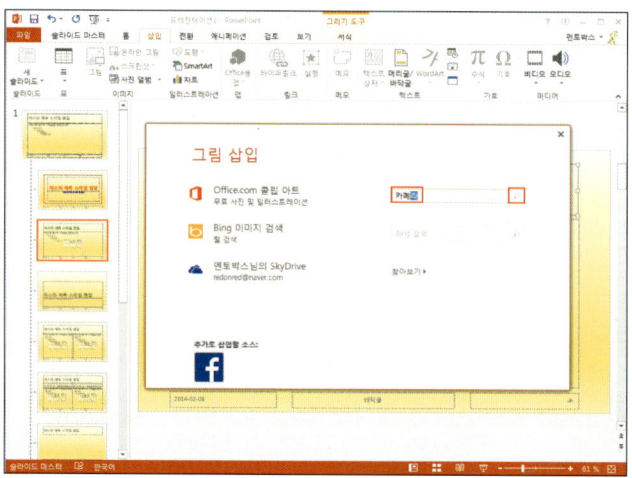

⑥ 검색 결과가 나열되면 마음에 드는 클립 아트를 선택한 뒤, [삽입]을 클릭한다.

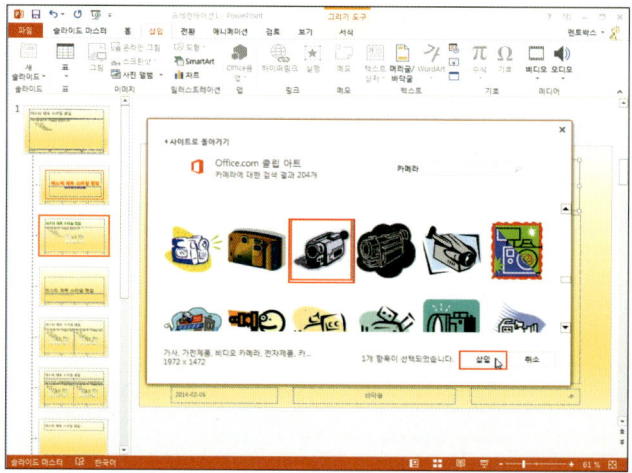

⑦ 슬라이드에 삽입된 클립 아트의 크기와 위치를 사진과 비슷하게 조정한다.

❽ [서식] 탭-[조정] 그룹에서 [색]( 색 )-[다시 칠하기]-[황금색, 밝은 강조색 4]를 선택한다.

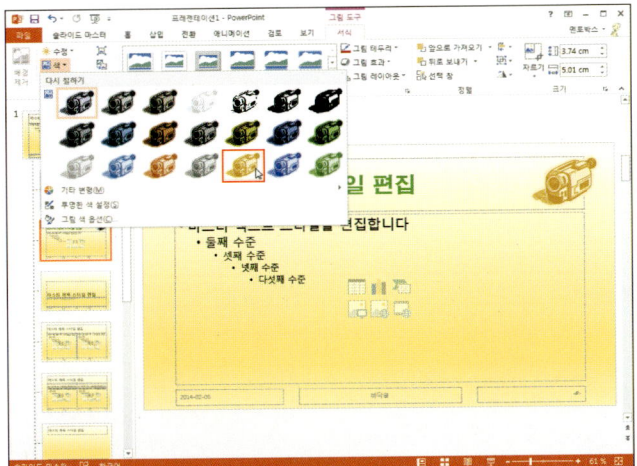

❾ [삽입] 탭-[일러스트레이션] 그룹에서 [도형]( 도형 )-[모서리가 둥근 직사각형]을 선택한 뒤, 다음과 같이 드래그해 도형을 만든다.

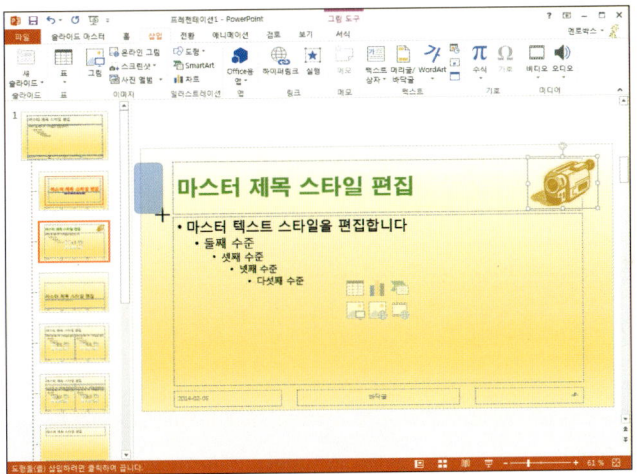

❿ 도형이 선택된 상태에서 [서식] 탭-[도형 스타일] 그룹에서 [스타일]의 자세히(▼)를 클릭해 [색 채우기-주황, 강조 2]를 선택한다.

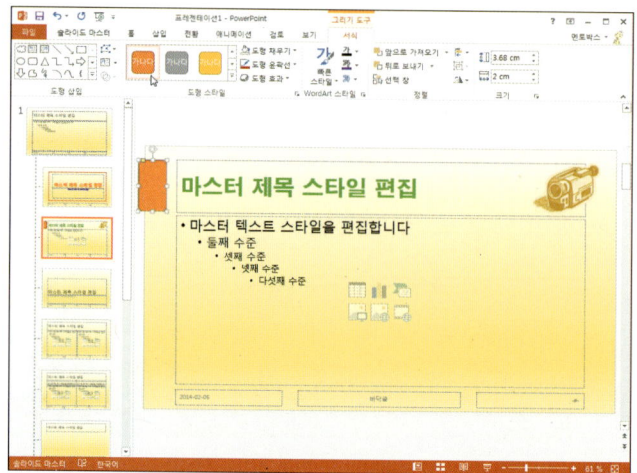

⓫ [슬라이드 마스터] 탭-[닫기] 그룹에서 [마스터 보기 닫기](❌)를 클릭한다.

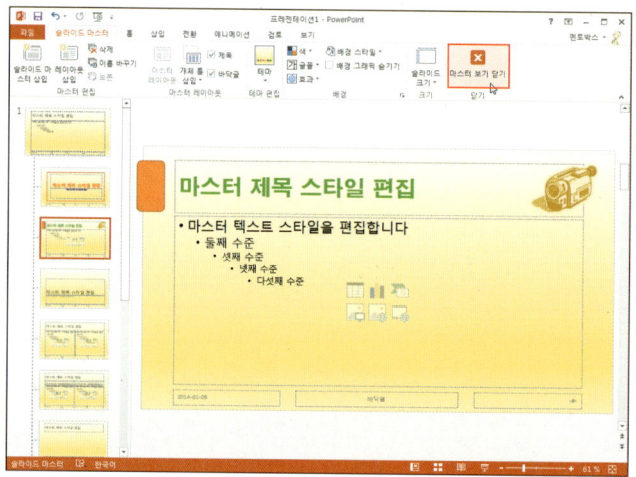

| 따라하기 03 | 디자인 테마로 저장 및 활용 |

이전 과정에서 작업했던 디자인 서식을 아직 서식이 완성되지 않은 문서에 적용해 보자.
[작업 준비물 : Ch07\081.pptx]

❶ 앞선 따라하기에 이어서 [디자인] 탭-[테마] 그룹에서 [현재 테마 저장]( 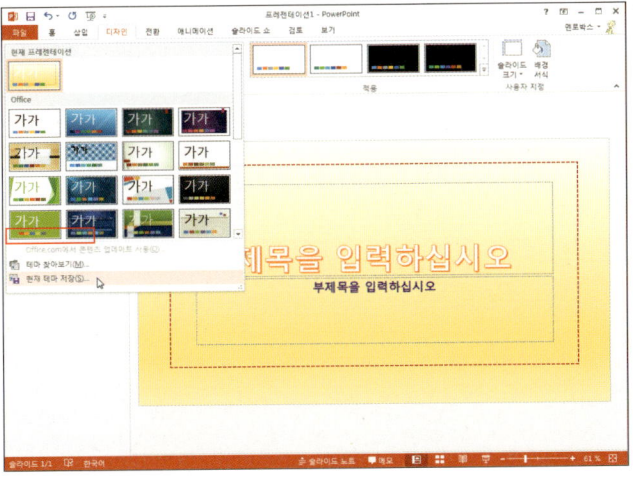 )을 클릭한다.

Section 4. 디자인 테마 제작 및 활용하기

❷ [현재 테마 저장] 대화상자에서 [파일 이름]으로 '처음제작'을 입력하고 [저장]을 클릭한다.

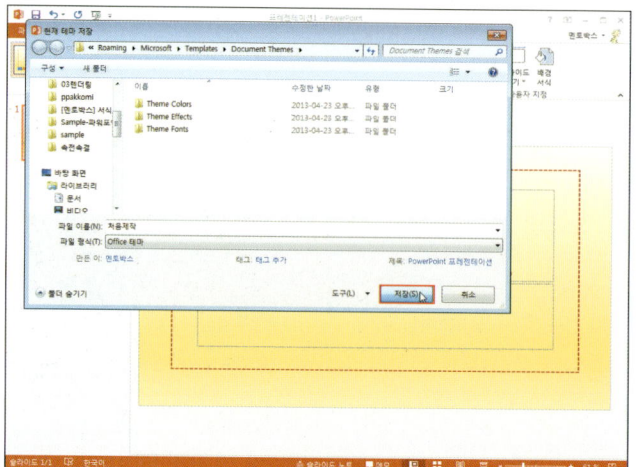

❸ [파일] 탭을 클릭한 뒤, 백스페이지 화면의 [닫기]를 클릭한다.

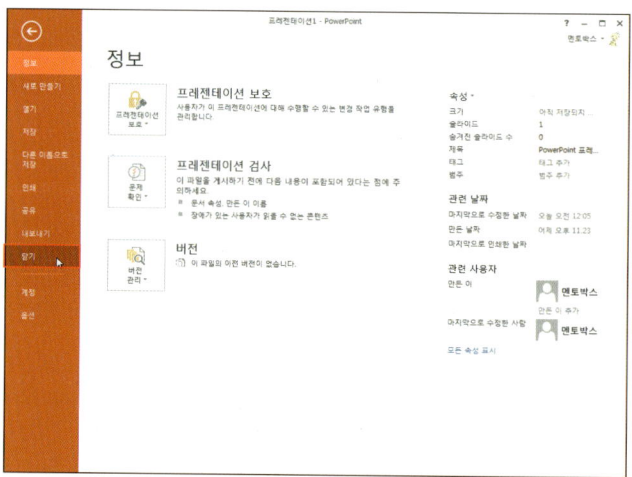

❹ 대화상자에서 [저장 안 함]을 클릭해, 이전에 작업했던 내용들을 저장하지 않고 종료한다.

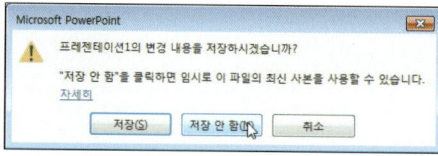

❺ 예제 파일 중에서 '081.pptx' 파일을 연다.

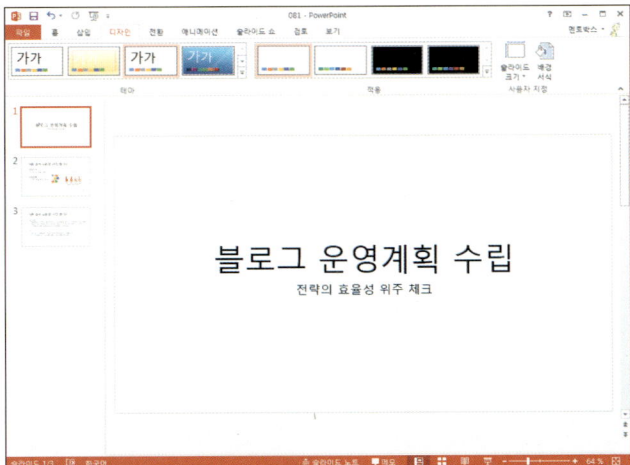

❻ [디자인] 탭-[테마] 그룹에서 자세히(▼)를 클릭해 이전에 제작했던 디자인 테마인 [처음제작]을 선택한다. '슬라이드 1'에 슬라이드 마스터에서 작업했던 '제목 슬라이드 레이아웃' 서식이 적용되어 표현된다.

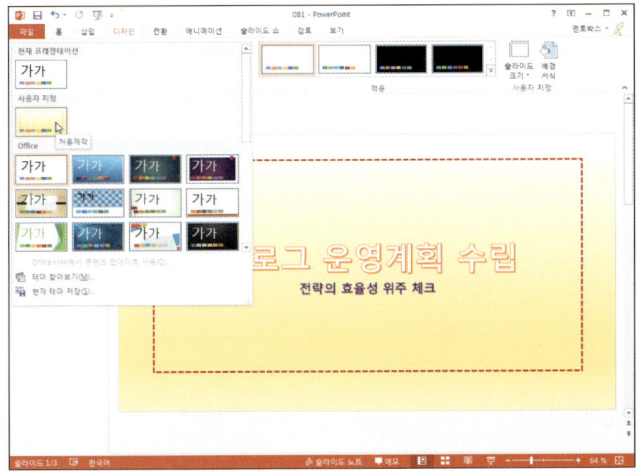

❼ '슬라이드 2'를 선택해 슬라이드 마스터의 '제목 및 내용 레이아웃'의 적용 결과를 확인한다.

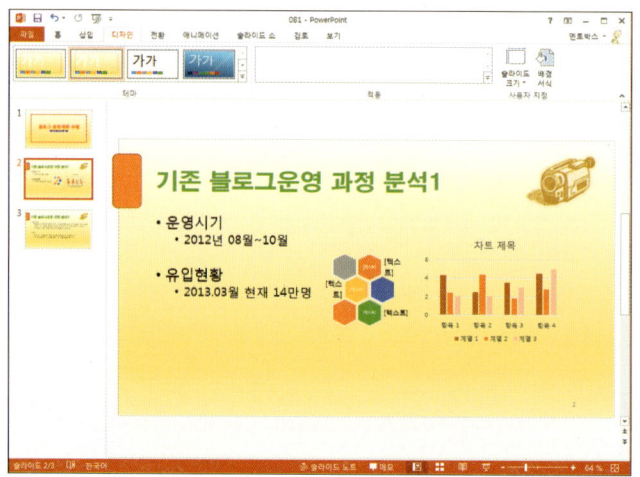

### 01 혼자해보기

슬라이드 마스터 편집 상태에서 '제목 슬라이드 레이아웃'을 다음과 같이 작성해보자.

[작업 준비물 : Ch07\083.pptx]

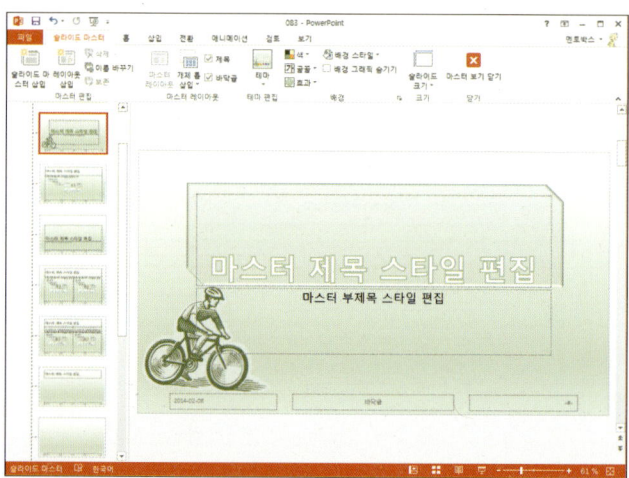

> **HINT |**
> - [삽입] 탭–[이미지] 그룹에서 [온라인 그림] 클릭 후 '자전거'로 검색
> - [자전거] 클립 아트 삽입 후, [서식] 탭–[정렬] 그룹에서 [뒤로 보내기]–[맨 뒤로 보내기] 선택
> - [서식] 탭–[조정] 그룹에서 [색]–[다시 칠하기]–[황록색, 밝은 강조색 1] 선택
> - 제목 텍스트 상자 선택 후, [서식] 탭–[빠른 스타일] 그룹에서 자세히(▼)를 클릭해 [채우기–흰색, 윤곽선–강조, 네온–강조1] 선택

## 02 혼자해보기

이전 작업에 이어 '제목 및 내용 레이아웃'을 다음과 같이 작성해 보자.

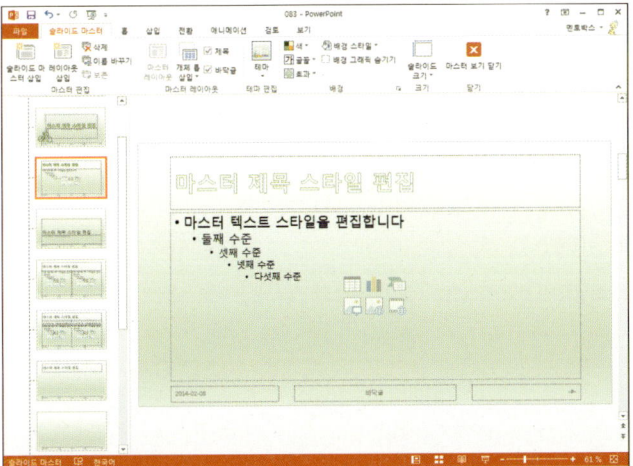

**HINT |**
- [삽입] 탭–[일러스트레이션] 그룹에서 [도형]–[대각선 방향의 모서리가 잘린 사각형] 클릭
- [서식] 탭–[도형 스타일] 그룹에서 [도형 효과]–[기본 설정]–[기본 설정8] 클릭
- [서식] 탭–[정렬] 그룹에서 [뒤로 보내기]–[맨 뒤로 보내기] 클릭
- 제목 텍스트 상자 선택 후, [그리기 도구]–[서식] 탭–[WordArt 스타일] 그룹에서 [빠른 스타일]–[채우기–흰색, 윤곽선–강조1, 네온–강조1] 선택

### 1. 하이퍼링크로 이동하기

- 하이퍼링크는 슬라이드에 포함된 특정 도형이나 텍스트, 기타 개체 등에 문서 내 다른 슬라이드나 외부 웹 페이지를 링크 설정해주는 기능이다.
- 도형이나 대상 텍스트를 범위 설정한 뒤, [삽입] 탭-[링크] 그룹에서 [하이퍼링크](　)를 선택한다.
- [하이퍼링크 삽입] 대화상자가 나타난 뒤, [연결 대상]을 '현재 문서'로 하여 다른 슬라이드로의 링크 설정을 할 수 있다.
- [하이퍼링크 삽입] 대화상자가 나타난 뒤, [연결 대상]을 '기존 파일/웹 페이지'로 하여 외부 웹 페이지의 링크 설정을 할 수 있다.
- 하이퍼링크가 설정된 위치에서 마우스 오른쪽 버튼을 누르고, 바로 가기 메뉴에서 [하이퍼링크 삭제]를 선택해 설정된 링크를 제거할 수 있다.

### 2. 화면 전환 효과 설정하기

- 슬라이드 쇼 상태에서 다음 슬라이드로 넘어갈 때, 청중의 시선을 사로잡는 화면 전환 애니메이션을 적용할 수 있다.
- [슬라이드 화면 전환] 그룹의 목록에서 슬라이드에 적용될 전환 효과를 선택할 수 있다.
- [전환] 탭-[미리 보기] 그룹에서 [미리 보기](　)를 통해 설정된 전환 효과를 재생할 수 있다.
- [전환] 탭-[타이밍] 그룹에서 [효과 옵션](　)을 통해 설정된 전환 효과의 적용 옵션을 변경할 수 있다.
- [전환] 탭-[타이밍] 그룹에서 [모두 적용](　)을 클릭하면 선택된 슬라이드의 전환 효과가 모든 슬라이드에 바로 적용된다.
- 화면 전환 효과를 [없음]으로 설정한 뒤, [모두 적용](　)을 클릭하면 선택된 슬라이드들에 적용된 전환 효과들이 모두 제거된다.

### 3. 애니메이션 효과 활용하기

- 슬라이드에 삽입된 텍스트나 표, 그림과 같은 개체들 각각에 다양한 움직임과 시각적인 즐거움을 주는 애니메이션 효과를 적용할 수 있다.
- 애니메이션이 설정된 개체들에 배치되는 숫자는 애니메이션 효과의 진행 순서를 나타낸다.
- 대상 개체를 선택한 뒤, [애니메이션] 탭-[애니메이션] 그룹에서 사용자가 원하는 애니메이션 효과를 적용할 수 있다.
- [애니메이션] 그룹의 [효과 옵션](🔧)을 통해, 이미 지정된 효과의 적용 방향 및 세부 설정을 변경할 수도 있다.
- [타이밍] 그룹에서는 적용된 애니메이션의 재생 시간, 지연 시간 등을 조정할 수 있다.
- [애니메이션] 탭-[미리 보기] 그룹에서 [미리 보기](⭐)를 통해 설정된 애니메이션을 확인할 수 있다.

### 4. 디자인 테마 제작 및 활용하기

- 파워포인트에서 제공하는 디자인 테마들처럼 사용자가 직접 '제목' 레이아웃, '제목 및 내용' 레이아웃 등의 서식을 [슬라이드 마스터] 편집 화면에서 미리 제작한 뒤, 언제든지 불러와 활용할 수 있다.
- [보기] 탭-[마스터 보기] 그룹에서 [슬라이드 마스터](🗔)를 클릭해 디자인 서식을 제작하는 슬라이드 마스터 편집 화면으로 전환한다.
- 슬라이드 마스터 편집 화면은 [슬라이드 마스터] 탭-[닫기] 그룹에서 [마스터 보기 닫기](🔳)를 클릭해 종료할 수 있다.
- 제작된 디자인 서식은 [디자인] 탭-[테마] 그룹에서 [현재 테마 저장](🔖 현재 테마 저장(S))을 클릭해 저장할 수 있다.
- 저장된 디자인 서식은 [디자인] 탭-[테마] 그룹 목록에 추가된다.

# 종합실습 pointup

1. 예제 파일을 열고 슬라이드 마스터 화면에서 '제목 슬라이드 레이아웃'에 [비즈니스] 클립 아트를 삽입한다. 이어 다음과 같은 느낌으로 그림 스타일과 제목 텍스트 스타일을 설정해 보자.

   [작업 준비물 : Ch07\084.pptx]

   **HINT** 
   - [삽입] 탭–[이미지] 그룹에서 [온라인 그림] 클릭 후, '비즈니스' 검색
   - 클립 아트 선택 후 [서식] 탭–[그림 스타일] 그룹에서 자세히(▼)를 클릭해 [부드러운 가장자리 타원] 선택
   - [서식] 탭–[WordArt 스타일] 그룹에서 [빠른 스타일]–[채우기–흰색, 윤곽선–강조2, 진한 그림자–강조2] 선택

2. 예제 파일을 열고 슬라이드 마스터 화면에서 '제목 및 내용 레이아웃'을 선택한다. 이곳의 제목, 내용 텍스트 상자 서식들을 조정해 보자.

   [작업 준비물 : Ch07\085.pptx]

   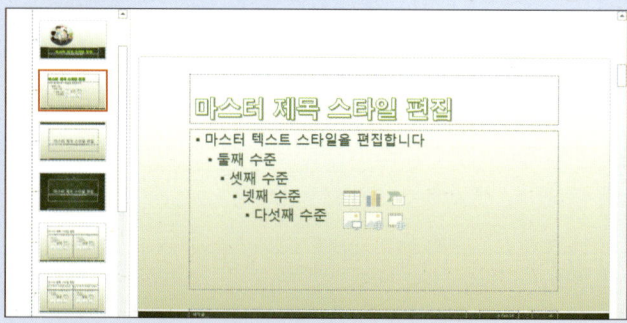

   **HINT**
   - 제목 텍스트 상자
   - [글꼴] HY견고딕, [글꼴크기] 48, [굵게] 체크 해제
   - [서식] 탭–[WordArt 스타일] 그룹에서 [빠른 스타일]–[채우기–흰색, 윤곽선–강조2, 진한 그림자–강조2] 선택
   - 내용 텍스트 상자 : [글꼴 크기] 28

## 종합실습 pointup

3. 예제 파일의 '슬라이드 2'에서 "프로젝트 범위"를 '슬라이드 3'과 '비용 분석'을 '슬라이드 6'과 링크해 보자.

 [작업 준비물 : Ch07\086.pptx]

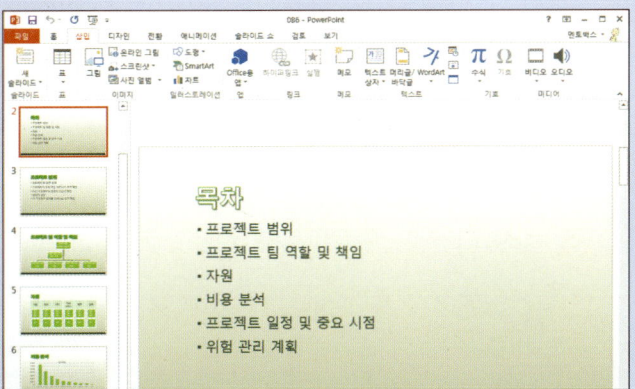

**HINT** | • [삽입] 탭–[링크] 그룹에서 [하이퍼링크] 클릭
• [연결 대상]을 '현재 문서'로 설정 후, 링크될 슬라이드 선택

4. 예제 파일을 열고 모든 슬라이드에 '넘기기' 전환 효과를 적용한다. 아울러 '슬라이드 4'에 삽입된 SmartArt 개체들이 개별적으로 '날아오기' 효과를 재생하도록 설정해 보자.

 [작업 준비물 : Ch07\087.pptx]

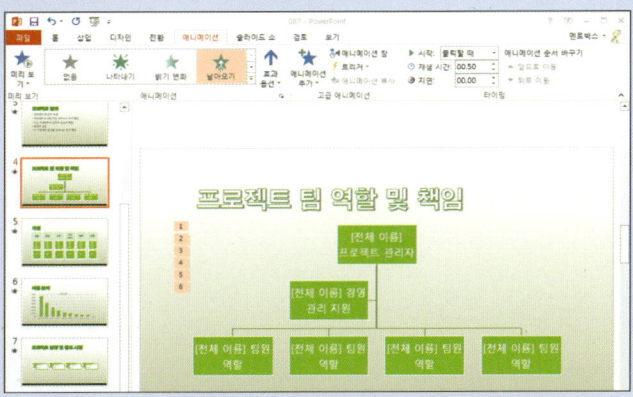

**HINT** | • [전환] 탭–[슬라이드 화면 전환] 그룹에서 [넘기기] 클릭
• [전환] 탭–[타이밍] 그룹에서 [모두 적용] 클릭
• '슬라이드 4'에서 스마트아트 선택 후, [애니메이션] 탭–[애니메이션] 그룹에서 [날아오기] 클릭
• [애니메이션탭]–[효과 옵션]–[개별적으로] 선택

Chapter 7 . 종합실습 **295**

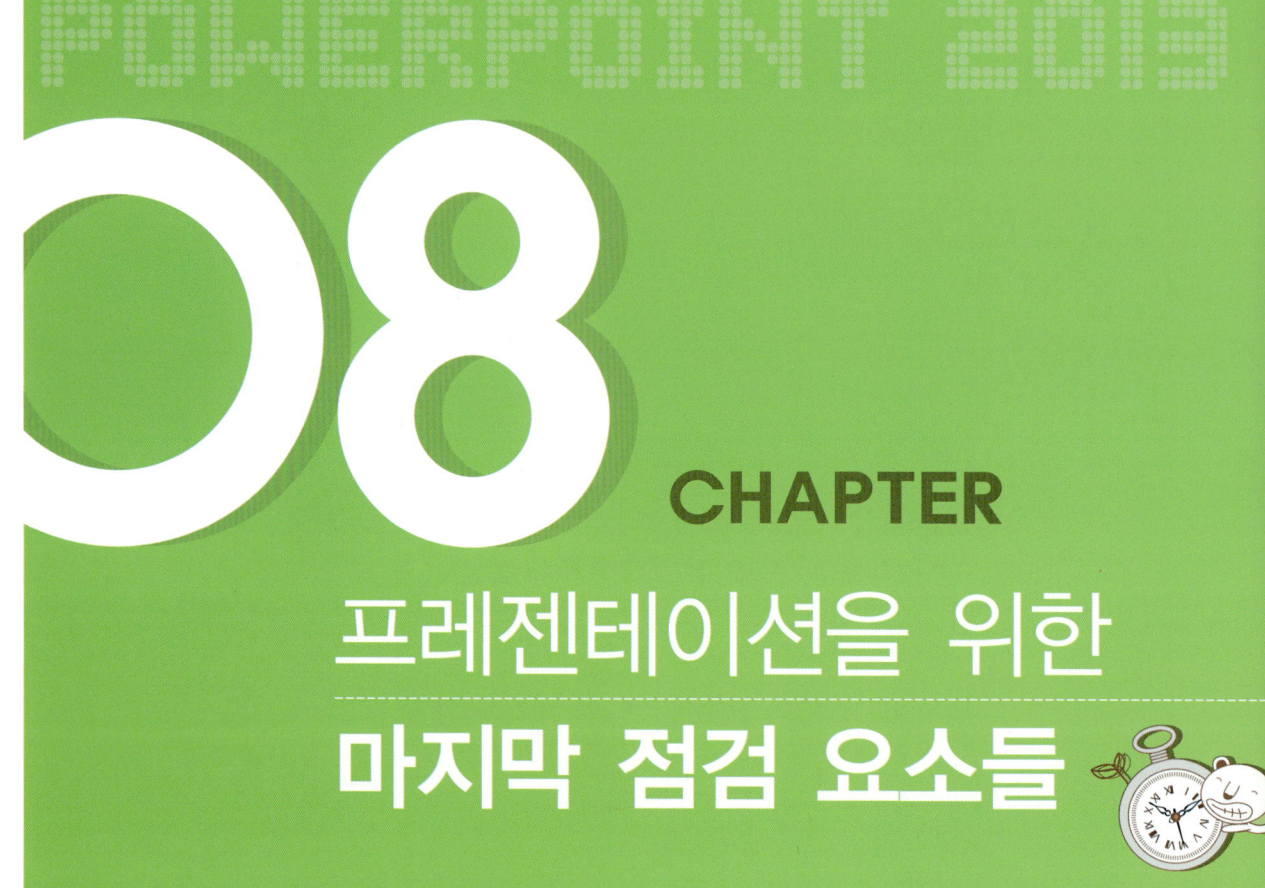

슬라이드 문서를 모두 완성하더라도 발표자가 이를 활용해 충분히 발표 준비 준비를 하는 것은 완벽한 프레젠테이션을 위한 필수 요소이다. 때문에 이를 돕는 파워포인트의 예행연습 기능과 쇼 화면에서의 여러 옵션들은 발표자가 지속적으로 활용해야 할 부분이 된다. 이러한 부분 이외에도 발표자 또는 청중이 참고할 수 있는 인쇄자료를 만드는 과정에 대해서도 함께 살펴보도록 한다.

Section 1   슬라이드 노트 및 유인물 제작

Section 2   프레젠테이션 준비하기

Section 3   슬라이드 쇼 화면에서 강조하기

# 발표 직전, 프레젠테이션 점검하기

Chapter

프레젠테이션을 준비하며 발표자 또는 청중이 참고할 수 있는 인쇄자료를 만들고, 발표 시간을 가늠하기 위해 예행연습 기능을 활용해 보자. 아울러 서로 다른 발표 상황에 대응할 수 있는 쇼 재구성과 슬라이드 쇼 상태에서 청중의 주목성을 높이는 강조 효과들에 대해 알아보자.

## 01 슬라이드 노트 및 유인물 제작

- 슬라이드 노트는 슬라이드 아래쪽에 발표자가 참고할 내용을 입력하는 공간이다. [보기] 탭-[표시] 그룹에서 [슬라이드 노트]를 클릭해 슬라이드 노트 화면으로 전환하고 텍스트 상자에 내용 입력 및 서식 조정을 할 수 있다. 슬라이드 노트 화면 배율은 슬라이드 노트 화면도 화면 오른쪽 아래에서 확대/축소 기능을 적용해 적절한 화면 배율이 되도록 할 수 있다.

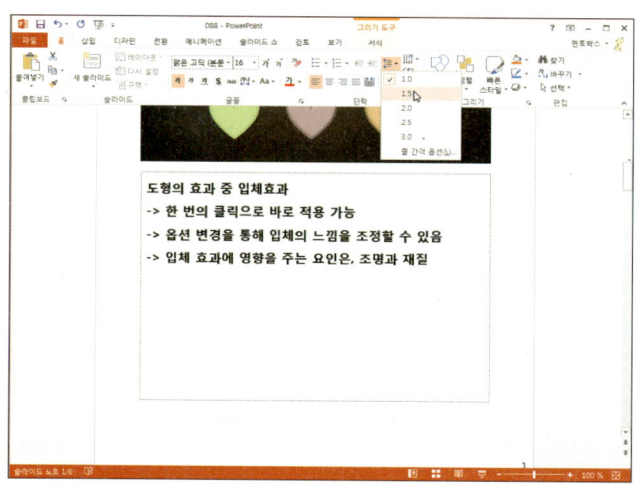

- 프레젠테이션에 대한 이해도를 높이기 위해 청중에게 유인물을 인쇄해 배포할 수 있다. [파일] 탭-[인쇄]-[전체 페이지 슬라이드]에서 사용자가 원하는 슬라이드 개수를 담은 유인물 목록을 선택해 설정할 수 있다.

## 02 프레젠테이션 준비하기

- 발표에 걸리는 시간을 측정하고, 보다 짜임새 있는 발표가 될 수 있도록 연습하기 위해 예행연습 기능을 활용하게 된다. [슬라이드 쇼] 탭-[설정] 그룹에서 [예행연습]을 클릭해 슬라이드 쇼 화면에서 슬라이드마다의 진행 시간을 기록한다. 이렇게 설정된 시간은 [보기] 탭-[프레젠테이션 보기] 그룹에서 [여러 슬라이드]를 클릭해 확인할 수 있으며, [지우기] 옵션을 적용해 시간을 제거할 수 있다.

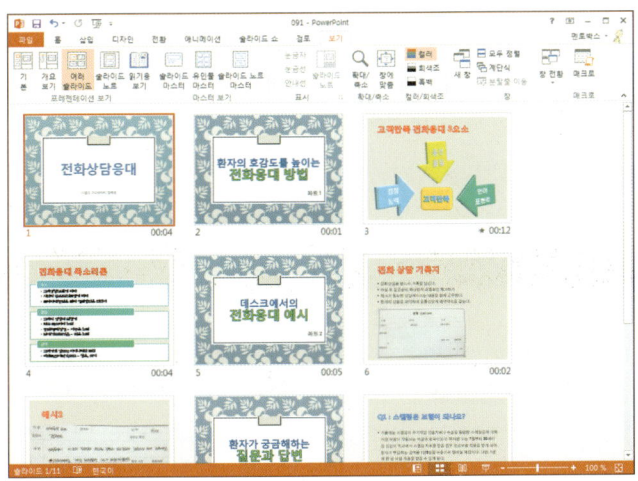

- 쇼 재구성은 발표 환경이나 대상에 따른 슬라이드 구성을 달리해야할 경우에 활용하는 기능이다. [슬라이드 쇼] 탭에서 [쇼 재구성]을 클릭한 뒤, [쇼 재구성] 대화상자와 [쇼 재구성하기] 대화상자를 활용해 사용자가 원하는 슬라이드 구성을 해나갈 수 있다. 이렇게 설정된 쇼 재구성은 [슬라이드 쇼] 탭-[슬라이드 쇼 재구성] 목록에서 선택해 사용할 수 있다.

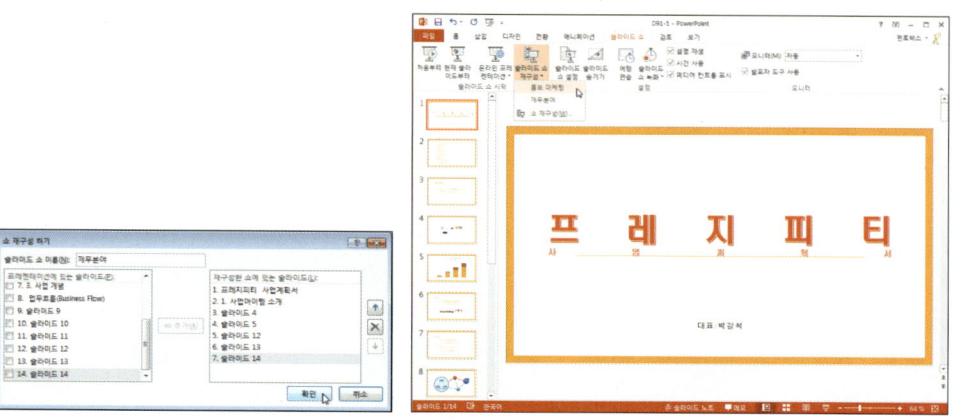

## 03 슬라이드 쇼 화면에서 강조하기

프레젠테이션 진행 중에 청중의 시선을 새롭게 환기시키기 위해, 펜이나 형광펜 도구를 활용할 수 있다. 쇼 화면에서 펜 모양 단추를 클릭한 뒤, [형광펜], [펜] 등을 선택할 수 있다. 색상 역시 원하는 대로 설정이 가능하며, [지우개] 기능으로 쇼 화면에 작성된 펜/형광펜을 제거할 수 있다.

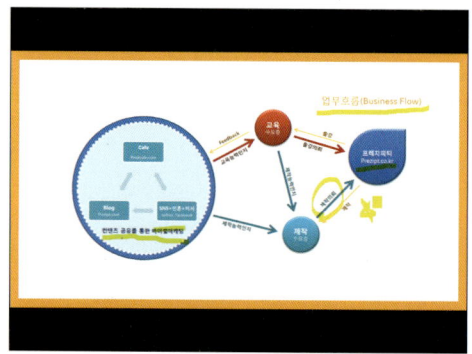 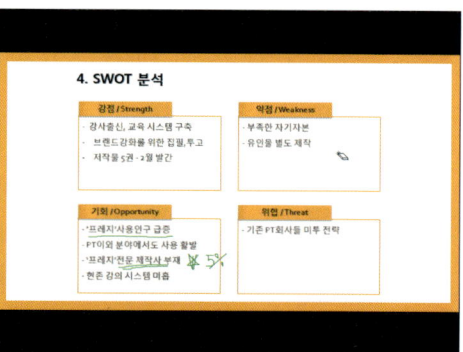

# 슬라이드 노트 및 유인물 제작

작성 중인 슬라이드에 대해 발표자가 참고할 내용을 슬라이드 아래쪽의 슬라이드 노트 영역에 입력해 둘 수 있다. [보기] 탭-[표시] 그룹에서 [슬라이드 노트]를 클릭해 좀 더 넓은 텍스트 상자에 편하게 내용입력을 할 수 있으며, 일반 글꼴 및 단락 서식으로 꾸미는 것이 가능하다. 반명 백스테이지의 [인쇄]를 활용해 청중을 위한 유인물을 제작할 수도 있다.

## ◐ 알아두기
- 슬라이드 노트 보기 화면에서 발표자가 참고할 내용을 입력할 수 있다.
- 청중의 이해도를 돕기 위해 유인물을 만들고 인쇄할 수 있다.

### 따라하기 01 슬라이드 노트 작성하기

슬라이드 노트 보기 상태에서 발표자가 참고할 간략한 내용들을 슬라이드 아래쪽에 입력하고 서식 조정을 해 보자.

[작업 준비물 : Ch08\088.pptx]

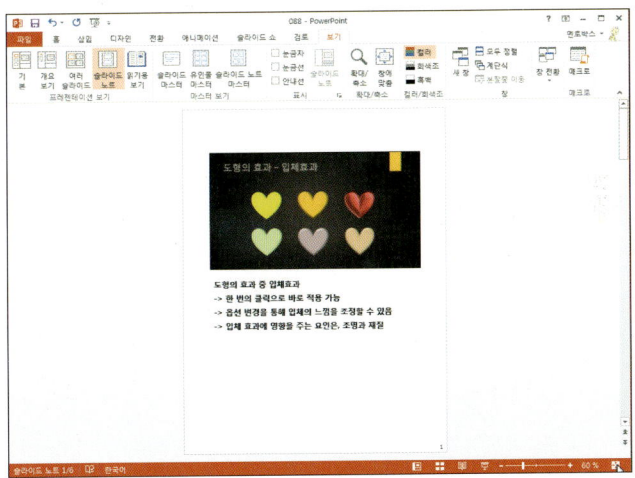

❶ 예제 파일을 열고 [보기] 탭-[프레젠테이션 보기] 그룹에서 [슬라이드 노트]( )를 클릭한다.

❷ [슬라이드 노트] 보기 상태로 화면이 전환되면, 화면 오른쪽 아래의 슬라이더를 드래그해 문장 입력에 적당한 화면 배율이 되도록 설정한다.

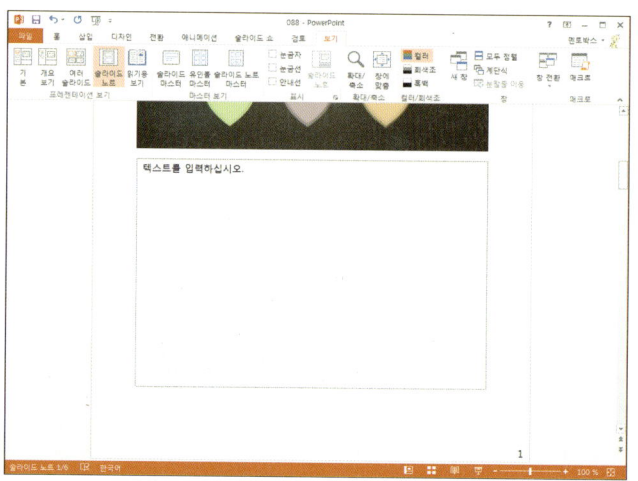

tip ➕
문서 작업 중인 모니터 해상도가 높아서 크게 보이는 경우에는 굳이 화면 배율 조정을 할 필요는 없다.

❸ 슬라이드 노트 텍스트 상자에 참고할 내용을 입력한다.

❹ '텍스트 상자' 테두리를 선택한 뒤, [서식] 탭-[단락] 그룹에서 [줄 간격] ( ) 목록 단추를 클릭해 [1.5]를 선택한다.

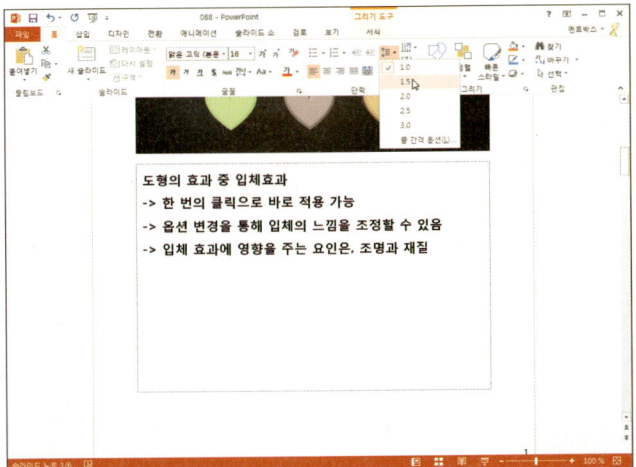

❺ 작성이 끝나면 화면 오른쪽 아래의 [창 크기 맞춤]( ) 단추를 클릭해, 슬라이드 노트 레이아웃이 모두 보이도록 설정하고 확인한다.

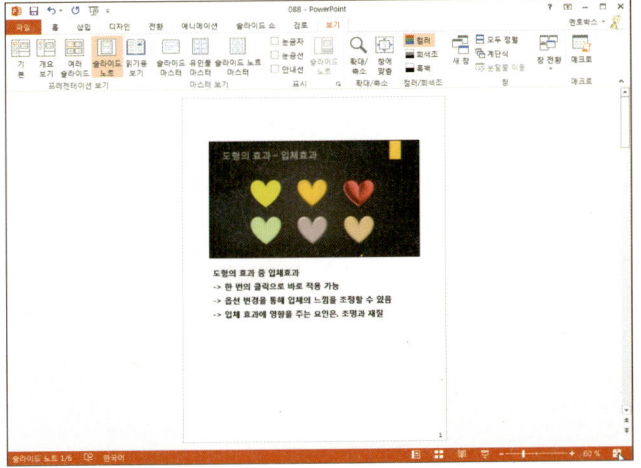

> tip ➕
> 이외에도 다양한 글꼴 및 단락 명령들을 적용해 텍스트 문장을 편집할 수 있다.

따라하기 02 **유인물 설정 및 인쇄하기**

백스테이지 화면의 [인쇄]를 활용해 청중의 이해도를 돕는 유인물을 제작해 보자.

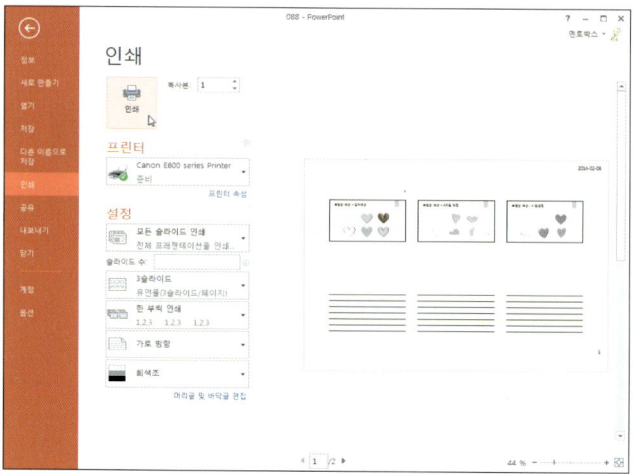

❶ [파일] 탭을 클릭해 나오는 백스테이지 화면에서 [인쇄]를 클릭한다.

tip ➕ 유인물 설정은 [보기] 탭-[마스터 보기] 그룹에서 [유인물 마스터]를 통해서도 설정할 수 있다.

❷ [전체 페이지 슬라이드]에서 [유인물]-[3슬라이드]를 선택한다.

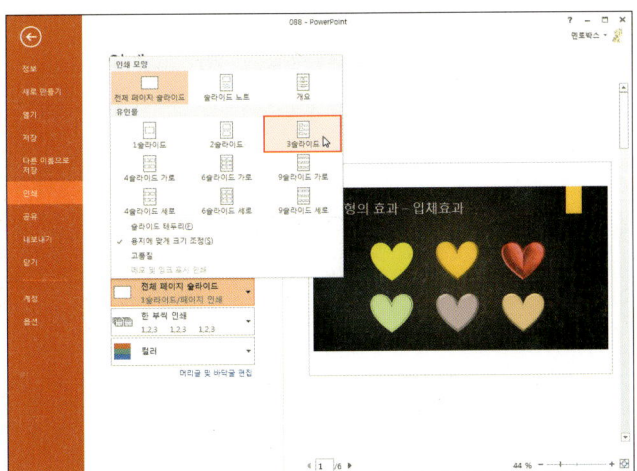

> tip ➕
> 백스테이지에서 [인쇄]-[인쇄]를 클릭하면 바로 인쇄가 시작된다. 하지만 [인쇄]에서는 화면 오른쪽에 인쇄 결과를 확인할 수 있는 미리 보기 창이 배치되어 실시간으로 확인할 수 있다.

❸ [컬러]를 클릭해 [회색조]를 선택한다.

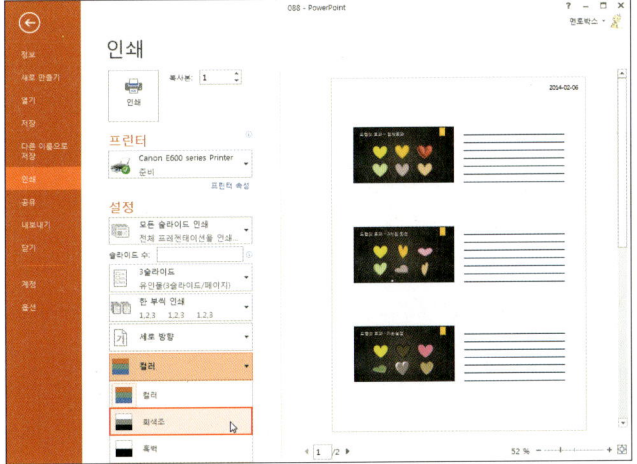

Section 1. 슬라이드 노트 및 유인물 제작

❹ [세로 방향]을 클릭해 [가로 방향]을 선택한다.

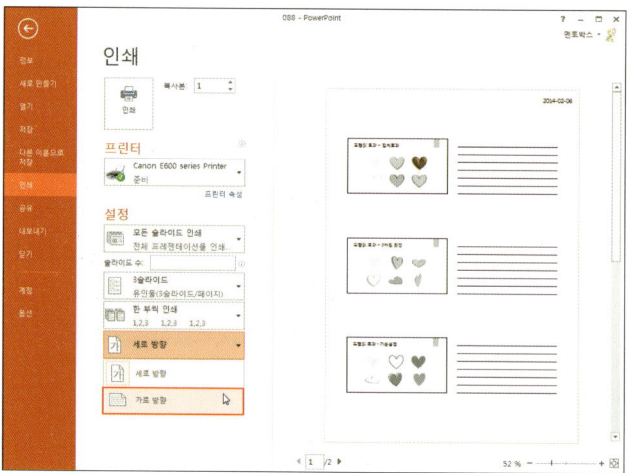

❺ [인쇄 미리 보기]를 확인해보면, 회색조 색상의 3개 슬라이드가 가로로 배치된 인쇄 결과를 확인할 수 있다. [인쇄] 단추를 클릭하고 실제로 프린팅을 해 보자.

> tip ➕
> 사용자가 사용하는 프린터 종류와 제조사에 따라 [프린터]에 나타나는 목록의 프린터 명은 모두 다를 수 있다.

## 01 혼자해보기

예제 파일을 불러온 후 [슬라이드 노트] 보기 상태로 변경한다. 이어 다음과 같이 노트 내용을 작성해 보자.

[작업 준비물 : Ch08\089.pptx]

**HINT** | [보기] 탭–[프레젠테이션 보기] 그룹에서 [슬라이드 노트]를 클릭한 후, 작성하기 좋게 화면 배율 조정

## 02 혼자해보기

백스테이지 화면에서 다음과 같은 유인물 레이아웃을 설정하고 인쇄해 보자.

[작업 준비물 : Ch08\090.pptx]

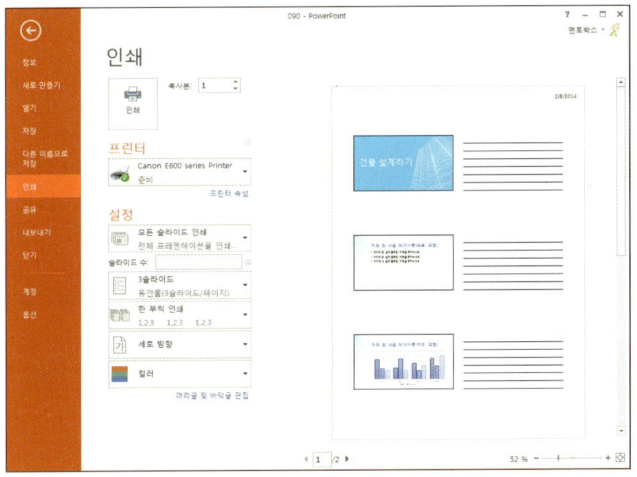

**HINT** | [파일] 탭–[인쇄]–[전체 페이지 슬라이드]–[3슬라이드] 선택

Section 1. 슬라이드 노트 및 유인물 제작

# Section 2. 프레젠테이션 준비하기

예행연습 기능을 통해 전체 슬라이드를 넘기며 발표에 걸리는 시간을 측정하고, 이를 활용해 보다 짜임새 있는 발표가 될 수 있도록 시간 배분을 할 수 있다. 또 발표 환경이나 대상에 따른 슬라이드 구성을 달리해야 할 경우에는 쇼 재구성 기능을 활용해 이에 대한 대비책을 세울 수 있다.

### ● 알아두기
- 실제 발표에 걸리는 시간을 짐작하고 조율하기 위해 예행연습 기능을 활용한다.
- 쇼 재구성 기능을 통해 발표 상황에 따른 슬라이드 구성을 달리할 수 있다.

## 따라하기 01 예행연습으로 발표 시간 기록하기

예행연습 기능을 통해 실제 발표에 걸리는 시간을 가늠하며, 슬라이드 쇼에 걸리는 시간 조율에 참고한다.

[작업 준비물 : Ch08\091.pptx]

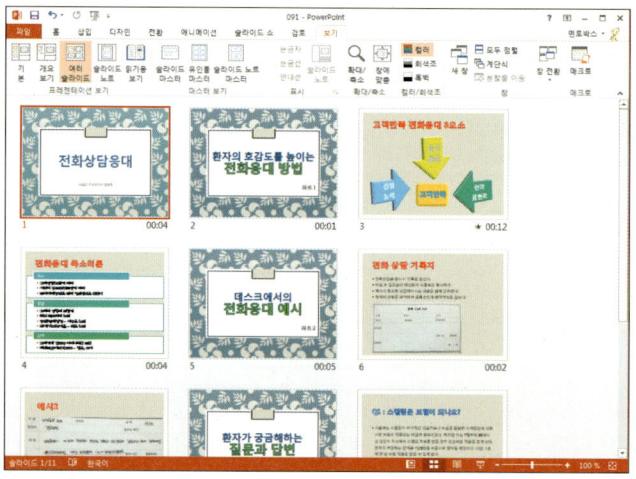

❶ 예제 파일을 열고 '슬라이드 1'을 선택한다.

❷ [슬라이드 쇼] 탭-[설정] 그룹에서 [예행연습](📅)을 클릭한다.

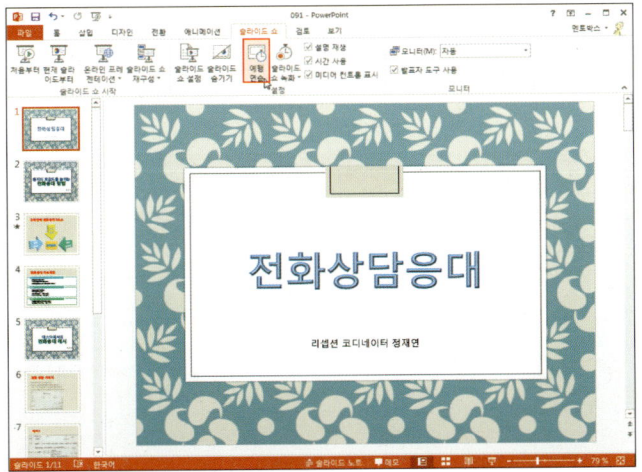

❸ 슬라이드 쇼가 시작되면 '슬라이드 1'이 가장 첫 화면으로 나타난다. 화면 왼쪽 위에 해당 슬라이드가 보이는 소요 시간과 전체 슬라이드 쇼의 시간이 동시에 보여 진다. 실제 프레젠테이션을 가정하여 리허설하며 슬라이드를 넘기도록 한다.

tip ➕ 예행연습 도중 리허설을 잠깐 멈춰야 할 경우에는 [녹화] 창의 [일시정지]를 클릭한다.

Section 2. 프레젠테이션 준비하기

❹ 슬라이드가 모두 끝나면 슬라이드 쇼에 걸린 전체 소요시간을 알려주며, 각 슬라이드 마다의 진행시간을 저장할 지 여부를 묻는 대화상자가 나타난다. 이곳에서는 [예]를 클릭한다.

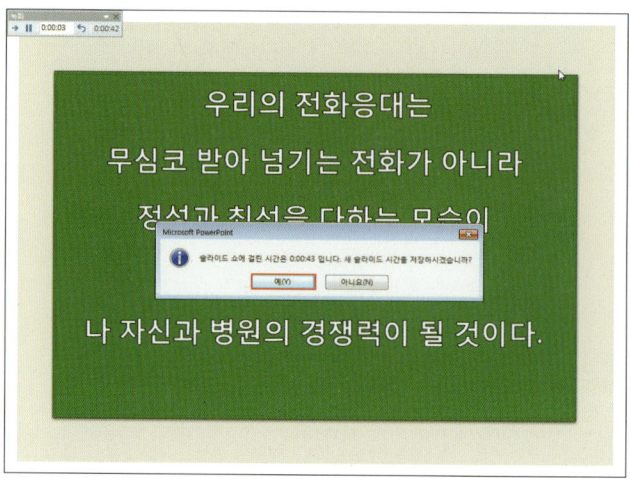

❺ [보기] 탭-[프레젠테이션 보기] 그룹에서 [여러 슬라이드]( )를 클릭한 뒤, 화면 오른쪽 아래에서 보기 좋은 배율이 되도록 조정한다. 각각의 슬라이드마다 예행연습을 통해 기록했던 시간들이 표기되는 것을 볼 수 있다.

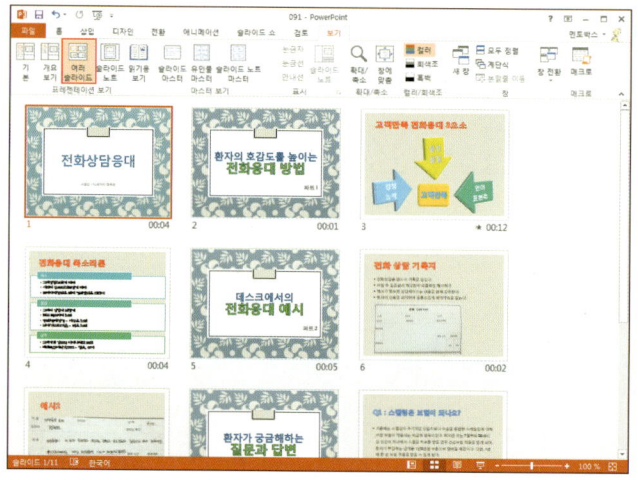

❻ 결과가 확인되면 [슬라이드 쇼] 탭-[설정] 그룹에서 [슬라이드 쇼 녹화]( )-[지우기]-[모든 슬라이드의 타이밍 지우기]를 선택해 설정된 예행연습 시간들을 모두 지운다.

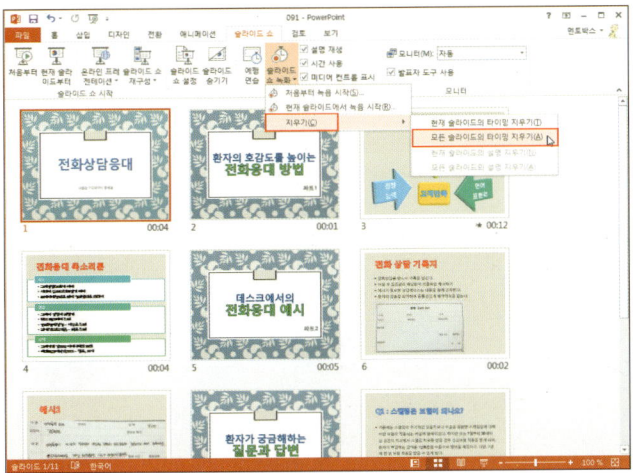

## 따라하기 02 쇼 재구성하기

발표 상황에 따라 슬라이드 구성을 달리해서 보일 수 있도록 쇼를 재구성해 보자.

[작업 준비물 : Ch08\091-1.pptx]

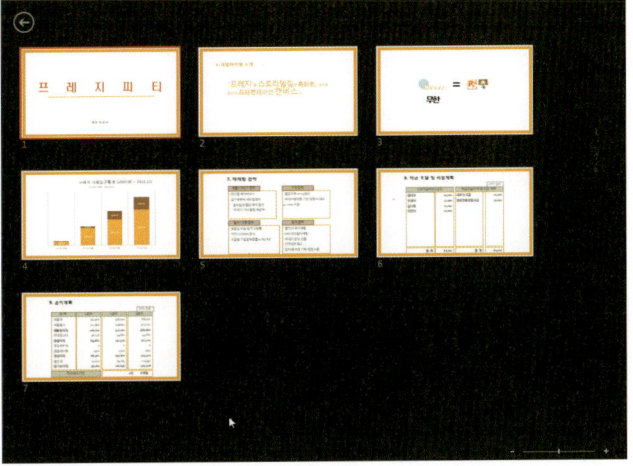

① 예제 파일을 열고 [슬라이드 쇼] 탭-[슬라이드 쇼 시작] 그룹에서 [슬라이드 쇼 재구성]( )-[쇼 재구성]을 선택한다.

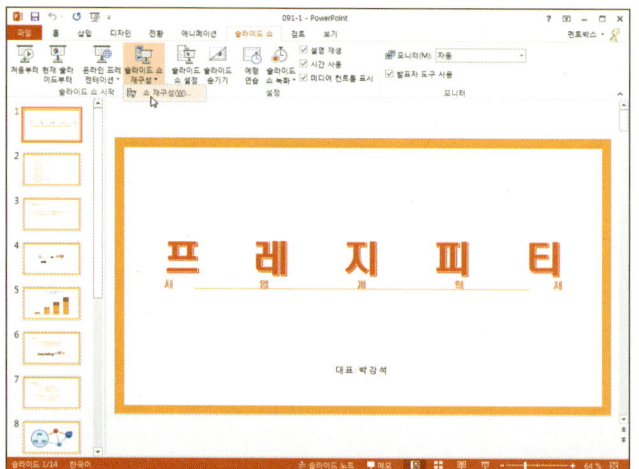

② [쇼 재구성] 대화상자가 나타나면 [새로 만들기]를 클릭한다.

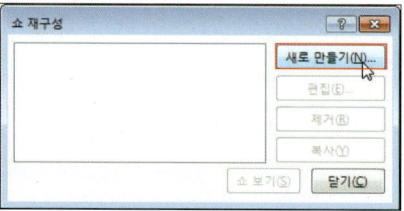

③ [쇼 재구성하기] 대화상자의 [슬라이드 쇼 이름]을 '홍보 마케팅'으로 입력하고 '1,3,4,5,6,7,8,9,10,11' 번 슬라이드들에만 체크한 뒤 [추가]를 클릭한다.

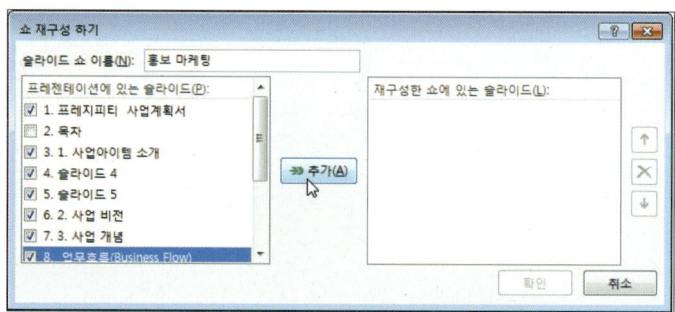

❹ 이전 과정에서 선택한 슬라이드들이 [재구성한 쇼에 있는 슬라이드] 창에 표시되면 [확인]을 클릭해 결과를 저장한다.

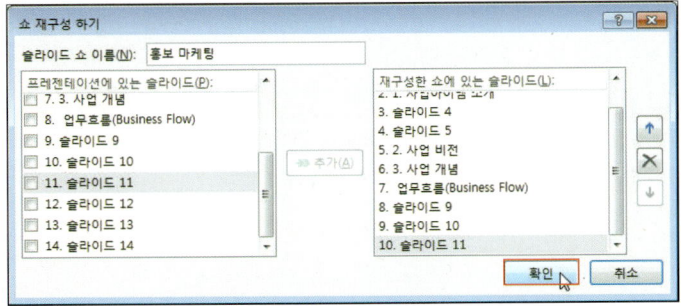

❺ [쇼 재구성] 대화상자에 이전에 제작해둔 '홍보 마케팅'이 배치된 것을 확인하고, 새로운 재구성을 하기 위해 다시 [새로 만들기]를 클릭한 후 [확인]을 클릭한다.

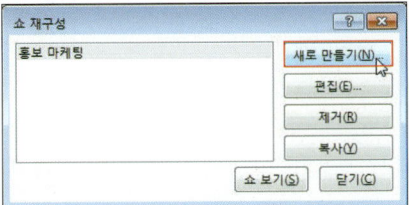

❻ [쇼 재구성 하기] 대화상자의 [슬라이드 쇼 이름]을 '재무분야'로 설정한다. 이어 '1,3,4,5,12,13,14' 번 슬라이드들에만 체크한 뒤 [추가]를 클릭한다.

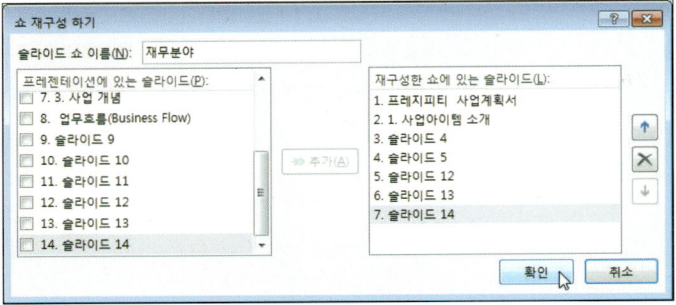

❼ 이전에 작업해둔 내용들이 [쇼 재구성] 대화상자 목록에 표시되는 것을 확인하고 [닫기]를 클릭한다.

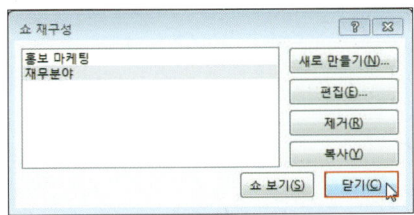

Section 2. 프레젠테이션 준비하기 313

❽ [슬라이드 쇼] 탭-[슬라이드 쇼 시작] 그룹에서 [슬라이드 쇼 재구성]을 클릭하면 이전에 설정해둔 재구성 목록이 표시된다. 이들 중 [홍보 마케팅]을 선택한다. 슬라이드 쇼 상태가 되면 슬라이드를 넘기며, [홍보 마케팅]으로 구성해둔 슬라이드만이 보이는 것을 확인한다.

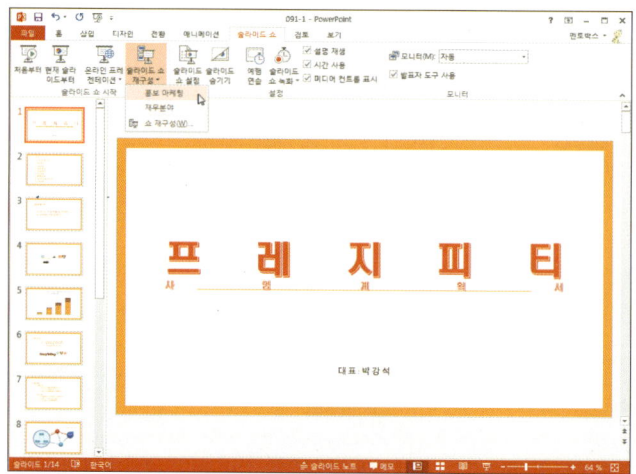

❾ 슬라이드 쇼 화면에서 마우스 오른쪽 버튼을 누르고 바로 가기 메뉴에서 [쇼 재구성]-[재무분야]를 선택한다. 결국 슬라이드 쇼 상태에서 다른 재구성한 쇼로 쉽게 변경됨을 확인할 수 있다.

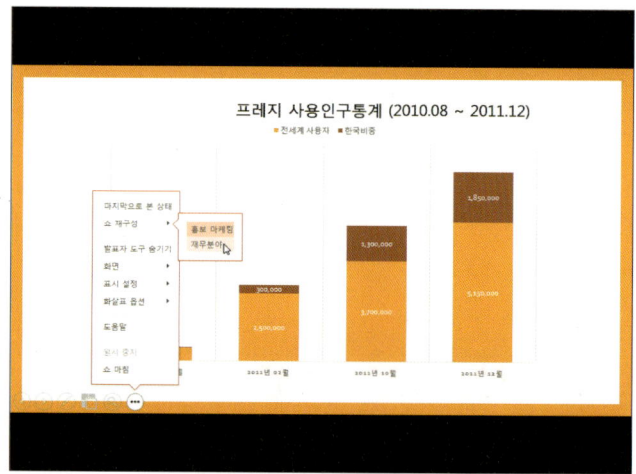

## tip ➕ [쇼 재구성하기] 대화상자 살펴보기

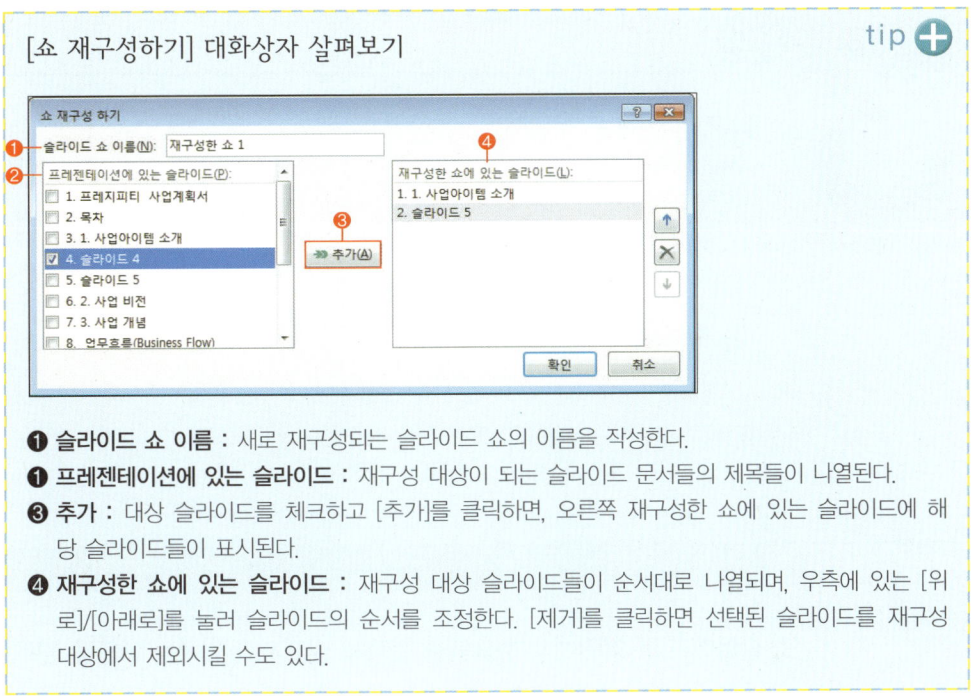

❶ **슬라이드 쇼 이름** : 새로 재구성되는 슬라이드 쇼의 이름을 작성한다.
❷ **프레젠테이션에 있는 슬라이드** : 재구성 대상이 되는 슬라이드 문서들의 제목들이 나열된다.
❸ **추가** : 대상 슬라이드를 체크하고 [추가]를 클릭하면, 오른쪽 재구성한 쇼에 있는 슬라이드에 해당 슬라이드들이 표시된다.
❹ **재구성한 쇼에 있는 슬라이드** : 재구성 대상 슬라이드들이 순서대로 나열되며, 우측에 있는 [위로]/[아래로]를 눌러 슬라이드의 순서를 조정한다. [제거]를 클릭하면 선택된 슬라이드를 재구성 대상에서 제외시킬 수도 있다.

### 01 혼자해보기

예행연습 기능을 활용해 슬라이드마다의 발표 시간을 측정해 보자. 이를 통해 전체 소요 시간을 조율한 뒤, 보다 짜임새 있는 프레젠테이션이 될 수 있도록 발표 연습을 해 보자.

[작업 준비물 : Ch08\092.pptx]

**HINT |**
- [슬라이드 쇼] 탭–[설정] 그룹에서 [예행연습] 클릭
- 기록된 시간 삭제는 [설정] 그룹에서 [슬라이드 쇼 녹화]–[지우기]–[모든 슬라이드의 타이밍 지우기]를 선택

Section 2. 프레젠테이션 준비하기

# Section 3. 슬라이드 쇼 화면에서 강조하기

프레젠테이션 진행하는 도중 청중의 시선을 잡아끌기 위한 강조 기능 중 하나로써, 펜이나 형광펜 도구를 선택해 내용을 강조할 수 있다. 물론 생성된 펜 영역은 쇼 화면중 지우개 기능을 통해 제거 가능하며, 슬라이드 쇼를 마친 이후에 작업 화면으로 가져갈 수도 있다.

> **○ 알아두기**
> • 형광펜과 펜으로 슬라이드상의 주요 내용들을 강조할 수 있다.
> • 펜과 형광펜으로 만들어진 개체들은 지우개로 지울 수 있다.

## 따라하기 01 형광펜으로 강조하기

슬라이드 쇼 화면에서 형광펜을 선택해 발표자가 원하는 내용을 강조해 보자.
[작업 준비물 : Ch08\093.pptx]

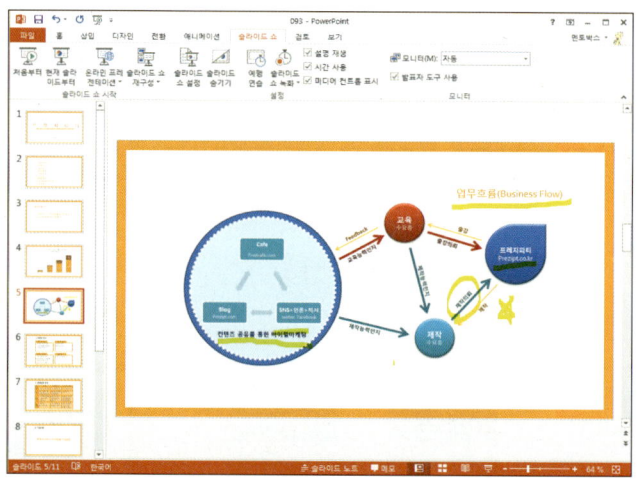

❶ 예제 파일을 열고 '슬라이드 5'를 선택한다.

❷ [슬라이드 쇼] 탭-[슬라이드 쇼 시작] 그룹에서 [현재 슬라이드부터]()를 클릭한다.

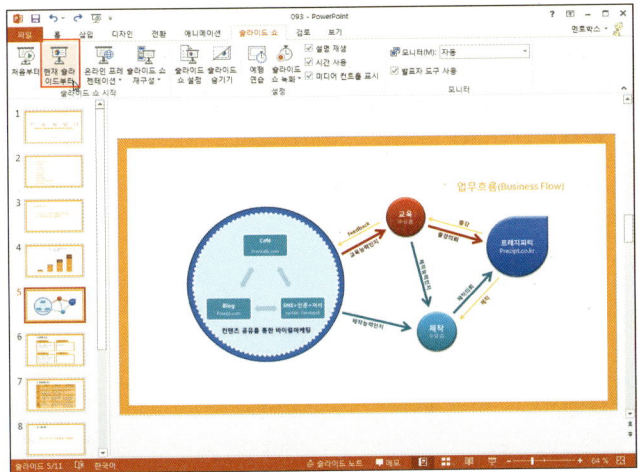

> tip ➕
> 단축키 **Shift** + **F5** 를 눌러도 [현재 슬라이드부터] 명령이 실행된다.

❸ 슬라이드 쇼가 시작되면 화면 왼쪽 아래에서 펜 모양(🖉) 단추를 클릭한 뒤, 목록에서 [형광펜]을 선택한다.

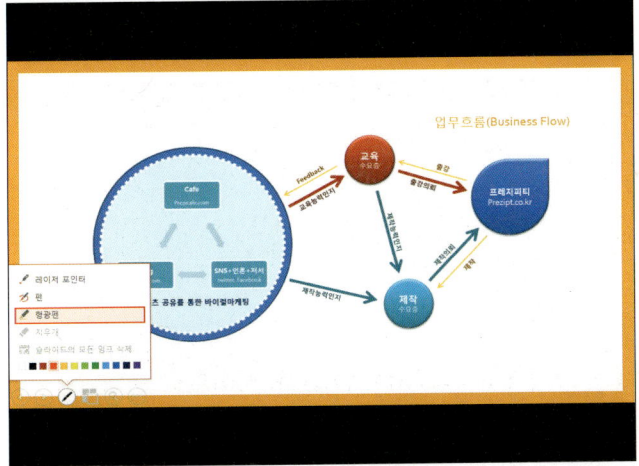

Section 3 . 슬라이드 쇼 화면에서 강조하기

❹ 쇼 화면 위를 드래그하면 커서가 지나간 곳이 노란 형광펜으로 칠해진 듯 표현된다. 이를 통해 원하는 내용을 강조할 수 있다.

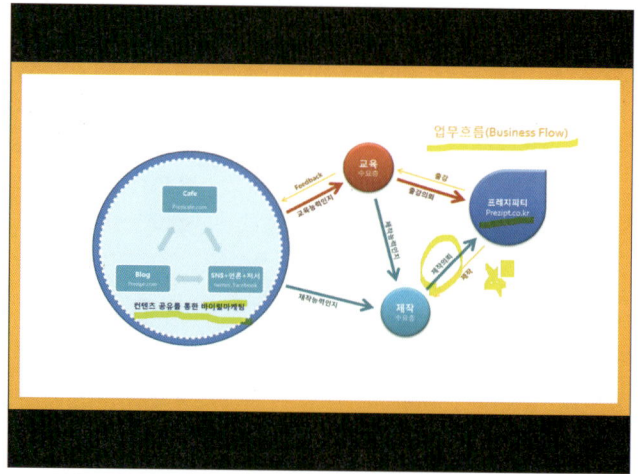

tip ➕ 화면 왼쪽 아래에서 펜 모양( ) 단추를 클릭한 뒤, 목록에서 색상을 변경하면 형광펜의 색상이 바뀐다.

❺ 슬라이드 쇼가 모두 끝나면, 형광펜이 칠해진 잉크 주석을 유지할 지를 묻는다. [예]를 클릭해 유지되었을 경우의 기본 화면을 확인해 보자.

tip ➕ 기본 작업 화면으로 돌아와 보면 형광펜으로 칠했던 영역은 하나의 도형 개체로서 인식되는 것을 확인할 수 있다.

따라하기 02 **사인펜으로 강조하고 삭제하기**

슬라이드 쇼 화면에서 [펜]을 선택해 내용을 강조해 보고, 필요 없는 부분은 [지우개]로 제거해 보자.

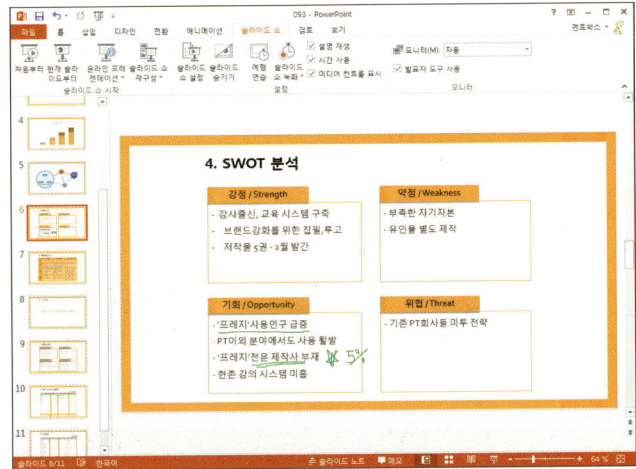

① '슬라이드 6'을 선택한 뒤, Shift + F5 를 눌러 현재 슬라이드부터 쇼를 시작한다.

② 화면 왼쪽 아래에서 펜 모양( ) 단추를 클릭한 뒤, 목록에서 [펜]을 선택한다. 다시 목록에서 [색상]을 [녹색]으로 선택한다.

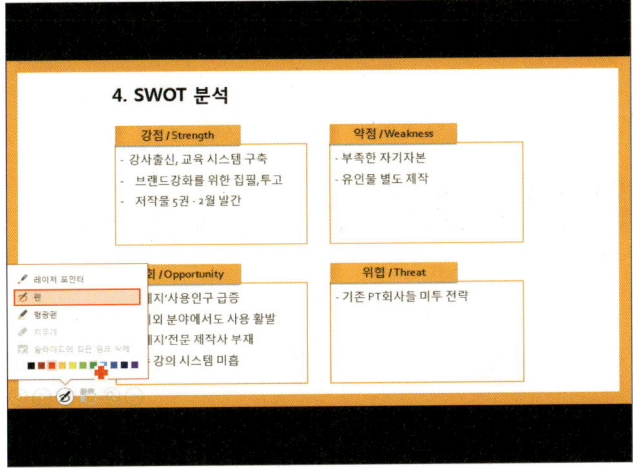

Section 3 . 슬라이드 쇼 화면에서 강조하기  319

❸ 화면 위를 드래그해보면 녹색의 싸인 펜으로 칠하듯이 표현되는 것을 볼 수 있다.

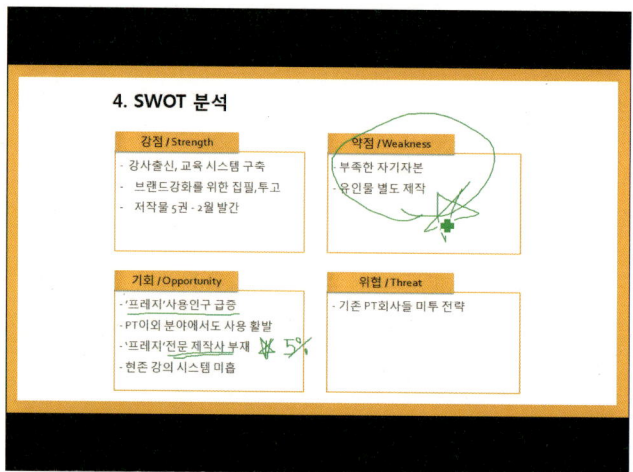

❹ 화면 왼쪽 아래에서 펜 모양(🖉) 단추를 클릭한 뒤, 목록에서 [지우개]를 선택한다.

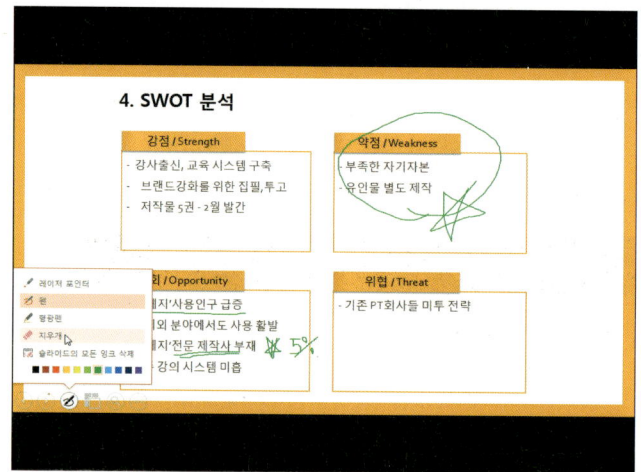

❺ 화면 위를 드래그해 보면 커서가 닿은 곳의 펜 영역들이 바로 지워지는 것을 볼 수 있다.

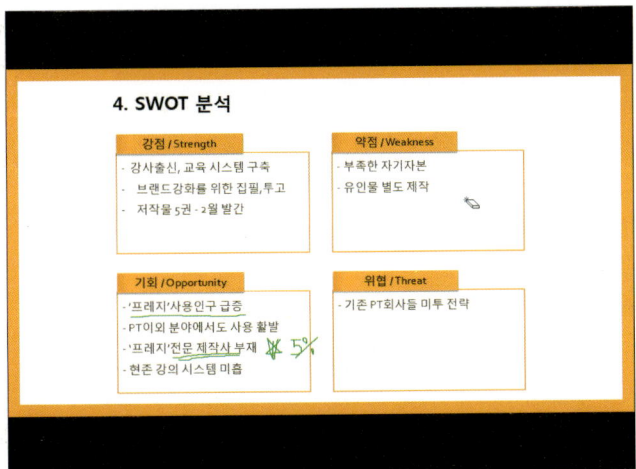

### 01 혼자해보기

슬라이드 쇼를 실행한 다음 '슬라이드 2' 화면에서 노란색의 형광펜으로 다음과 같이 내용을 강조해 보자.

[작업 준비물 : Ch08\094.pptx]

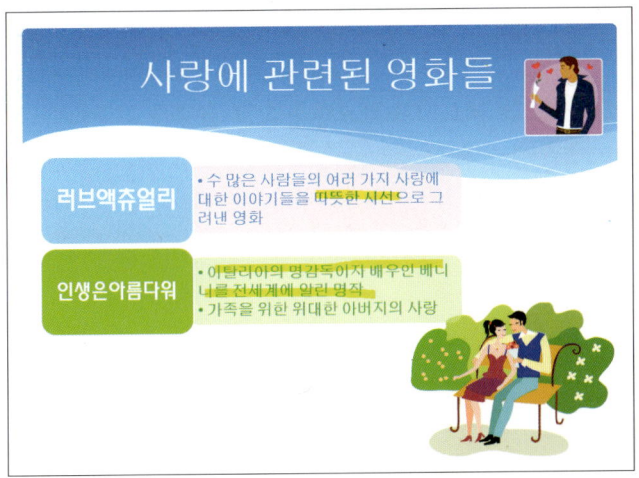

**HINT |** 슬라이드 왼쪽 아래에서 펜 모양(▱) 단추를 클릭한 뒤, [형광펜] 선택

Section 3 . 슬라이드 쇼 화면에서 강조하기

## 02 혼자해보기

이전 과정에 이어 '슬라이드 3' 화면에서 빨간색의 펜으로 다음과 같이 내용을 강조해 보자.

**HINT |**
- 슬라이드 왼쪽 아래에서 펜 모양( ) 단추를 클릭한 뒤, [펜] 선택
- 슬라이드 왼쪽 아래에서 펜 모양( ) 단추를 클릭한 뒤, [색상]을 [빨강]으로 선택

**tip ⊕**
실제 프레젠테이션에서 발표용 포인터를 이용하면 보다 효율적으로 펜을 활용한 강조나 청중의 주목성을 높일 수 있다. 예전과 달리 포인터의 구매비용이 몇 만 원대로 낮아지면서 많은 발표자들이 프레젠테이션에 활용하는 것을 자주 볼 수 있다.

## 핵심정리 summary

### 1. 슬라이드 노트 작성하기
- 슬라이드 노트는 슬라이드 아래쪽에 발표자가 참고할 내용을 입력하는 공간을 말한다.
- [보기] 탭-[프레젠테이션 보기] 그룹에서 [슬라이드 노트]를 클릭해 [슬라이드 노트] 보기 상태로 전환한 뒤, 아래쪽 텍스트 상자에 내용을 입력하고 서식 조정을 할 수 있다.
- 슬라이드 노트 화면도 화면 오른쪽 아래에서 확대/축소 기능을 적용해 적절한 화면 배율이 되도록 할 수 있다.

### 2. 유인물 제작 및 인쇄하기
- [파일] 탭-[인쇄]-[전체 페이지 슬라이드] 목록에서 사용자가 원하는 슬라이드 개수를 담은 유인물 목록을 선택한다.
- [인쇄]-[컬러]를 선택해 색상을, [인쇄]-[세로 방향]을 선택해 출력 용지의 방향을 설정할 수 있다.
- 인쇄 설정은 오른쪽의 미리 보기에서 바로 확인할 수 있다.

### 3. 예행연습하기
- 전체 슬라이드를 넘기며 발표에 걸리는 시간을 측정하고, 보다 짜임새 있는 발표가 될 수 있도록 연습하기 위해 예행연습 기능을 활용하게 된다.
- [슬라이드 쇼] 탭-[설정] 그룹에서 [예행연습]을 클릭해 슬라이드 쇼 화면에서 슬라이드마다의 진행 시간을 기록하게 된다.
- 기본 화면에서 [보기] 탭-[프레젠테이션 보기] 그룹에서 [여러 슬라이드]를 클릭해 기록된 시간을 확인할 수 있다.
- [설정] 그룹에서 [슬라이드 쇼 녹화] 목록에서 [지우기]-[모든 슬라이드의 타이밍 지우기]를 클릭해 배치된 시간을 제거할 수 있다.

## 핵심정리 summary

4. **쇼 재구성하기**
   - 발표 환경이나 대상에 따른 슬라이드 구성을 달리해야할 경우에는 쇼 재구성 기능을 활용해 이에 대한 대비책을 세울 수 있다.
   - [슬라이드 쇼] 탭-[슬라이드 쇼 시작] 그룹에서 [슬라이드 쇼 재구성]-[쇼 재구성]을 선택한다.
   - [쇼 재구성] 대화상자에서 [새로 만들기]를 클릭해 원하는 만큼 슬라이드의 구성을 추가할 수 있다.
   - [슬라이드 쇼] 탭-[슬라이드 쇼 시작] 그룹에서 [슬라이드 쇼 재구성] 목록에서 설정해 둔 재구성 목록을 선택할 수 있다.

5. **슬라이드 쇼 화면에서 강조하기**
   - 프레젠테이션 진행 중에 청중의 주목성을 높이기 위해, 펜이나 형광펜 도구를 활용할 수 있다.
   - 펜 모양() 단추를 클릭한 뒤, 목록에서 [형광펜]을 선택할 수 있다.
   - [형광펜] 선택 후 커서를 드래그하는 곳들은 형광펜이 칠해지는 듯 한 효과를 낸다.
   - 펜 모양() 단추를 클릭한 뒤, 목록에서 선택된 도구의 색상을 설정할 수 있다.
   - 펜 모양() 단추를 클릭한 뒤, 목록에서 [펜]을 선택해 사인펜 느낌을 줄 수 있다.
   - 펜 모양() 단추를 클릭한 뒤, 목록에서 [지우개]를 선택해 화면에 만들어둔 펜/형광펜을 제거할 수 있다.
   - 슬라이드 쇼를 종료할 때, 펜/형광펜의 잉크 주석을 유지할지 여부를 결정할 수 있다.

# 종합실습 pointup

1. 예제 파일을 열고 [슬라이드 노트] 보기 상태로 전환한 뒤, 다음과 같이 '슬라이드 1'의 참고할 내용을 입력하고 서식 조정을 해 보자.

   [작업 준비물 : Ch08\095.pptx]

   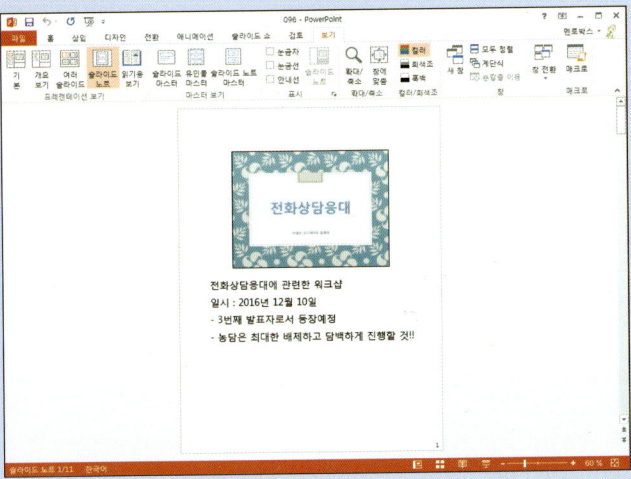

   **HINT** | [보기] 탭-[프레젠테이션 보기] 그룹에서 [슬라이드 노트] 클릭

2. '예제 파일을 열고 백스테이지 화면에서 9개의 슬라이드를 한 번에 보이도록 가로 방향으로 인쇄해 보자.

   [작업 준비물 : Ch08\096.pptx]

   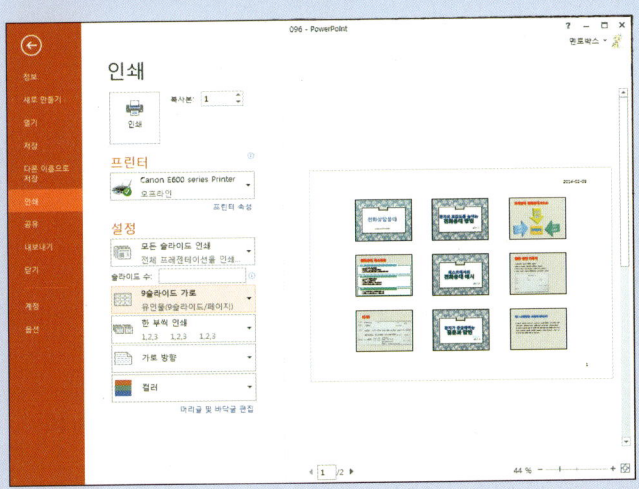

   **HINT** | • [파일] 탭-[인쇄]-[세로 방향]-[가로 방향]을 선택
   • [인쇄]-[전체 페이지 슬라이드]-[9슬라이드 가로]를 선택

# 종합실습 pointup

3. 예제 파일을 열고 여러 슬라이드 보기 상태에서 예행연습 기능을 이용해 각 슬라이드와 전체 발표에 소요되는 시간을 체크해 보자.

   [작업 준비물 : Ch08\097.pptx]

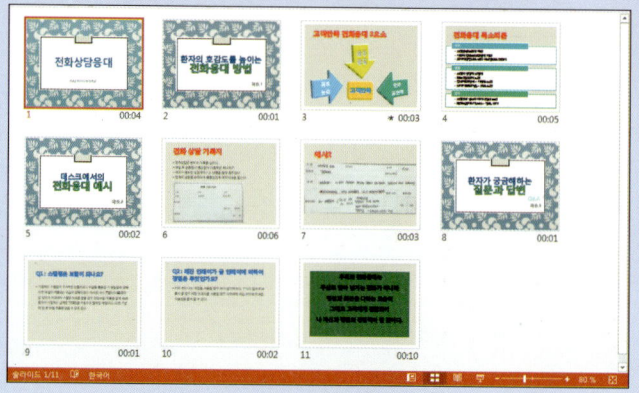

   **HINT** | • [보기] 탭-[프레젠테이션 보기] 그룹에서 [여러 슬라이드] 클릭
   • [슬라이드 쇼] 탭-[설정] 그룹에서 [예행연습] 클릭

4. 예제 파일에서 슬라이드 쇼를 실행한 뒤, '자주' 색상 '펜'으로 다음과 같이 특정 내용을 강조해 보자.

   [작업 준비물 : Ch08\098.pptx]

   **HINT** | 슬라이드 쇼 화면 왼쪽 아래에서 펜 모양( ) 단추 클릭 후, [펜] 또는 [색상] 선택

속전속결
# 파워포인트 2013

**1판 1쇄 발행**   2014년 06월 30일

**저 자** | 정용호
**발행인** | 김길수
**발행처** | (주)영진닷컴
**주 소** | (우)153-803 서울특별시 금천구 가산동 664번지
          대륭테크노타운 13차 10층

**등 록** | 2007. 4. 27. 제16-4189호

가격 14,000원

ⓒ 2014. (주)영진닷컴
**ISBN** | 978-89-314-4649-4

이 책에 실린 내용의 무단전재 및 무단복제를 금합니다.

http://www.youngjin.com

YoungJin.com Y.
영진닷컴